라틴아메리카 명저 산책

트랜스라틴 총서 20

라틴아메리카 명저 산책

초판1쇄 펴냄 2018년 05월 30일
초판2쇄 펴냄 2022년 10월 31일

엮은곳 서울대학교 라틴아메리카연구소
펴낸이 유재건
펴낸곳 (주)그린비출판사
주소 서울시 마포구 와우산로 180, 4층
대표전화 02-702-2717 | **팩스** 02-703-0272
홈페이지 www.greenbee.co.kr
원고투고 및 문의 editor@greenbee.co.kr

편집 신효섭, 구세주, 송예진 | **디자인** 권희원, 이은솔
마케팅 육소연 | **물류유통** 유재영, 유연식 | **경영관리** 유수진

ISBN 978-89-7682-283-3 03300

學問思辨行: 배우고 묻고 생각하고 판단하고 행동하고

독자의 학문사변행을 돕는 든든한 가이드 _그린비 출판그룹

그린비 철학, 예술, 고전, 인문교양 브랜드
엑스북스 책읽기, 글쓰기에 대한 거의 모든 것
곰세마리 책으로 크는 아이들, 온가족이 함께 읽는 책

이 저서는 2008년도 정부(교육부)의 재원으로 한국연구재단의 지원을 받아 수행된 연구임(NRF-2008-362-B00015)

라틴아메리카
명저 산책

서울대학교 라틴아메리카연구소 엮음

그린비

서문

이 책은 서울대학교 라틴아메리카연구소가 2008년부터 발행하고 있는 웹진 『트랜스라틴』(http://translatin.snu.ac.kr)의 '명저산책' 섹션에 연재된 글들로 구성되어 있다. 필진은 역사학, 인류학, 정치학, 정치경제학, 사회학, 문학, 문화연구 등의 연구 분야에서 라틴아메리카를 연구하고 있는 국내 학자들이다. '명저산책'의 취지는 국내에 번역되지 않은 라틴아메리카 고전, 특정 연구 분야의 기본적인 입문서, 서구의 지배적 담론에 비판적인 관점을 담은 명저 등을 국내 라틴아메리카 연구자의 시각으로 쉽게 풀이해 소개해 보자는 것이었다. 그리하여 기획 단계에서부터 각각의 책이 어떤 점에서 선행 연구들이나 기존 관점과 다른 목소리를 내고 있는지 명료하게 밝혀 줄 것을 필진에게 부탁했다. 또한 해당 저술이 출간된 이후 각각의 연구 분야 혹은 라틴아메리카 연구에서 전반적으로 어떤 영향을 남겼고, 또 어떤 후속 연구나 반론이 뒤따랐는지 가급적 추적해 줄 것도 주문했다.

개인적으로는 연재가 계속되면서 흥미로웠던 점이 두 가지 있었다. 하나는 이 책의 4부에서 접할 수 있듯이 이미 폐기된 것으로 간주되곤 하던 종속이론에 대한 성찰이 지속되고 있다는 점이다. 그 작업이 고전적인 종속이론의 단순 회고라면 별 의미 없는 일이겠지만, 4부의 필자들은 라틴아메리카 사회과학의 세계적인 성과였던 종속이론의 공과 과를 되짚어 보고 자기비판적인 극복 방안을 모색하면서 이를 심지어 세계화 시대에 어떻게 발전적으로 적용할 수 있는지 고민하고 있다. 또 한 가지 흥미로웠던 점은 소위 현실적 문제를 고민하는 종속이론의 대척점에 있다고 보이는 원주민 연구나 흑인 노예 연구, 혹은 식민지 시대 연구가 종속이론 못지않게 비판적이고 '급진적'으로 현실에 개입해 왔다는 점이다. 1부에 소개된 책들은 아메리카 정복과 식민화라는 라틴아메리카 역사 자체 혹은 그에 대한 선행 연구들을 첫 단추부터 잘못 끼운 사례로 간주하는 경향이 있다. 그래서 일종의 역사 전쟁에 임하는 마음으로 집필한 저술 같다는 인상을 준다.

2부와 4부의 글들에 대해서도 유사한 이야기를 할 수 있을 것 같다. 2부는 멕시코혁명(1910), 사파티스타 봉기(1994), 우고 차베스 집권(1999) 등 라틴아메리카 현대사의 중요한 사건들을 다룬 저술을 소개하고 있다. 100년 전 20세기 초나 지금이나 혁명적 사건들이 계속 일어나고, 게다가 현실 정치의 관점에서 볼 때 성공으로 보기 어렵고, 이 사건들로 인해 라틴아메리카 사회가 어김없이 심각한 후유증을 앓게 되었다는 점을 고려하면 라틴아메리카는 도대체 언제 발전할 수 있을지 의문을 지니게 될 것이다. 거기다가 4부에 소개되는 저술들 역시 각각 정치, 시민, 국민국가의 범주에서 라틴아메리카 사회에 의미 있는 진전이 있었다고 확언하고 있지는 못하다. 이런 점들 때문에 이 책을 읽는 독자들이 라틴아메리카에 대한 부정적인 선입관에 사로잡힐 소지가 없지 않다. 그러나 처음부터 난마처럼 얽힌 역사인데도 불구하고 이를 풀어 가려는 노력이 사회 각 영역에서 지속되고 있다는 점을 오히려 높이 평가해야 된다. 그 덕분에 종속이론, 해방신학, 해방철학, 세계사회포럼 등 다방면에 걸쳐 서구 지배 담론에 맞서고 비판하는 세계적인 담론 창출이나 활동이 가능했으니, 그런 성취를 이룩해 본 적이 없는 우리나라 학계가 오히려 부러워할 일이다.

이런 인식의 전환이 가능하다면, 5부의 글들이 구체적이고 소중한 사례 제시라는 점을 비로소 깨닫게 될 것이다. 바로크를 부차적인, 심지어 퇴폐적인 예술쯤으로 여긴 서구 예술사와는 다른 시각을 제시한다거나, 오랜 세월 수많은 서구 지배 담론들의 주춧돌 역할을 한 신학에 가위질을 한다거나, 원주민과 흑인과 라티노 여성을 사회적 주체로 부각시키려는 노력 등이 해당 분야의 고전들을 통해 소개되어 있기 때문이다.

이 책을 기획하고, 또 그 마무리 작업을 하면서 든 소회가 있어서 마지막으로 적어 볼까 한다. 처음부터 책으로 엮을 생각으로 『트랜스라틴』 연재를 시작하기는 했지만, 마음 한구석으로는 걱정도 있었다. 분과 학문 간 장벽이 높은 우리나라 학계의 일반적인 현실은 차치하고라도, '라틴아메리카'를 공동의 연구 대상으로 하는 연구자들끼리도 각자 연구 분야를 넘어 지적 교환을 하기는 쉽지 않다는 것을 한국라틴아메리카학회에 오랫동안 몸담은 경험을 통해 느끼고 있던 터였다. 그래서 필진에게 각자 소신껏 책을 선정해 소개해 달라고 부탁드렸을 때, 각양각색의 원고가 들어와 한 권의 책으로 구성하기에 난망한 상황이 되면 어떡하나 싶었다. 그러나 연재가 계속되면서 기우로 판명되었다. 필진들 사이에 생각보다 큰 공통분모가 있다는 점을 확인하게 되었고, 원고들을 정독하게 되면서 그동안 오래 만난 사이임에도 불구하고 모르고 있던 개인적인 고민이나 지향점들을 알게 되었기 때문이다. 덕분에 20편의 원고를 모아 보니 '각양각색'이 아니라 '다양성'이 돋보이는 책으로 엮일 수 있었다. 그래서 이 자리를 빌려 간절히 소망하는 바이다. 적절한 기회에 공동의 주제를 가지고 또 다른 공동집필 시도를 해볼 수 있는 기회가 오기를.

우석균

차례

5부 / 다른 세상을 상상하다

1부

역사 전쟁

라틴아메리카 선교와 식민화

로베르 리카르의 『멕시코 영혼의 정복』

조영현

1. '영혼의 식민화'의 주체: 탁발수도회

세계지도에 그려지지 않았던 미지의 대륙, 전대미문의 문명과의 만남이라는 충격과 함께 16세기는 시작되었다. 이 시기는 한마디로 인식론적 충격과 새로운 현실에 대한 변혁과 적응이라는 과제가 공존했던 혼란과 희망의 시대였다. 1492년 이후 라틴아메리카 대륙은 폭력을 앞세운 유럽 열강에 의해 점령당하고 식민화되었다. 이를 일컬어 역사가들은 '정치적 정복', 혹은 '군사적 정복'이라고 부른다. 그럼 식민지 원주민의 전통문화가 파괴되고 반강제적으로 그리스도교로 개종된 것을 무엇이라고 부를 수 있을까? 프랑스의 사학자 로베르 리카르^{Robert Ricard(1900~1984)}는 식민지 주민의 정신적·문화적·종교적 식민화 과정을 '영혼의 정복' ^{Conquista espiritual}이라는 말로 대치했다. 유럽인의 입장에서 보면 복음화

---

* Robert Ricard, *La "Conquête spirituelle" du Mexique: essai sur l'apostolat et les méthodes missionaires des Ordres Mendiants en Nouvelle-Espagne de 1523-24 à 1572,* Paris: Institut d'Ethnologie, 1933.

요 선교 과정의 일부였지만, 원주민 입장에서는 또 다른 의미의 정복이었기 때문이다. 군사적 정복을 상징하는 칼과 종교적 전파를 상징하는 십자가는 작동 방식은 달랐지만 모두 식민 지배의 도구로 사용되었다는 점에는 의심의 여지가 없다. 원주민 사회에 대한 복음화는 군사적 정복과 동시에, 혹은 그 이후에 진행된 원주민 정신문화, 혹은 원주민 영혼에 대한 식민화 이외의 다른 것이 아니었기 때문이다. 이런 면에서 보면 16세기는 정복의 시기이자, 신대륙의 식민화, 복음화 그리고 원주민의 문명화라는 여러 다른 목적이 정치적·종교적 기획하에 결합된 시기였다.

영혼의 정복이라는 시각에서 라틴아메리카 식민지 시대의 초기 역사를 바라보는 리카르에게 이 시대의 주인공은 탁발수도회 수사였다. 이 수사들은 군대보다 더 철저히 상명하복을 따르는 집단이었고, 희생 정신이 투철했으며, 학문적 측면에서 보면 지식인 계층에 속했다. 이들이 소속된 수도회는 신앙으로 무장된 '영혼의 기사단', 혹은 그리스도교 문명과 복음을 전파하는 '영혼의 군단'으로 불렸다. 수사들은 마치 중세 기사들처럼 전투에 임하듯 신대륙 복음화에 투신했다. 그래서 에스파냐 왕실은 이들의 종교적 열성을 이용했고, 식민지 개척은 그리스도교 전파와 복음화라는 명분으로 정당화되었다.

2. 라틴아메리카 교회사 연구의 이정표

'영혼의 정복'이란 단어는 토리비오 데 베나벤테Toribio de Benavente, 일명 모톨리니아Motolinía로 더 많이 알려진 프란치스코회 수사가 16세기에 처음 사용한 단어였다. 하지만 이 용어에 현재 사용하는 의미를 담아 부활시킨 공은 리카르에게 있다. 그는 1933년 소르본 대학 역사학과에서 박사학위를 받았다. 논문시험장에서 심사위원들은 그에게 박수갈채를 보냈다. 그 찬사는 박사학위 논문의 1차 자료가 방대하고 400쪽이 넘는 분량이었기 때문이 아니라, '영혼의 정복'이라는 발상과 그것을 설명하는 진지함 때문이었다. 이 논문은 후일 『멕시코 영혼의 정복: 1523년 또는 1524년에서 1572년까지 누에바에스파냐 탁발수도회의 선교 방법과 사목에 대한 논평』이란 제목으로 출판되면서 학계에 알려졌다. 이 책은 멕시코의 앙헬 마리아 가리바이 신부에 의해 1947년 에스파냐어로 번역되었고, 1986년 멕시코의 저명 출판사인 경제문화재단^{Fondo de Cultura} ^{Económica}을 통해 재출간되었다. 1966년 캘리포니아 대학 버클리 캠퍼스 출판부를 통해 영어로 출판된 이후 라틴아메리카 역사를 공부하는 사람들의 필독서가 되었다.

리카르는 식민 초기 에스파냐 선교사들에 의해 전개된 멕시코 복음화에 대해 연구를 진행했지만, 책의 부제에서 확인할 수 있듯이 16세기 전체의 역사를 다루지는 않았다. 그는 자신의 연구를 1523년(혹은 1524년)에서부터 1572년까지로 제한했다. 그의 연구가 탁발수도회의 전교 활동에 초점을 맞추다 보니 '탁발수도회의 황금시기'라고 부르는 시기만 다룬 것이다. 이 초기 50년 동안은 탁발수도회가 교황이나 에스파냐 왕에게 전폭적인 신뢰를 받았고, 선교나 사목과 관련해서는 거의 전권을 행사하던 시기였다.

리카르는 플랑드르 지역 출신의 프란치스코회 수사 3명이 누에바에스파냐에 발을 딛는 1523년부터 언급했다. 하지만 공식적 선교가 시작된 해는 프란치스코회 수사 12명이 에스파냐에서 파견된 1524년이라고 주장했다. 그 이전 선교사의 활동은 개별적인 활동이었지, 제도로서의 교회가 공식적으로 주도한 측면이 부족했다고 본 것이다.

그는 연구 대상 기간을 1572년까지로 제한했다. 1572년은 바로 탁발수도회가 아닌 예수회가 누에바에스파냐 선교를 시작한 해였다. 이 시기를 기점으로 탁발수도회가 주도하던 선교가 약화되었다. 프란치스코회가 주도한 친원주민적인 사목 정책이 의심받았고, 사목과 교회 행정의 주도권이 탁발수도회에서 교구, 즉 주교의 손으로 이전되었다. 따라서 교회사적으로 볼 때 새로운 단계로 접어든다고 리카르는 판단한 것이다.

리카르는 누에바에스파냐 전 지역을 연구 대상에 포함시키지 않았다. 지금의 치아파스, 유카탄, 타바스코, 킨타나로 등 오늘날 마야 지역으로 분류되는 곳은 연구 대상에서 배제했다. 또 멕시코 북부 지역과 오늘날 미국의 남서부 지역도 다루지 않았다. 리카르는 주로 멕시코의 중앙 고원 지역으로 당시 아스테카 제국의 영토 범주에 들어가는 지역을 중점적으로 연구했다.

리카르가 종교에 관심을 보인 이유는 그의 신분과 밀접한 관련이 있다. 리카르는 가톨릭교회의 신부였다. 논문을 쓰기 위해 멕시코와 에스파냐, 프랑스 지역의 자료를 차분히 수집하고 연구에 10년간 매달릴 수 있었던 것도 성직자라는 직업과 무관하지 않다. 당시 학계에서는 많은 역사가들이 유럽의 국경 확장이란 시각에서 정치, 경제적 측면만을 강조하며 식민사를 기술하고 있었다. 리카르는 아메리카 정복과 식민화 과정 동안 종교 분야가 중요성에 비해 비중 있게 다루어지지 않는 것을 한탄하며 새로운 역사서를 기획했다. 그의 관심은 16세기 에스파냐 선교사가 수행한 누에바에스파냐의 복음화 사업에 집중되어 있었다. 그는 정복과 식민화의 대상이었던 종교와 문화 영역을 강조함으로써 식민사 연구의 지평을 확장했다. 에르난 코르테스만이 정복의 전형이 아니라 교회도 정복의 중요한 한 축이었음을 보여 준 것이다. 이로서 리카르는 군사적 정복에 대한 진술만으로는 결코 완성할 수 없는 정복과 식민지 시대 연구에 새로운 접근법을 제시했다.

3. 『멕시코 영혼의 정복』 이전과 이후

리카르의 『멕시코 영혼의 정복』은 기존의 탄탄한 선행 연구가 없었다면 나올 수 없는 저작이었다. 멕시코 식민사의 대가인 호아킨 가르시아 이카스발세타[Joaquín García Icazbalceta]의 다양한 글은 리카르에게 많은 영향을 주었다. 리카르는 자신의 작품 『멕시코 영혼의 정복』을 이카스발세타에게 헌정했다. 또한 예수회 신부인 마리아노 쿠에바스의 『멕시코 교회사』[Historia de la Iglesia en México]에도 많은 빚을 지고 있다. 쿠에바스의 작품은 1921년 제1권을 시작으로 총 5권으로 정리되었고, 여기에 소개된 방대한 자료와 원천 자료는 리카르뿐 아니라 멕시코 교회사를 연구하는 사람에게 기본서 역할을 해주었다. 그 밖에도 라몬 가르시아 무이뇨스[Ramón García Muiños], 로버트 스트레이트[Robert Streit] 등 여러 신부가 쓴 선교 관련 역사서가 그의 연구에 든든한 토대가 되어 주었다. 여기에 더하여 에라스무스와 16세기 에스파냐 역사의 대가인 마르셀 바타용[Marcel Bataillon]의 여러 글도 리카르에게 신선한 자극제가 되었다는 점에서 강조할 필요가 있다.

앞서 언급한 선행 연구가 16세기 선교 역사를 정리하는 데 리카르에게 도움을 준 것이라면, 아래의 연구자와 저술은 그로부터 영향을 받은 것이다. 먼저 페드로 보르헤스[Pedro Borges]는 리카르와 같은 시각에서 1960년 『16세기 아메리카를 그리스도교화한 선교 방법』[Métodos misionales] *en la cristianización de América, siglo XVI*이라는 책을 저술했다. 엔리케 두셀은 1960년대 『라틴아메리카 교구: 원주민 보호 기구(1504~1620)』*El episcopado latinoamericano: institución misionera de defensa del indio, 1504-1620*란 제목으로 연구를 진행했다. 이것은 두셀이 소르본 대학에서 역사학 박사 학위를 받을 때 제출한 논문이었다. 이 연구는 원주민을 대변한 주교의 활동을 보여 주고 초기 교구가 지닌 선교적 측면을 잘 부각시켰다. 당시 파리에 있던 리카르가 직접 지도한 논문이라는 점에서 두셀에게 미친 그의 영향이 얼마나 큰지 짐작할 수 있다.

호세 마리아 코바야시$^{José María Kobayas}$의 『정복으로서의 교육: 멕시코에서 프란치스코회의 사업』*La educación como la conquista: empresa franciscana en México*은 복음화 과정뿐 아니라 서구식 교육을 영혼의 정복 과정과 연결시켰다는 점에서 리카르의 연구와 밀접한 관련이 있다. 교육이 갖는 중요성을 강조한 그는 리카르의 연구를 더욱 세분화하고 심화시켰다.

1987년 출판된 크리스티앙 뒤베르제$^{Christian Duverger}$의 『누에바에스파냐의 원주민 개종: 베르나르디노 데 사아군의 12사도의 대화 텍스트(1564)와 함께』*La conversión de los indios de Nueva España: con el texto de los Coloquios de los Doce de Bernardino de Sahagún, 1564*는 원주민이 그리스도교화된 측면과 함께 그리스도교가 원주민화한 측면도 부각시켰다. 일부 프란치스코회 선교사가 취했던 원주민 문화에 대한 관용적 자세가 멕시코 가톨릭의 독특한 성격을 유지하는 데 기여했다고 주장했다. 그의 연구는 선교사가 누에바에스파냐의 환경과 원주민 문화에 적응한 측면을 잘 보여 줌으로써 리카르 연구의 단점을 보완해 주었다. 뒤베르제의 연구는 민중적 성격의 종교성이 강조된 멕시코 가톨릭의 단면을 잘 보여 주고 있다는 데 그 의의가 있다.

『16세기 멕시코 건축』*Arquitectura mexicana del siglo XVI*을 쓴 조지 큐블러[George Kubler]는 리카르가 발전시키지 못한 16세기 종교 건축을 다루었다. 그의 연구는 에스파냐인이 원주민 건축물을 어떻게 파괴했고, 공간들을 어떤 식으로 재배치했는지 잘 보여 준다. 새로 건축한 서구식 건물인 대성당, 수도원, 관청은 그 자체가 새 종교 질서와 정치적·문화적 패권이 어디에 있는지 원주민에게 드러내는 수단이었다. 이것은 서구 문화의 우월성과 지배의 정당성을 암시하는 것이었다.

앞서 언급한 모든 연구는 리카르가 개척해 놓은 새로운 길을 따라간 저술이며, 어떤 면에서 보면 그의 연구를 비판적으로 발전시켰다고 평가할 수 있다. 이런 연구들은 선교 방법과 특징, 교육 분야, 원주민 보호 등 선교와 복음화가 초래한 사회적 변화와 현지 상황에 적응하는 교회의 모습을 강조하고 있다는 공통점이 있다.

4. 『멕시코 영혼의 정복』의 주요 내용

이 책은 크게 세 부분으로 나뉜다. 1부는 교회의 설립, 2부는 교회의 공고화, 3부는 사목의 내적·외적 어려움에 대해 다룬다. 1부는 총 일곱 개의 장으로 구성되어 있다. 이교와 그리스도교의 만남, 민족지학과 언어문제, 선교지의 분배, 세례, 교리교육, 전례와 성사의 운영 그리고 멕시코교회 설립에 대해 언급하고 있다. 여기서 리카르는 가톨릭 선교와 복음화에 대한 이해 없이는 정복을 제대로 이해할 수 없다고 주장한다. 정복과 선교는 동전의 앞면과 뒷면처럼 분리 불가능하다는 입장이다. 정복자인 에르난 코르테스조차 신앙 전파와 원주민의 영혼 구원에 대한 문제를 의식하고 있었기 때문이다. 그뿐 아니라 정복자 중에서 군인의 신분을 버리고 수도회에 입회하는 사람도 상당수 있었다.

리카르는 교회의 설립이라는 관점에서 누에바에스파냐 선교 역사를 기술하고 있다. 특히 프란치스코회, 도미니크회, 아우구스티누스회 등 탁발수도회의 활동을 집중적으로 분석했다. 탁발수도회 수사는 원주민의 전통 신앙을 미신으로 치부했고, 우상숭배 근절을 선교의 최우선 과제로 인식했다. 수사들은 우상숭배를 근절하고 개종을 용이하게 하기 위해서 에스파냐인이 정복하기 이전의 아스테카나 마야 등의 문명과 문화, 특히 역사, 관습, 종교, 우주관을 연구했다. 수사들은 새로운 문화와 문명에 대해 강한 호기심을 느꼈다. 이렇게 해서 아메리카에서 최초의 민족지학^{etnografía} 연구가 시작되었다.

수사들은 선교 초기 현지 언어 정복 없이 원주민 개종이나 복음화가 불가능함을 깨달았다. 효과적인 선교와 원주민과의 소통 강화를 위해 가장 큰 장애 요소인 언어 문제를 극복해야 했다. 대부분은 가장 광범위한 지역에서 통용되던 나우아어^語를 배우려 했다. 그러나 수사들이 배운 언어는 자신들이 담당한 선교 지역 부족이 사용하는 언어에 따라 결정되었다. 각각의 수도회는 다양한 원주민 언어를 연구하여 사전을 편찬하거나 문법책을 저술하면서 언어 교육을 체계화했다. 수도회는 수사에게 원주민 언어를 배우도록 독려했고, 아우구스티누스회의 경우는 원주민 언어를 배우는 것을 아예 의무화시켰다.

초기 탁발수도회는 원주민 인구가 밀집된 지역, 즉 기존 원주민 부족들의 정치·행정 중심지, 금과 은 등 천연자원이 풍부한 광산 지역을 주요 선교 대상지로 선정하려고 했다. 선교 여건을 고려할 때 인구의 밀집도가 가장 중요한 고려사항이었다. 그러나 원주민 인구뿐 아니라 기

후, 토질, 재정 상황 등이 중요한 판단 근거로 작용했다. 수도원이 건설되는 위치는 선교지 분할이나 수도회의 선교 전략과도 밀접한 관련이 있었다. 수사가 군사적 정복 과정에 동행하는 경우도 있었다. 그러나 정복자의 발이 닿지 않는 곳에 수사가 먼저 들어가는 경우도 있었다. 가장 먼저 선교에 투입된 프란치스코회는 누에바에스파냐 지역에서 주요 선교지를 우선적으로 배당받는 특권을 누렸다. 멕시코시티, 푸에블라, 틀라스칼라 등 중앙 고원 지역의 주요 도시를 포함해 전국적으로 가장 좋고, 넓은 지역을 할당받았다. 수도원과 수사의 규모로 볼 때 가장 활동적인 선교를 펼쳤다. 반면, 뒤늦게 합류한 아우구스티누스회는 인구 밀도가 낮은 지역, 시골, 척박한 지역을 선교지로 배당받았다. 그러나 각 수도회는 선교지 확정 문제 때문에 초래할 갈등을 최소화하면서 선교지를 나누었다.

리카르는 초기 선교에서 신심활동과 전례의 중요성을 강조한 대표적인 역사가이다. 그는 미사, 세례와 견진, 고백성사, 종부성사와 같은 전례에 대한 세부적인 설명에 많은 신경을 썼다. 그리고 선교 경쟁에 뛰어든 수도회 간 신학적 입장 차이로 인해 발생한 갈등도 놓치지 않고 분석했다. 특히 프란치스코회가 주도한 집단세례에 대한 논쟁에 대해 비중 있게 다루었다.

2부에서 리카르는 선교 과정을 통해 교회가 멕시코 사회에 안정적으로 정착되는 과정을 기술했다. 수사는 도시에 살던 일부 원주민을 제외하고는 대다수 주민이 산간 오지나 계곡, 절벽, 정글 등에 소규모의 부락 단위로 분산되어 사는 것이 선교에 걸림돌이 된다고 판단했다. 따라서 원주민을 한곳으로 모으는 정착촌 같은 것이 필요하다고 인식했다. 세금 징수나 노동력 통제를 위해 인구를 파악하고 관리할 필요를 느낀 행정당국도 적극적으로 정착촌 건립에 참여했다. 일부 지역에서는 마을 전체가 이주하는 경우도 있었다. 각 수도회는 경쟁적으로 원주민 정착 마을을 조성했다. 길을 포장하고, 관개 시설을 정비하여 조성한 마을은 나중에 식민지의 주요 도시로 발전했다. 중부와 북부 지역을 중심으로 선교공동체$^{misión 1)}$가 설립되었다. 선교공동체에서는 선교사와 원주민이 한 공동체에서 생활하기 때문에 원주민 개종이 쉽고 개종 후 교육이나 신자 관리가 용이했다. 개종자가 다시 우상숭배에 빠지는 것을 원천적으로 차단할 수 있었다. 리카르는 선교공동체 설립이 선교를 위한 가장 효과적인 방법이라고 주장했다.

리카르의 연구는 특히 선교에서 문화적·예술적 선교 방법을 강조하고 있다는 점에서 중요하다. 문화적·예술적인 요소가 가장 효과적인 선교의 보조 수단이었다는 점을 부각시킨 것이다. 다시 말해서, 선교에서 그림과 벽화, 음악과 노래 그리고 춤, 종교극 등의 역할과 중요성을 강조했다. 음악과 서양의 다양한 악기, 새로운 노래 양식은 원주민의 호기심을 자극하고 주민을 끌어 모으는 역할을 했다. 또한 선교를 위해 연극이 이용되었다. 특이한 것은 원주민이 배우가 되었고, 원주민 언어로 연극이 재현되었다는 점이다. 리카르는 수사들이 낯선 원주민 문화와 언어 장벽을 극복하고 비교적 효과적인 선교를 펼칠 수 있었던 이유를 문화적·예술적 복음화에서 찾았다.

리카르는 선교와 교육의 연관성에 주목했다. 교리교육이 중요했는데, 이것은 일반적으로 주일 미사 후에 이루어졌다. 원주민 귀족 자녀들은 수도원 부속학교에서 체계적인 교육을 받았다. 특히 어린이에게 집

---

1) 우리에게 잘 알려진 영화 「미션」의 '미션'도 '선교공동체'라는 뜻이다.

중된 교리교육은 미래 세대의 개종을 위한 전략이었다. 원주민 학교에서는 기술과 직업교육도 이루어졌다. 리카르는 원주민 귀족 자녀들을 한곳에 모아 교육시킨 사실에 주목했다. 틀라스칼라의 산타크루스 학교는 단순한 학교로 기능만 한 것이 아니라 미래의 원주민 성직자를 양성하기 위한 신학교 역할을 했다는 점에서 중요했다. 리카르는 원주민 성직자 양성에 반대하던 엔코미엔다 소유주^{encomendero} 때문에 자생적인 원주민 중심의 그리스도교는 뿌리를 내리지 못하게 되었다고 주장했다. 원주민은 사제 서품을 받지 못하게 됨으로써 원주민을 주축으로 하는 교계제도는 완성될 수 없었다. 원주민은 교회 내에서도 주체로서 인정받지 못하고 배제되었다.

3부는 사목의 내부 문제로서 수도회와 주교의 권력 갈등과 수사와 교구사제[2] 사이의 분쟁 등을 다루었다. 16세기 중반 이후 1572년을 기준으로 점차 교회의 제도화가 이루어지면서 수도원과 수사보다는 주교와 교구사제의 영향력이 증가했다. 이 3부에서 리카르는 영혼의 식민화에 대한 원주민의 저항이라는 문제를 잊지 않고 언급했다.

5. 『멕시코 영혼의 정복』에 대한 비판과 평가

『멕시코 영혼의 정복』은 16세기 초·중반 약 50년간에 해당하는 누에바 에스파냐 지역의 선교 역사를 다루었다. 에스파냐어 번역본은 약 500쪽

---

2) 교구사제(sacerdote secular, 또는 재속사제)는 교구에 소속된 사제로, 신부이다. 수도사제(sacerdote religioso, 또는 수사신부)는 사제 신분과 수도자 신분을 겸비하고 있으며 수도회 소속이다.

의 분량을 자랑한다. 그러나 리카르도 스스로가 인정하듯이 일부 중요한 부분을 언급하지 못하고 누락시켰다. 예를 들면, 라스 카사스 신부에 대한 언급이 없다. 라스 카사스는 치아파스 주교였고, 원주민 보호 활동과 원주민 인권에 대한 논쟁에서 중요한 역할을 했다. 그러나 리카르는 라스 카사스를 선교 활동보다 이념 논쟁에 더 많은 영향을 끼친 사람으로 보았기 때문에 비중 있게 다루지 않았다. 리카르가 치아파스를 연구 대상지에서 배제한 탓도 있고, 논문을 쓸 당시까지만 해도 라스 카사스에 대한 심도 있는 연구가 많지 않아 이런 결과가 초래된 것으로 보인다.

또한 리카르는 누에바에스파냐 지역에서 교구사제의 역할이나 활동에 대해서는 충분한 관심을 두지 않았다. 지나치게 탁발수도회 중심으로 16세기 선교사를 기술했다. 교구사제의 활동이 수사의 활동에 비해 상대적으로 미미한 것은 사실이나 결코 무의미한 존재는 아니었다. 리카르는 탁발수도회를 다루면서도 주로 누에바에스파냐 지역에서 벌인 활동에만 집중하다보니 각각의 수도회가 에스파냐에서부터 보여 준 독특한 전통이나 특징 그리고 고유한 정신 같은 주제는 간과했으며, 이런 개별 수도회의 특성과 신대륙 선교가 어떤 상관관계가 있는지 제대로 드러내지 못했다. 예를 들면, 프란치스코회 내의 한 분파인 엑스트레마두라 지역의 회칙준수파 수사Observantes는 어떤 종교적 특성을 가지고 있었는지, 그 특성이 누에바에스파냐 지역 선교에서는 어떤 모습으로 구체화되었는지 언급하지 않았다. 그 결과, 리카르는 초기 선교사의 유토피아적이고 종말론적이고 휴머니즘적인 특징을 잘 부각시키지 못했다. 특히 피오레의 요아킴 수사의 사상과 천년왕국설의 상관성도 충분히 강조하지 못했다. 존 펠란John Phelan과 조르주 보도Georges Baudot는 16세기 선교와 관련해서 천년왕국과 종말론, 유토피아가 자주 언급될 뿐 아니라 세 요소가 밀접히 관련되어 있다고 주장했다. 특히 천년왕국설과 요한묵시록의 종말사상이 16세기 라틴아메리카 역사와 사회에 깊은 영향을 끼쳤다는 점을 강조했다. 리카르의 연구에서는 초기 프란치스코회 선교사가 왜 그토록 서둘러 원주민 개종 사업에 매진해야 했는지, 어떻게 50년 만에 괄목할 만한 선교 성과를 달성할 수 있었는지, 왜 구대륙보다 신대륙에서 그리스도교 미래의 희망을 보았는지에 대한 자세한 설명이 부족하다. 또한 그의 연구는 구조적 설명이 결여되어 있다. 신세계에 에스파냐적 그리스도교 문명을 이식하려는 기획과 원주민을 토대로 새 그리스도교 문명을 수립하고자 하는 기획 간의 충돌이나 갈등 등을 잘 드러내지 못한 측면이 있다.

리카르의 『멕시코 영혼의 정복』은 다분히 교회중심적이고, 유럽중심적인 역사 기술의 한계를 넘어서지 못했다는 비판을 받는다. 선교나 복음화의 대상이었던 원주민의 시각, 즉 피정복자의 시각이나 입장이 반영되어 있지 않기 때문이다. 워낙 원주민의 시각이 반영된 사료가 적고 1차 자료가 부족한데 그 이유가 있을 것이다. 미겔 레온 포르티야 Miguel León Portilla의 '패자의 시각'visión de los vencidos과 라틴아메리카교회사위원회CHEILA와 같은 기관이 강조한 '타자'나 '희생자'의 시각이 반영된 역사 기술이 나오기 시작한 것이 1960년대 이후였기 때문이다. 리카르 역시 교회와 성직자 중심의 교회사 연구라는 틀을 벗어나기 힘들었다. 그의 저작 속에는 원주민과 같은 타자의 목소리가 충분히 반영되지 못했다. 나우아어나 다른 원주민 언어에 대한 이해가 부족했던 리카르에게 이런 시각을 기대하는 것 자체가 무리일 수 있을 것이다. 아마도 이것은 그가 유럽인이며 가톨릭 신부였기 때문에 교회와 유럽 그리고 성직자 중심의 역사 서술의 한계를 극복하기 힘들었던 것으로 보인다.

앞에서 언급한 리카르 연구의 한계와 비판에도 불구하고 리카르의 『멕시코 영혼의 정복』의 독창성과 우수성은 퇴색되지 않는다. 그렇다면 그가 이 저작을 통해 말하고 싶었던 것은 무엇일까? 한마디로 요약하자면, '군사적 정복'은 '영혼의 정복' 없이 완성될 수도 유지될 수도 없었다는 것이다. 영혼의 정복 과정이 라틴아메리카 사회 전체를 근본적으로 바꾸어 놓았다는 점에서 군사적 정복보다 더 지속적이고 포괄적이며, 더 복잡한 과정이었기 때문이다. 『멕시코 영혼의 정복』은 읽기 어려운 작품이지만 라틴아메리카 식민지 시대를 연구하는 사람들이 필히 정복해야 하는 산이다.

추천문헌

Christian Duverger, *La conversión de los indios de Nueva España*, Ciudad de México: FCE, 1996.

George Kubler, *Arquitectura mexicana del siglo XVI*, Ciudad de México: FCE, 1982.

José María Kobayasi, *La educación como conquista*, Ciudad de México: El Colegio de México, 1997.

Mariano Cuevas, *Historia de la Iglesia en México: tomo I*, Ciudad de México: Porrúa, 1992.

Pedro Borges, *Métodos misionales en la cristianización de América: siglo XVI*, Madrid: Biblioteca Mionalia Hispanica, 1960.

원주민의 시각으로 본
라틴아메리카의 식민지 시대에 관한 연구

찰스 깁슨의 『에스파냐 통치하의 아스테카인』

김윤경

1. 정복과 식민화

16세기 황금을 찾아 나선 유럽인들에게 '오래된 신세계'는 그야말로 지상낙원이었으며 하늘이 내린 선물이었다. 중세 암흑기를 거쳐 오랜 굶주림과 고통에 지친 유럽인들에게 이 새로운 땅은 하나의 돌파구이자 희망이었다. 이 '오래된 신세계'와 거기에 살고 있는 사람들은 유럽인들이 새로운 시대를 열어가는 데 중요한 밑거름이었다. 유럽인들은 자신들의 방식대로 아메리카의 땅과 사람들을 바꾸어 갔다. 그것이 바로 정복과 식민화의 시작이었다. 유럽인들은 아메리카의 정복을 통해서 아메리카를 타자화하고 식민화함과 동시에 자신들을 문명화하고 근대화해 갔다. 어느 시인은 에스파냐 마드리드 광장에서 잉카의 후예가 조상에게 빌려 간 돈에 대한 이자를 내놓으라고 시위하는 장면을 풍자적으로 노래했다.[1] 침묵과 차가운 무관심으로 무시당한 이 잉카 후손의 시위는

---

* Charles Gibson, *The Aztecs Under Spanish Rule: A History of the Indians of the Valley of Mexico, 1519-1810*, Stanford: Stanford University Press, 1964.

지난 500여 년 동안 유럽이 아메리카에서 자행한 수탈의 역사를 상징적
으로 보여 주는 것이다.

그렇다면 정복 후 식민화 과정은 구체적으로 어떠했는가? 이 문제
는 아메리카 연구자들에게 중요한 주제이며, 지금까지 이에 대해 많은
논쟁이 있었다. 특히 아메리카의 대표적인 문명인 아스테카 문명을 이
룩했던 원주민들이 정복 후 어떻게 식민화되었는지, 그들과 에스파냐인
들의 관계는 어떠했는지에 관한 연구가 진행되었다. 식민화에 대한 제1
세대 연구자들은 에스파냐인과 원주민의 갈등과 저항에 초점을 맞추었
다. 윌리엄 프레스콧^{William Prescott}으로 대표되는 제1세대 연구자들은 16
세기 정복사에 관한 저술에 나오는 에스파냐의 연대기를 토대로 이 문
제를 연구했다.[2] 그들은 정복 초기 원주민들을 식민화하는 과정에서 에
스파냐인과 원주민 사이에 벌어졌던 군사적 충돌을 강조했다. 이러한
연구는 정복 초기에 관한 설명으로는 어느 정도 설득력이 있었지만, 군
사적 충돌이 특히 멕시코 중부에서는 그리 오래가지 않았고, 이후의 충
돌도 산발적이었음을 고려할 때 한계를 가질 수밖에 없었다.

이러한 한계를 인식한 다음 세대 연구자들은 충돌과 갈등이라는 개
념 대신 에스파냐령 아메리카 문명의 발전이라는 개념으로 식민화 과정
에 관한 연구에 착수했다. 로베르 리카르가 대표적인 예인데, 그는 원주
민 사회의 여러 요소가 유럽적 요소로 빠르게 대체되었음을 강조했다.[3]

---

1) 박노해, 「잉카의 후예가」, 『그러니 그대 사라지지 말아라』, 느린걸음, 2014.

2) 프레스콧의 『멕시코 정복의 역사』(The History of the Conquest of Mexico, 1843)와 『페루 정복
   의 역사』(A History of the Conquest of Peru, 1847) 같은 저작들이 여기에 속한다.

3) Robert Ricard, The Spiritual Conquest of Mexico(La "Conquête spirituelle" du Mexique,
   1933), trans. Lesley Byrd Simpson, Berkeley: University of California Press, 1966.

리카르는 관리들과 성직자들이 왕에게 보낸 문서 등의 자료를 분석한 결과, 유럽인이 원주민 사회에 엄청나게 많은 변화, 특히 정신적·종교적인 변화를 가져왔다고 주장했다. 특히 정복 후 식민화 과정에서 교회가 수행한 역할에 주목하면서, 원주민 사회의 모든 영역에서 변화를 초래한 유일하고 자의적인 존재가 교회였다고 설파했다. 연구자들이 흔히 접근할 수 있는 자료가 보통 정복 후 탁발수도사들이 기록한 문서, 즉 흔히 말하는 연대기이다 보니, 이러한 입장이 멕시코뿐 아니라 에스파냐령 아메리카의 식민화 과정을 설명하는 기본 해석이 되었다.

그런데 이 두 세대 연구자들은 모두 정복 후 원주민 사회가 유럽인 정복자에 의해서 급격한 변화를 겪었다는 점과 그러한 변화에 유럽인이 중요한 영향을 미쳤다는 점을 공통적으로 인식하고 있었다. 그러기에 에스파냐인과 원주민의 관계에 관한 연구에서 연구자들은 역사의 패자인 원주민보다는 승자인 에스파냐인에 초점을 맞추게 되었다. 정복과 식민화 과정의 역사에 관한 서술에서 주요 등장인물이었던 것은 원주민이 아니라 유럽인이었다. 정복 전쟁의 역사에서 중요한 것은 정복자의 활동이었으며, 교회가 수행한 '영혼의 정복'에서도 중요하게 다뤄진 것은 수도사의 역할이었다. 원주민의 반응은 주요 등장인물의 활동에 따른 부수적인 결과로 다뤄질 뿐이었다.

이러한 종래의 연구 방향을 바꿔 놓은 연구가 바로 찰스 깁슨^{Charles} Gibson(1943~)의 『에스파냐 통치하의 아스테카인: 멕시코계곡 원주민의 역사, 1519~1810년』이다. 깁슨은 이 책에서 에스파냐인보다는 원주민에 강조점을 두었다. 깁슨의 이 책은 제목에서도 알 수 있듯이, 정복 이후 독립 시기까지의 원주민의 역사를 다루면서 에스파냐인과 원주민의 관계에 관해서 종래와는 다른 관점에서 접근하고 있다. 이 책에서 깁슨은 멕시코계곡이라는 아스테카 제국 심장부의 원주민 사회가 에스파냐 통치하에서 어떤 변화의 과정을 거쳤는지에 초점을 맞추어서, 방대한 사료를 바탕으로 정치, 경제, 사회 등 광범위한 영역을 다루고 있다. 깁슨의 이 책은 오늘날까지도 멕시코 식민지 역사에 관한 연구에서 최고의 역작으로 꼽히고 있으며, 정복 이후 독립 시기까지 멕시코 중부 지역의 원주민에 관한 대표적인 연구로 평가받고 있다. 이 책이 나오고 난 후 식민지 시대 원주민의 역사에 관한 연구가 본격적으로 이루어지기 시작했다.

2. 민속역사학자, 찰스 깁슨

1920년에 태어나 1985년에 생을 마감한 찰스 깁슨은 멕시코의 식민지 시대에 관한 한 가장 완성도 높은 연구를 이룬 민속역사학자 중 한 사람이다. 미국역사학회 회장까지 역임한 깁슨은 민속역사학자로서 아메리카의 원주민에 많은 관심을 기울였다. 그래서 그가 학문적 생애 동안 주로 다루었던 문제는 정복 이후 원주민의 히스패닉화 혹은 유럽화 등 원주민 사회가 에스파냐인의 지배에 어떻게 대응해 나갔는가라는 것이었다. 프레스콧, 리카르 같은 역사가들이 멕시코의 원주민에 별로 관심을 갖지 않고, 에스파냐인의 자료와 개념을 가지고 에스파냐인의 눈으로 역사를 해석한 것과는 달리, 깁슨은 원주민의 관점에서 정복 이후 독립 시기까지 멕시코 역사를 바라보려고 했다. 한편, 인류학자로서도 깁슨은 다른 인류학자들과 달랐다. 일반적으로 인류학자들이 정복 이전의 원주민에 주로 관심을 기울였던 것과는 달리, 깁슨은 정복 이후의 원주민을 연구 대상으로 삼았다. 깁슨은 역사학과 인류학이 만나는 역사인류학의 세계에서 한 획을 그은 독보적인 존재였다.

　사실, 깁슨은『에스파냐 통치하의 아스테카인』외에도 이 책을 전후로 원주민에 관한 연구서를 냈다. 우선, 이 책이 나오기 12년 전인 1952년에 이미 또 하나의 기념비적인 연구서『16세기의 틀락스칼라』*Tlaxcala in the Sixteenth Century*를 썼다. 깁슨은 처음으로 나우아어^語로 된 카빌도 자료를 이용하여 틀락스칼라 지방 원주민의 역사를 분석했다. 이 책은 라틴아메리카 역사에 관한 연구에서 원주민을 주요 대상으로 삼은 최초의 연구서로, 에스파냐령 아메리카의 초기 역사에 대한 재해석의 가능성을 열었다. 물론 깁슨에게 많은 영향을 미친 루이스 한케가 이미 역사 서술에서 원주민을 전면에 내세우기는 했다.[4] 하지만 한케의 저술에서 영웅은 여전히 에스파냐인들이었으며, 그들의 진술이 원주민에 관한 정보를 얻을 수 있는 유일한 원천이었다. 하지만 깁슨은 이 책에서 처음으로 접근 방식을 바꾸었다. 다시 말해서, 연구의 초점을 원주민에 맞추고 틀락스칼라 지방에 한정해서 연구를 진행했다. 에스파냐령 아메리카 연구자들 사이에서 제국 단위의 연구를 대체하려는 움직임이 이미 일어나고 있었지만, 깁슨처럼 특정 지역에 한정해서 연구를 진행한 것은 당시로서는 참신하고 획기적인 일이었다.

　한편,『에스파냐 통치하의 아스테카인』이 출판된 지 10여 년 후에는『중앙아메리카 원주민 편람』*Handbook of Middle American Indians* 제15권을 동료 연구자들과 함께 편집하여 출판했다. 이 책에서 깁슨은 원주민에 관한 그림, 연대기, 증언 등 중요한 자료를 편찬해 냄으로써 원주민에

---

4) Lewis Hanke, *The Spanish Struggle for Justice in the Conquest of America*, Philadelphia: University of Pennsylvania Press, 1949.

대한 이해를 더욱 심화시켰다. 그리하여 깁슨은 정복 이후 식민지 시대 원주민의 역사에 관한 한 타의 추종을 불허할 만큼 중요한 민속역사학자로 자리매김하게 되었다.

3. 정복 이후의 원주민 역사

『에스파냐 통치하의 아스테카인』은 1951년에 쓰기 시작해서 1963년 1월에 완성될 정도로, 깁슨이 오랜 기간 동안 방대한 자료를 이용하여 심혈을 기울인 책이다. 참고문헌까지 포함하여 총 600쪽이 넘는 이 책에서 찰스 깁슨은 정복 이후 독립 시기까지의 원주민의 역사를 다루고 있다. 깁슨은 멕시코, 미국, 영국, 프랑스 등지의 문서고를 뒤져 가며 각종 연대기, 법정 자료, 에스파냐인의 기록뿐 아니라, 원주민의 기록까지 조사하여 원주민의 삶을 아주 상세하게 서술하고 있다. 더구나 이 책은 깁슨의 전작인 『16세기의 틀락스칼라』의 한계를 극복하고자 연구 지역을 틀락스칼라에서 멕시코계곡으로 확장했다. 깁슨은 역사지리학적인 면에서 왜 멕시코계곡을 연구 지역으로 선택했는지, 그 지역이 역사적으로 왜 중요한지를 설명한다. 깁슨에 따르면, 멕시코계곡은 아스테카 전체로 보면 작은 지역에 불과하지만 아스테카 문명이 번성한 곳이며, 정복 이후 아스테카의 역사가 어떻게 전개되고 특징이 무엇이었는지를 분석하는 데 가장 적합한 지역이다. 또한 깁슨은 연구 시기도 16세기를 넘어 식민지 시대 전체로 확장했다. 원래 19세기와 20세기도 다루려고 했으나, 식민지 시대가 워낙 복잡하고 다루기 어려운 점을 고려하여, 이 책에서는 1810년 독립 시기까지로 시기를 한정했다. 그리하여 이 책에서 깁슨은 정복 이후 3세기 동안 원주민, 특히 아스테카인이 에스파냐인에게 종속되는 과정에서 일어난 변화를 다뤘다.

우선, 이 책『에스파냐 통치하의 아스테카인』에서 가장 먼저 눈에 띄는 것은 연구의 초점을 종래의 에스파냐인에서 원주민으로 옮겼다는 점이다. 깁슨은 이 점을 책 곳곳에서 보여 주고 있다. 그중에서도 2장은 정복 당시 멕시코계곡에 살고 있던 원주민 부족을 상세하게 다룸으로써 이 책의 연구 대상이 원주민임을 확실히 밝히고 있다. 깁슨은 원래 멕시코계곡에 살던 14개의 원주민 부족 중에서 정복 당시에 남아 있던 9개 부족에 대해서 설명하면서, 그들이 각각 어떤 부족 정체성을 가지고 있었는지, 그러한 정체성이 어떻게 변화해 갔는지를 설명하고 있다. 깁슨의 설명에 따르면, 식민지 시대 초기에는 부족 정체성이 강했으나, 17세기 중반에 이르면 새로운 식민지 조직 방식이 부족 개념을 대체하게 되면서 정체성에 관한 의식이 점차 약화되어 갔다. 한편, '사람들'이란 제목의 6장에서는 정복 이후의 원주민을 귀족principal과 평민macegual, 노예로 분류하여, 식민화 과정에서 어떤 변화를 겪었는지 살펴보고 있으며, 백인과의 혼혈로 생기는 메스티소까지 다루고 있다. 여기서 깁슨이 구체적인 사료 분석을 통해서 에스파냐인의 문화를 취하려는 원주민 귀족의 태도라든가, 귀족이 되려고 안간힘을 쓰는 평민의 노력을 보여 주는 대목은 원주민의 다양한 생존 방식을 보여 준다는 점에서 흥미롭다.

이 책에서 또 하나 지적해야 할 것은 정복 이후의 아스테카 사회를 우선 변화의 관점에서 보고 있다는 점이다. 깁슨은 기본적으로 아스테카 사회가 에스파냐인의 정복으로 변화했음을 인정한다. 변화는 정치, 종교, 사회 전반에 걸쳐서 나타났는데, 깁슨은 이러한 변화가 가장 분명하게 나타난 것이 정복 초기 40~50년 동안이었다고 주장한다.[5] 우선 정치적으로 보면, 정복 직후부터 에스파냐인은 원주민 사회의 제도를 바꿔 나갔다. 깁슨은 3, 4, 7장에서 정복 이전 원주민 사회의 기본적인 정치적 단위가 사적인 엔코미엔다^{encomienda} 제도 및 주·종 마을$^{cabecera-sujeto}$ 체제로, 나중에는 코레히미엔토^{corregimiento}로 재편되는 정치적 과정을 자세하게 다루고 있다. 이러한 재편 과정을 통해 원주민 사회는 에스파냐인이 통치하기에 편리한 사회로 거듭 태어났다.

이러한 정치적 변화는 종교적인 변화도 수반했다. '종교'라는 제목의 5장에서 '영혼의 정복'이라고 부르는, 원주민의 기독교 개종 문제를 자세히 다루고 있다. 이 장에서는 정복 자체가 기독교적 소명이었음을 언급하면서 에스파냐인과 원주민의 관계에서 기독교는 떼려야 뗄 수 없는 요소임을 강조한다. 깁슨에 따르면, 16세기에는 원주민이 기독교를 순순히 받아들였으나, 17세기 말쯤에 이르러서는 기독교에 대해서 반감을 가지고 혐오하게 되었다. 그렇게 된 데에는 여러 가지 원인이 있었지만, 그중에서도 교회가 엔코미엔다를 받아들이면서 엔코미엔다의 억압으로부터 원주민을 정신적으로 보호하는 역할을 하지 못하게 되었던 것이 가장 큰 요인이었다.[6] 여기서 흥미로운 것은 깁슨이 리카르처럼 정복 이후 아스테카 사회에서 교회의 역할을 강조하기보다는, 엔코미엔다 같은 제도와 공생하면서 변화를 이끌었다고 주장하는 점이다. 교회가 엔코미엔다에 의존하지 않을 수 없었고, 종종 교구사제가 엔코미엔다 소유주인 경우가 있었기 때문에 엔코미엔다와 교회는 같은 길을 갈 수밖에 없었다는 것이다.

원주민이 피부로 느낀 변화는 사회적인 변화였다. 깁슨은 8, 9, 10

---

5) Gibson, *The Aztecs Under Spanish Rule*, p.404.
6) *Ibid.*, p.112.

장에서 이러한 변화를 설명하고 있다. 원주민 사회가 식민지 지배체제로 재편되면서 원주민은 과중한 조세 부담을 느껴야 했으며, 어떤 원주민공동체도 그러한 부담을 장기간 견뎌낼 수가 없었기에 과도한 조세는 큰 스트레스였다.[7] 노동 강제와 토지 수탈도 원주민을 고통스럽게 했던 변화 중 하나였다. 원주민은 원래 노동을 공동체에 즐겁게 참여하는 기회로 생각했지만, 에스파냐인의 지배 이후 노동에 대한 태도와 관념이 바뀌었다. 원주민에게 노동은 이제 사회적·도덕적·정신적 범주가 아니라 경제적·신체적 범주가 되었다. 에스파냐인들이 엔코미엔다를 통해서 원주민의 노동을 강제함으로써 노동은 주인의 돈벌이를 위한 고통스러운 육체적 행위로 전락해 버렸다. 한편 원주민의 토지 상황은 식민지 시대 동안 점진적으로 변화했다. 에스파냐인은 원주민에게 돈으로 구입하거나 특권을 이용하여 강제로 빼앗거나 왕으로부터 하사품으로 받는 식으로 토지를 획득했다. 결국 에스파냐인은 아시엔다hacienda라는 대농장의 소유자가 되어 원주민공동체의 토지를 침해하게 되었고, 대다수 원주민은 여러 가지 압력으로 말미암아 아시엔다에서 일하는 노동자로 전락하게 되었다.[8]

그런데 여기서 한 가지 주목해야 할 것은 깁슨이 이러한 변화를 설명하면서 두 가지 사항을 염두에 두고 있다는 점이다. 우선, 하나는 변화의 밑바탕에 놓여 있는 연속성이라는 측면이다. 깁슨은 변화를 얘기하지만, 근본적인 변화라기보다는 원주민 사회의 기본적인 요소를 바탕에 두고 있는 변화, 즉 원주민 사회와 연속선상에 있는 변화임을 강조한다.

7) *Ibid.*, p.217.
8) *Ibid.*, p.298.

에스파냐인이 정치적으로 원주민 사회를 주·종 마을 체제로 재편하는 과정에서 기본 토대로 삼았던 것은 "원주민 사회의 하위 제국, 혹은 제국이 되기 전의 수준이라 부를 수 있는 것"[9]이다. 이것은 바로 아스테카의 정치 단위 알테페틀altepetl을 일컫는 것이다. 원래 알테페틀은 몇 개의 칼푸이calpulli로 구성되며, 가장 영향력이 있는 칼푸이의 수장 틀라토아니tlatoani가 알테페틀을 다스렸다. 에스파냐인은 정복 이후 틀라토아니가 있는 칼푸이를 주 마을로 그 외의 칼푸이를 종 마을로 재편했다. 사적인 조직이었던 엔코미엔다도 이러한 알테페틀을 토대로 형성되었으며, 나중에 가서 형성된 교구나 코레히미엔토도 모두 기본적으로는 정복 이전의 알테페틀이라는 정치 단위를 토대로 형성되었다. 에스파냐인은 식민지 체제를 좀 더 효율적으로 수립하기 위해서 아스테카 사회의 제도를 적극적으로 활용한 것이다.

이러한 연속성의 측면은 식민화 과정에서 원주민 지배 집단이 어떻게 변화해 갔는지를 설명하는 부분에서도 나타난다. 정복 이후 왕족은 쇠퇴했으며, 일부 원주민 지배 계층은 저항하다 죽음을 맞게 되면서 원주민 귀족의 지위가 약화되었다고는 하나, 에스파냐인이 지배하는 식민지 사회에서도 여전히 상층 계급의 지위를 누리며 명맥을 유지했다. 에스파냐인은 원주민 지배 계층을 원주민과 에스파냐 식민 당국을 연결해 줄 수 있는 존재로 인식하고, 협조적인 원주민 지배 계층이라면 지위를 보장해 주고 토지와 특권을 부여했다. 예를 들어, 협력적인 원주민 귀족은 에스파냐식 복장을 입을 수 있는 권리, 칼이나 총을 찰 수 있는 권리 등을 부여받았다. 깁슨은 원주민 지배 계층이 틀라토아니에서 식민

---

9) Gibson, *The Aztecs Under Spanish Rule*, p.34.

지 지방 정부의 최고 우두머리인 고베르나도르^{gobernador}나 시의회 의원직인 알칼데^{alcalde}와 레히도르^{regidor}로 이어지는 과정을 자세히 설명하면서 원주민 지배 계층이 식민지 정복 이후에도 식민지 정부의 관료 집단으로 유지되었다고 주장한다.

깁슨이 변화를 설명하면서 전제로 삼고 있는 또 하나의 요소는 지배와 종속의 문제인데, 정복 이후의 변화가 에스파냐와 원주민 간의 지배와 종속이라는 불평등한 관계에서 이루어진 변화라는 점을 결론에서 분명하게 제시한다. 깁슨은 원주민이 에스파냐인에게 착취당했음을 설명해 주는 '흑색전설'^{leyenda negra}이라는 표현이 정복 이후 원주민과 에스파냐인의 관계를 정확하게 보여 주는 것이라고 말한다. 정복의 결과는 에스파냐인의 지배와 원주민의 종속이며, 정복으로 발생한 변화는 기본적으로 이러한 관계를 전제로 한 것이다. 그러므로 식민지 사회에서 지배층의 지위를 누린 원주민 귀족조차도 사실은 식민지 귀족의 최하층이었으며, 권한도 에스파냐인과는 달리 지방 수준으로 제한되었다. 일반 원주민은 토지를 수탈당하고 엔코미엔다의 강제노동에 시달리면서 거의 노예 같은 삶을 살아야 했다. 이처럼 깁슨은 연속선상의 변화에서 드러나는 지배와 종속의 성격을 분명히 지적하고 있다.

그런데 한 가지 아쉬운 점을 지적하지 않을 수 없다. 이 책에서 깁슨은 원주민에 연구의 초점을 맞추고 정복 이후 에스파냐인과 원주민의 관계를 기본적으로 지배와 종속의 관계로 보고 있음에도 불구하고, 종속과 억압의 상황에 있는 원주민에 관한 설명은 충분히 하고 있지 않다. 원주민 귀족에 관해서는 책 곳곳에서 설명하고 있지만, 하층 집단을 이루는 원주민 대다수의 삶에 관해서는 언급이 거의 없다. 그나마 원주민 노동에 관한 9장에서 원주민 노동자, 특히 아시엔다에서 일하는 노동자인 부채노예, 강제로 동원된 아시엔다 일꾼 페온^{peón}, 작업장^{obraje} 노동자의 삶을 이야기하고 있다. 여기서 깁슨은 아시엔다가 당시 토지를 빼앗긴 원주민들에게 생계수단을 제공해 준, 대안 역할을 했다고 주장하면서 기존의 해석과 다른 입장을 보여 주기도 했다.[10] 이러한 입장은 부채노예의 삶이 그나마 다른 노동자의 삶보다 나았다고 보는 것으로서, 달리 보면 원주민 노동자의 삶이 얼마나 열악하고 비참했는지를 역설적으로 보여 주는 것이라고 하겠다. 이러한 점을 고려할 때 자료의 문제일 수는 있겠지만, 원주민 노동자의 삶에 대한 상세한 설명이 부족한 것이 아쉽다.

게다가 이 책은 에스파냐인과 원주민의 지배와 종속의 관계에서 빚어질 수밖에 없는 갈등의 문제를 크게 다루지 않고 있다. 이 책이 1519년부터 독립 시기인 1810년까지 멕시코계곡 지역의 원주민의 역사를 다루고 있는데, 이 긴 기간 동안 원주민은 변화에 대해서건 연속적인 상황에 대해서건 크고 작은 저항을 했을 것이다. 하지만 이 책에서는 이러한 원주민의 저항 문제를 별로 언급하지 않고 있다. 깁슨은 강제 이주 ^{congregación}나 토지 수탈, 강제 징세 등에 대한 원주민의 산발적인 저항을 언급하고 있기는 하지만 비중 있게 다루지 않고 있으며, 그나마 원주민 귀족에 관한 언급에 그치고 있고 독립 직전에 있었던 크고 작은 원주민의 반란에 대해서는 언급이 전혀 없다. 깁슨은 연구의 초점을 에스파냐인에서 원주민으로 이동시키는 데는 성공했지만, 원주민을 수동적인 존재가 아니라 진정한 역사의 주체로 내세우는 데는 그다지 성공을 거두지 못한 것으로 보인다. 그는 원주민의 가장 대표적인 대응 방식 혹은 적

---

10) Gibson, *The Aztecs Under Spanish Rule*, p.255.

응 방식으로 알코올 중독을 들면서, 세계 역사상 식민지 시대의 원주민만큼 알코올 중독에 쉽게 빠진 경우는 없다고 말한다.[11] 원주민은 고통스러운 삶에 대응하는 방법으로 술 마시는 것을 택했다는 것이다. 물론 이것도 원주민의 대응 방식이었다. 하지만 원주민은 에스파냐인의 지배에 적극적으로 저항하고 투쟁한 것 또한 사실이다. 이러한 문제에 대한 연구가 이루어져야 깁슨이 애초에 생각했던 원주민과 에스파냐인의 관계와 상호작용에 대해서 제대로 이해할 수 있을 것이다.

4. 찰스 깁슨 이후의 식민사 연구

이러한 한계에도 불구하고, 찰스 깁슨의 『에스파냐 통치하의 아스테카인』은 식민지 시대 멕시코 중부 지역의 원주민에 관한 가장 중요한 연구서 중 하나로 꼽힌다. 그런 만큼 이 책은 오늘날까지도 이 시기 원주민에 관한 연구의 지침서 역할을 하고 있다. 깁슨이 이 연구서를 낸 이후 멕시코 민속역사학자 대부분은 이 책을 토대로 해서 이 책의 한계에 도전하거나 부족한 점을 보완하는 형태로 연구를 진행했다.

　그 예로 가장 먼저 들 수 있는 것은 깁슨의 제자인 윌리엄 테일러의 『식민지 시대 오아하카의 지주와 농민』과 『음주, 살인, 반란』이다.[12] 테일러가 앞의 책에서는 오아하카의 원주민들이 식민지 시대 말까지 계속해서 정복 이전의 체제를 어느 정도 유지하며 살았음을 보여 주고 있으

---

11) *Ibid.,* p.409.
12) William B. Taylor, *Landlord and Peasant in Colonial Oaxaca*, Stanford: Stanford University Press, 1983; William B. Taylor, *Drinking, Homicide and Rebellion in Colonial Mexican Villages*, Stanford: Stanford University Press, 1979.

며, 뒤의 책에서는 살인이나 음주를 통해서 원주민이 식민지 시대의 변화된 현실에 적응하고 변모해 가는 과정을 그리고 있다. 이런 점에서 테일러는 기본적으로 깁슨의 '연속성' 관점을 계승하고 있다. 하지만 원주민의 음주를 이해하는 방식에서는 깁슨과 다른 관점을 보이고 있는데, 음주를 정복 이후의 억압적인 현실 속에서 새로이 나타난 원주민의 수동적인 혹은 자포자기적인 대응 양식으로 본 깁슨과 달리, 테일러는 음주가 정복 이전부터 있었던 원주민의 관행이며, 정복 이후 에스파냐인이 술을 마시는 방식에 원주민이 새롭게 동화된 것이라고 보았다. 무엇보다도 이 두 책에서 테일러는 에스파냐어 자료뿐 아니라 원주민 언어로 쓰인 자료까지 섭렵함으로써 깁슨이 다루지 못한 부분인 에스파냐인과 원주민의 상호작용에 관해서 좀 더 구체적인 설명을 제시했다.

하지만 원주민 세계의 내부, 즉 사적인 영역이나 내부의 상호작용 등에 대해서 좀 더 구체적인 연구가 나오기 시작한 것은 원주민어로 쓰인 자료가 전 세계적으로 공개되면서였다. 로버트 해스켓은 에스파냐어 자료뿐 아니라 나우아어로 된 자료를 토대로 식민지 시대 쿠에르나바카Cuernavaca 지역의 원주민 시 정부에 관해 연구했다.『원주민 통치자들: 식민지 시대 쿠에르나바카의 시 정부에 관한 민속역사학』[13]에서 해스켓은 '연속성'의 관점에서 식민지 시대 원주민 시 정부의 통치자들이 어떻게 정치적으로 지배했는지, 원주민 상층 계급이 에스파냐인의 지배 문화에 어떻게 적응해 나갔는지에 대해서 아주 자세하게 설명하고 있다. 한편 레베카 혼은 연구의 범위를 원주민 사회의 정치뿐 아니라 경제 영

---

13) Robert S. Haskett, *Indigenous Rulers: An Ethnohistory of Town Government in Colonial Cuernavaca*, Albuquerque: University of New Mexico Press, 1991.

역으로까지 확장하여 코요아칸 지역을 중심으로 16~17세기 중엽까지 멕시코 중부의 나우아어를 사용하는 원주민과 에스파냐인의 관계, 특히 정치경제적 관계를 살펴보고 있다.[14] 이 두 연구는 모두 깁슨의 책에서 다루어진 멕시코계곡이라는 지역보다 범위가 좁혀졌고, 연구 대상도 원주민 사회 전체가 아니라 정치경제 영역으로 한정되면서 원주민 사회에 대한 한층 더 심도 깊은 이해를 돕고 있다.

게다가 원주민의 일상적인 삶, 문화에 관한 연구도 진행되었다. S. L. 클라인도 나우아어로 된 당대의 증언 자료를 이용하여 16세기 말 쿨우아칸Culhuacan 지역의 원주민 가족, 여성, 토지 보유, 상속 등에 관한 연구서를 냈다.[15] 해스켓과 혼의 연구가 원주민의 정치경제 영역을 다루었다면, 클라인의 연구는 사회문화 영역을 다루었다고 할 수 있다. 사실 이 부분은 깁슨이 제대로 다루지 못한 부분이다. 그 후 제임스 록하트는 다시 정치, 경제, 사회, 문화를 모두 아우르는 역작 『정복 이후의 나우아 원주민』[16]을 통해 언어, 글쓰기, 예술 등 다양한 문화 영역까지 심도 있게 다룸으로써 식민지 시대 원주민 사회에 관한 연구의 새 지평을 열었다. 특히 아스테카 제국의 정치적 기본 단위였던 알테페틀에 대한 분석을 통해서 식민지 시대에 아스테카의 제도적 장치가 어떻게 지속되고 있는지를 보여 주고 있다. 문화만을 중점적으로 다룬 연구는 수전 켈로그의

---

14) Rebecca Horn, *Postconquest Coyoacan: Nahua-Spanish Relations in Central Mexico, 1519-1650*, Stanford: Standford University Press, 1997.

15) S. L. Cline, *Colonial Culhuacan, 1580-1600*, Albuquerque: University of New Mexico Press, 1986.

16) James Lockhart, *The Nahua After the Conquest: A Social and Cultural History of the Indians of Central Mexico, Sixteenth Through Eighteenth Centuries*, Stanford: Stnaford University Press, 1992.

『법과 아스테카 문화의 변화, 1500~1700』[17]이다. 켈로그는 문화적 연속성보다는 변화에 주목하면서 식민지 시대에 법이 일상생활, 여성의 삶, 가족 구조 등의 변화에 중요한 역할을 했음을 강조했다.

이처럼, 식민지 시대 아스테카 사회에 관한 연구는 찰스 깁슨의 『에스파냐 통치하의 아스테카인』 이후로 본격화되었다. 연구의 초점이 에스파냐인에서 원주민으로 옮겨졌을 뿐 아니라, 연구 영역도 원주민 사회의 정치경제뿐 아니라 문화 영역으로 확대되었으며, 지역적으로도 연구의 범위가 좀 더 좁혀지면서 식민사 연구가 한층 심화되었다. 게다가 마야 문명이 번성했던 멕시코 남부 지역의 식민사에 관한 연구도 이루어지면서 아스테카 지역과 마야 지역에 대한 비교 연구도 가능해졌고, 그리하여 식민지 시대 멕시코 원주민 사회에 대한 연구도 어느 정도 균형을 이루게 되었다. 이러한 눈부신 발전의 출발점에 바로 찰스 깁슨의 『에스파냐 통치하의 아스테카인』이 놓여 있는 것이다. 분명히 이 책은 식민사 연구의 분수령을 이루면서 촉매제 역할을 했으며, 오늘날까지도 수많은 식민사 연구자들에게 길잡이가 되고 있다.

추천문헌

로버트 M. 카멕·제닌 L. 가스코·게리 H. 고센 엮음, 『메소아메리카의 유산: 아메리카 토착 문명의 역사와 문화』, 강정원 옮김, 그린비, 2014.
멕시코대학원(COLMEX) 엮음, 『멕시코의 역사』, 김창민 옮김, 그린비, 2011.

---

17) Susan Kellog, *Law and the Transformation of Aztec Culture, 1500-1700*, Norman: University of Oklahoma Press, 1995.

벤자민 킨·키스 헤인즈, 『라틴아메리카의 역사 상·하』, 김원중·이성훈 옮김, 그린비, 2014.

존 H. 엘리엇, 『대서양의 두 제국: 영국령 아메리카와 에스파냐령 아메리카 1492~1830』, 김원중 옮김, 그린비, 2017.

이상주의가 이끄는 역사 발전

알베르토 플로레스 갈린도의 『잉카 왕을 찾아서: 안데스의 정체성과 유토피아』

우석균

1. 희극으로 반복된 역사

마르크스는 역사는 두 번 반복된다고 말했다. 한 번은 비극으로, 그리고 또 한 번은 희극으로. 잉카 제국의 고도 쿠스코 중앙광장에서 24년의 간극을 두고 집행된 두 건의 공개처형에 딱 들어맞는 말이다. 1781년 5월 18일 쿠스코 중앙광장에서는 투팍 아마루^{Túpac Amaru} 2세가 처형되었다. 원래 이름이 호세 가브리엘 콘도르캉키^{José Gabriel Condorcanqui}인 그는 식민체제에 저항하여 1780년 봉기를 일으켜 원주민 국가 건설까지 천명하였다. 그러면서 자신을 투팍 아마루 2세로 칭하였다. 투팍 아마루는 원래 잉카 왕조 복원을 위해 빌카밤바를 중심지로 저항하다가 1572년 형장의 이슬로 사라진 잉카의 마지막 군주의 이름이다. 그리고 콘도르캉키는 비록 메스티소이지만 잉카 왕실의 피를 물려받았기 때문에 투팍 아마루 2세라는 이름을 택한 것이다. 투팍 아마루 2세의 처형은 희대의

---

* Alberto Flores Galindo, *Buscando un Inca: identidad y utopía en los Andes*, Habana: Casa de las Américas, 1986

스펙터클이었다. 수많은 사람이 운집하여 그 광경을 구경했고, 사형집행자들은 기대에 부응하려는 듯 치밀한 연출로 화답했다. 먼저 투팍 아마루 2세의 큰아들의 혀를 무참하게 뽑아 버렸고, 그다음에는 그의 아내의 목을 여러 개의 밧줄로 동시에 조이면서 죽을 때까지 배를 사정없이 걷어찼다. 그다음에는 투팍 아마루 2세의 팔다리를 네 마리 말에 한 짝씩 묶어 놓고, 말이 각각 다른 방향으로 달리도록 채찍질을 가했다. 투팍 아마루 2세를 네 토막으로 찢어 죽이려고 한 것이다. 결국은 소기의 목적을 달성하지 못해 능지처참으로 끝을 맺었지만, 허공에 떠올라 파르르 떨리던 콘도르칸키의 육신은 정복 시대의 대표적인 비극적 순간으로 길이길이 기억되었다.

　그로부터 24년 뒤인 1805년 12월 5일 같은 장소에서 공개처형이 거행되었고, 그 주인공은 호세 가브리엘 아길라르José Gabriel Aguilar였다. 그러나 이 처형식은 스펙터클과는 거리가 멀었다. 구경하는 사람도 별로 없었고, 본보기로 삼기 위한 잘 짜인 각본도 존재하지 않았다. 그가 반역죄로 몰린 것 자체가 난센스였다. 평소 식민체제에 대한 불만을 토로했다고는 하지만 아길라르는 거사를 일으킨 적이 없었다. 고발이 접수되면서 일이 커져 반란의 수괴로 몰린 것뿐이다. 그리고 일이 커지게 된 것은 정신이상 징후 때문이었다. 심문을 받으면서 예수가 자신을 아들이라고 부르며 지상에서 가장 위대한 인물이 되리라고 말했다는 둥, 자신에게 천사와 성인이 될 후손들이 태어나 위대한 왕국을 세울 거라는 둥 어렸을 때부터의 꿈 이야기를 천연덕스럽게 늘어놓았던 것이다. 하지만 이단이라면 모를까, 어째서 역모로 몰렸을까? 아길라르를 밀고한 마리아노 레추가라는 인물의 꿈 이야기 때문이었다. 쿠스코에서 아길라르가 독수리로 변해(독수리는 에스파냐어로 '아길라'이다) 왕관을 쓰고 해안으로 날아가 그곳에서 비상한 또 다른 독수리와 싸우는데, 이 두 번째 독수리가 쓴 왕관은 비상할 때부터 이미 떨어질락 말락 했다는 내용의 꿈이었다. 이 이야기는 에스파냐가 구축한 식민체제의 종식을 예고하는 것으로 해석될 수밖에 없었다. 페루 부왕령의 수도 리마가 해안에 위치해 있는데, 그곳에서 비상한 독수리의 왕관이 떨어지려고 했기 때문이다. 나아가 잉카 제국의 복원을 예고하는 것처럼 해석될 여지도 있었다. 앞서 밝혔듯이 쿠스코는 잉카 제국의 옛 수도이기 때문이다. 꿈을 믿고 아홉 살 때부터 자신이 신에게 선택된 사람이라고 생각하며 인생을 허비한 아길라르, 꿈을 증거로 그를 밀고한 인물, 본보기 삼아 공개처형을 결정한 식민당국 등등 모두가 희대의 코미디를 연출한 셈이다.

2. 왕의 귀환

아길라르 사건에는 두 가지 주목할 만한 점이 있다. 첫째, 아길라르 역시 부친은 에스파냐 태생이고 어머니는 아메리카 태생의 크리오요였지만, 그의 꿈 이야기에 현혹되어 식민체제를 대신할 다른 세상을 꿈꾼 이들 대부분이 크리오요 혹은 메스티소들이었다는 점이다. 심지어 이들 중에는 프란치스코회의 사제들도 있었다. 둘째, 그럼에도 불구하고 아길라르 사건이 잉카 복원 운동으로 의심받았다는 점이다. 그럴 만도 했다. 투팍 아마루 2세가 메스티소임에도 잉카 혈통을 내세웠듯이, 식민지 시대의 수많은 봉기가 잉카 군주 혹은 제국과의 관련성을 내세워 정당성을 확보하고자 했기 때문이다. 1666년 무렵 페루 리마, 에콰도르 키토, 아르헨티나 투쿠만의 일련의 봉기나 거사 계획들이 그러했고, 이런 경향이 18세기에 정점을 이루어 아마존 지역을 근거지로 한 후안 산토스 아타왈파^{Juan Santos Atahualpa}의 1742년 봉기와 쿠스코 일대에서 시작되어 볼리비아까지 번진 투팍 아마루 2세의 1780년 봉기로 이어진 것이다.

이처럼 잉카를 구심점으로 대안의 세계를 열망한 안데스인의 역사를 추적한 명저가 있다. 페루의 역사학자 알베르토 플로레스 갈린도^{Alberto Flores Galindo(1949~1990)}의 『잉카 왕을 찾아서: 안데스의 정체성과 유토피아』이다. 1986년 쿠바의 '아메리카의 집'^{Casa de las Américas}이 수여하는 에세이 상을 받은 책으로, 1988년 증보판이 페루에서 출간되었다. 책의 주요 논지는 잉카 군주를 메시아로 여기는 믿음이 안데스에 존재하고, 이런 공통의 믿음이 정복 이후 오늘에 이르기까지 안데스인들의 정체성의 토대를 이루며, 안데스인들은 이 믿음을 통해 유토피아와도 같은 이상적인 질서를 열망하고 있다는 것이다.

플로레스 갈린도가 이러한 통찰을 내놓기까지는 일련의 사전 연구들이 있었다. '왕의 귀환'에 대한 안데스인의 열망이 학계의 주목을 처음 받게 된 것은 페루의 인류학자이자 소설가 호세 마리아 아르게다스^{José María Arguedas}를 비롯한 일군의 연구자들이 1953~1956년 '잉카리 신화'^{mito de Inkarrí} 3종을 채집하면서이다. '잉카리'의 '리'는 에스파냐어의 '레이'^{rey}, 즉 '왕'에서 유래한 말이니 '잉카리 신화'는 '잉카의 왕' 신화라는 뜻이다. 내용은 대체로, 에스파냐인들의 포로가 되어 참수된 잉카리의 머리가 쿠스코에 있고, 그 머리에서 땅 밑으로 몸이 자라고 있으며, 몸이 다시 복원되면 다시 돌아와 최후의 심판을 내릴 것이라는 내용이다. 잉카리 신화의 기원이 언제인지는 정확히 가늠하기 힘들지만 프랭클린 피즈^{Franklin Pease}는 이 신화가 적어도 17세기 초에 확산되기 시작했다고 말한다. 잉카리 신화는 아르게다스의 권유로 연구에 착수한 알레한드로 오르티스^{Alejandro Ortiz} 등에 의해 1972년까지 12종이 추가 채집되었고, 메르세데스 로페스-바랄트Mercedes López-Baralt의 1998년 연구서인 『잉카 왕의 귀환: 안데스의 신화와 예언』El retorno del Inca rey: mito y profecía en el mundo andino에 따르면 수백 종에 이른다.

이러한 연구 동향은 비단 페루 학계에 국한된 일이 아니었다. 가령, 멕시코 학자 미겔 레온-포르티야는 1959년『패자의 시각: 원주민들의 정복 보고서』에서 패자의 시각을 복원하여 승자의 시각으로 점철된 역사 서술의 오류를 바로잡아야 한다고 주장한 바 있다. 아르게다스와 레온-포르티야 모두 원주민 시각의 복원을 시도했다는 공통점이 있는 것이다. 레온-포르티야의 연구는 안데스 연구에도 영향을 끼쳤다. 후안 M. 오시오는 1970년 옥스퍼드 대학 인류학연구소에『와망 포마의 역사 사상』The Idea of History in Guaman Poma de Ayala이라는 박사논문을 제출했고, 나탕 바흐텔Nathan Wachtel도 비슷한 시기인 1971년에『패자들: 에스파냐 정복에 직면한 페루 원주민(1530~1570)』Los Vencidos: los indios del Perú frente a la conquista española(1530-1570)을 저술했다. 오시오는 1973년에는 안데스의 메시아 신앙, 기존 질서의 전복을 바라는 열망, 잉카의 상징적 의미 등을 다룬 여러 학자들의 글과 패자의 시각이 담긴 원주민 신화 및 민담을 묶어서『안데스의 메시아적 이념』을 편찬하면서, 원주민의 시각이 결여되어 있는 기존 역사 서술의 문제점을 또다시 강력하게 비판하였다. 아르게다스에서 플로레스 갈린도에 이르는 기나긴 지적 흐름에 독자적인 시각의 역사 서술이 필요하다는 라틴아메리카 학계의 사명감이 투영되었음을 보여 주는 대목이다.

플로레스 갈린도의 공헌은 이러한 일련의 연구들을 바탕으로, 유토피아 사상이 정복 이후 20세기에 이르는 안데스 역사를 관통하고 있다고 주장하고, 이를 '안데스 유토피아'로 개념화시켰다는 점이다. 이를 뒷받침하기 위해 플로레스 갈린도는 안데스 유토피아의 기원과 착근을 뒷받침한 여러 가지 이념과 사건을 추적한다. 12세기에 내세에서가 아니라 지상에서의 구원 가능성을 천착한 프란치스코회의 수도원장 피오레의 요아킴의 천년왕국설, 아메리카 발견을 최후의 심판이 임박한 징후로 해석하고 최후의 포교 사업을 위해 기꺼이 아메리카로 건너간 일부 프란치스코회 사제들, 폭력적인 정복이 야기한 정신적 공황 상태에서 원주민들에게 매력적으로 받아들여진 예수 부활 이야기, 조상 대대로 믿던 지역 수호신인 와카^huaca가 정복군을 물리치리라는 민간신앙의 유포, 빌카밤바에 건재한 잉카의 저항 왕조, 아타왈파의 죽음을 다룬 연극 공연의 대중화, 잉카리 신화, 17세기 초에 처음 발간되어 여러 차례 재간되면서 안데스 원주민 엘리트들 사이에 잉카 군주들이 성군이었다는 맹목적인 향수를 확산시킨 잉카 가르실라소 데 라 베가^Inca Garcilaso de la Vega 의 『잉카 왕실사』^Comentarios reales de los incas 등이 그것이다. 이러한 해석을 바탕으로 플로레스 갈린도는 앞서 언급한 후안 산토스 아타왈파, 투팍 아마루 2세, 호세 가브리엘 아길라르의 봉기는 물론이고, 1919~1923년 페루 남부 안데스의 각종 원주민 소요, 1960년대 초반 쿠스코 인근의 토지점거운동, 1980년 아야쿠초에서 봉기하여 페루를 준 내전 상황으로 몰고 간 '빛나는 길'^Sendero Luminoso까지도 안데스 유토피아에 입각한 저항이었다고 주장한다.

3. 마리아테기, 1968세대, 플로레스 갈린도

플로레스 갈린도는 카야오에서 출생했다. 당시는 독립적인 도시였지만 지금은 수도 리마에 편입되었을 정도로 리마와 지척인 곳이다. 1970년

대부터 학계의 이목을 끌었으며, 1984년 파리사회과학고등연구원에서 박사학위를 취득하기 이전에 이미 페루 지성계의 샛별로 꼽혔다. 미시사 연구를 페루에 도입한 최초의 인물 중 하나이며, 그밖에도 아날학파, 영국 신좌파, 정신분석, 그람시, 푸코 등에도 두루 관심을 보였다는 점에서 알 수 있듯이 플로레스 갈린도는 학문적으로 대단히 국제주의적인 면모를 지니고 있었다.

사실상 리마 출신이고 원주민도 아니며, 지역주의나 쇼비니즘과도 거리가 먼 이력의 소유자인 플로레스 갈린도가 『잉카 왕을 찾아서』 같은 책을 썼다는 사실이 뜻밖으로 보일지도 모르겠다. 그러나 페루의 비판적 사유 전통이나 당대의 지적 풍토를 고려하면 그다지 이상할 것 없는 일이다. 플로레스 갈린도는 페루 비판적 사유의 계보에서 중추적 인물인 호세 카를로스 마리아테기^{José Carlos Mariátegui(1894~1930)}의 적자로 평가되고 실제로 그를 존경했다. 사실 두 사람 사이에는 공통점이 많다. 사회주의자였고 당대의 논객이었고 요절했다는 점까지 유사하다. 마리아테기는 흔히 그람시와 많이 비교되는데, 이는 그가 마르크스주의를 페루 현실에 어떻게 접목시킬 수 있을까를 고민했기 때문이다. 즉, 마르크스주의의 기계적 적용을 거부한 것이다. 이런 고민이 코민테른과의 갈등을 초래했고, 1928년 그가 창당한 페루사회당도 독자노선을 추구했다. 플로레스 갈린도는 바로 마리아테기의 이런 점을 높이 평가했다. 그래서 1980년 『마리아테기의 고뇌: 코민테른과의 논쟁』을 저술하기도 했고, 페루 현실에 맞는 사회주의 연구를 위해 1986년 '사회주의연구소 수르^{Sur}'라는 연구소도 창립했다. 마리아테기가 생각하는 페루식 사회주의는 전통적인 원주민공동체주의에 의거한 사회주의였다. 민족부르주아지로 발전하려는 역량도 의지도 없는 해안 지대, 특히 리마의 과두 계층에게 페루의 운명을 맡길 수 없다는 신념 때문이었다. 플로레스 갈린도가 안데스에서 페루의 대안적 질서의 가능성을 모색한 것과 같은 맥락이다.

당대의 지적 풍토 역시 플로레스 갈린도로 하여금 안데스를 주목하게 만들었다. 그는 소위 1968세대에 속한다. 1968세대라고 하면 파리학생시위가 먼저 연상될 것이다. 물론 라틴아메리카 지식인과 청년들이 사르트르의 비판 정신에 경도되어 있을 때이고, 1968년이라는 해가 전세계적으로 유토피아를 꿈꾸던 시대이니 플로레스 갈린도에게도 커다란 영향을 끼쳤을 것은 틀림없다. 그러나 페루에서 1968년은 후안 벨라스코 알바라도Juan Velasco Alvarado가 군사혁명으로 정권을 잡은 해이기도 하다. 군인이면서도 라틴아메리카에서 보기 드물게 진보적인 민족주의 노선을 표방한 벨라스코는 대대적인 농지개혁에 착수했다. 농지개혁은 1960년대 내내 페루 사회의 화두였기 때문에 지식인들은 사회변혁의 가능성에 기대를 걸게 되었고, 일정 부분의 성과에도 불구하고 점점 그 가능성이 소진되는 징후가 나타나자 (특히 안데스에서) 좌절하거나 원인 규명에 매달렸다. 페루의 1968세대는 바로 벨라스코 정권이 보여 준 사회변혁의 가능성과 좌절에 크게 영향을 받은 세대였고, 그 중심에 플로레스 갈린도가 있었던 것이다.

4. 이상주의가 이끄는 역사 발전

『잉카 왕을 찾아서』가 발간된 다음날 바로 이 책이 "반근대적이고 보수적인 역사 담론"이라는 비판이 제기되었다. 근대화와 도시화로 안데스도 변하고 농촌도 사라지는 시점에 잉카 군주의 귀환을 바라는 안데스 유토피아에 집착하고, 좌파에 대한 환멸이 확산되는 판국에 여전히 사회주의 혁명을 꿈꾸고, 지지를 보내고 있지는 않지만 엄청난 사상자와 후유증을 남긴 '빛나는 길'의 봉기 원인마저 이해하려는 태도를 플로레스 갈린도가 보이고 있는 데 대한 비판이었다. 플로레스 갈린도에 대한 비판은 훗날 마리오 바르가스 요사Mario Vargas Llosa의 아르게다스 비판, 즉 아르게다스가 문학적으로는 빼어난 작품을 썼지만 그것은 아름다운 거짓말이자 시대착오적인 유토피아에 불과하다는『케케묵은 유토피아: 호세 마리아 아르게다스와 원주민주의 픽션』의 논조와 같은 맥락의 비판이다.

그러나『잉카 왕을 찾아서』가 과거회귀적이라거나 시대착오적이라는 주장은 플로레스 갈린도의 지적 궤적을 이해하지 못한 소치이다. 플로레스 갈린도의 평생 고민은 어째서 페루에는 새로운 질서를 태동시킬 진정한 혹은 성공적인 사회혁명이 없었는가 하는 것이다. 투팍 아마루 2세의 봉기, 독립, '빛나는 길'을 비롯한 20세기의 각종 봉기가 사회변혁을 이끌어 내지 못하고 실패한 이유가 무엇인지 파악하기 위해 평생을 바친 것이다. 무엇보다도 플로레스 갈린도는 과거로 되돌아가자고 주장하고 있지 않다. 오히려, 과거를 재구성해서 현재의 여러 가지 문제의 해결책을 발견하고, 이를 바탕으로 새로운 질서를 구축해 가자는 미래지향적인 목표를 지니고 있었다. 아이러니하게도 바르가스 요사가 아르게다스 비판의 전거 중 하나로『잉카 왕을 찾아서』를 이용하고 있는 이유도 플로레스 갈린도의 지적 능력을 높이 평가했다는 점 외에도 그가 과거회귀적인 인물이 아니라는 판단 때문이다.

사회주의 경도에 대한 비판도 생각해 볼 만한 점이 있다. 플로레스 갈린도가 얼마나 사회주의를 신봉했는지는 1989년 12월에 남긴 유언장

「유토피아 영역을 재발견합시다」에 분명히 나타난다. 베를린장벽 붕괴 이후의 시점인데도 불구하고 그는 여전히 사회주의를 포기하지 않고 있었다. 『잉카 왕을 찾아서』의 관심사도 '원주민'보다는 계급으로서의 '농민'campesino이었다. 그러나 플로레스 갈린도는 마리아테기처럼 결코 '정통' 마르크스주의의 틀에 갇혀 있지 않았다는 점을 분명히 말하고 싶다. 사회주의의 비판자들에게 플로레스 갈린도는 농민을 통한 계급혁명을 포기하지 못한 인물로 비치지만, 사실 『잉카 왕을 찾아서』는 농민이라는 계급 범주를 편협한 것으로 파악하고 있다. 그래서 '안데스인'이라는 범주를 새로운 사회적 주체로 상정하고 있을 뿐만 아니라 역사적으로 수없이 되풀이된 안데스의 각종 봉기의 원인도 단순한 계급갈등이 아니라 지역 갈등과 인종 및 종족 갈등이 혼재된 것임을 지적하고 있다. 이를테면 계급투쟁이 역사 발전의 동력이라는 마르크스주의의 기본 입장을 상당 부분 유보하고 있는 것이다. 심지어 마르크스주의의 토대를 이루는 유물론적 역사관에도 메스를 들이댄다. 안데스 유토피아 같은 열망, 즉 상부구조에 속하는 영역에서 오히려 사회변혁의 가능성을 보고 있다는 점에서 그렇다. 유토피아에서 변혁의 가능성을 찾는 이러한 태도는 발전주의의 틀에 사로잡힌 우파 지식인들에게도 받아들일 수 없는 사안이었다. 하지만 에두아르도 카세레스 발디비아Eduardo Cáceres Valdivia는 "역설적으로 들리겠지만, 페루에서는 이상주의들이 진보적인 역할을 수행했다. 반면 물적 매트릭스matriz materialista에 의거한 근대성의 제안들은 보통 좌절한다"라고 말한다. 플로레스 갈린도가 마리아테기로 상징되는 페루의 비판적 지식인 전통을 잇고 있고, 그 전통은 유물론적 전통이 아니라 이상주의 전통이며, 페루처럼 근대화의 고비마다 좌절을 겪은 나라에서는 물적 토대가 아니라 미래 비전이 그나마 역사를 발전시키는 원동력이 된다는 지적이다.

5. 파차쿠티

플로레스 갈린도의 『잉카 왕을 찾아서』는 마르크스주의의 틀에 갇히지 않고 역사적으로 뿌리 깊은 안데스의 인종 문제와 종족성 문제로 관심 영역을 확장시켰다는 점에서 미시사, 다문화주의, 원주민운동 등 1990년대 이래의 학계와 사회적 변화에 시사점이 크다. 『잉카 왕을 찾아서』는 플로레스 갈린도의 절친한 벗이자 학문적 동반자였던 마누엘 부르가의 『어느 유토피아의 탄생: 잉카 왕들의 죽음과 부활』과 더불어 잉카리 신화, 뒤집힌 세상을 꿈꾸는 전복적 상상력, 잉카 메시아 신앙, 안데스 유토피아 등에 주목한 일련의 안데스 연구의 대미를 장식한 책이다. 지적·사회적 선취가 있었음에도 불구하고 마지막을 장식했다는 역설은 아무래도 안데스 유토피아 같은 '비합리적'인 믿음이 실제로 현실에 개입해서 이를 변화시킬 수 있을까 하는 의구심 때문일 것이다.

하지만 잠시 눈을 돌려 토머스 모어의 『유토피아』를 필두로 16~18세기 사이에 출판된 서구의 유토피아 관련 저작들을 생각해 보자. 이들은 하나같이 근대 사회의 각종 모순이 존재하지 않는 이상향을 꿈꾸었다. 하지만 토머스 모어를 비롯한 유토피아 장르의 저자들이 당대에 성공적으로 현실에 개입하고 이를 변화시킨 것은 결코 아니었다. 그렇지만 사회 변화를 즉각 이끌어 내지 못했다고 해서 근대 사회의 모순을 일찌감치 깨닫고 비판한 그들의 노력을 하찮은 것으로 치부할 수 있을까? 더구나 안데스 유토피아는 서구 유토피아의 단순한 답습이 아니라 그야말로 독특한 현상이다. 서구 유토피아 관련 저서들은 신화 속의 장소나 원시사회 혹은 다른 문명권의 어딘가를 이상향으로 삼았다. 반면 안데스 유토피아는 플로레스 갈린도가 말하는 것처럼 타완틴수유 Tahuantinsuyu[1]라는 국가, 잉카 군주라는 역사적 인물들, 쿠스코라는 잉카 제국의 수도라는 역사적 실체와 현실 속의 무대를 지니고 있다. 심지어 아스테카 문명의 본고장 멕시코에는 아스테카 유토피아라는 것이 존재하지 않는다. 오직 안데스만 서구 유토피아와는 차별화되는 유토피아, 서구 유토피아보다 훨씬 더 구체적인 역사적, 현실적 개입의 가능성을 모색한 유토피아가 존재했던 것이다. 또한 서구 유토피아가 근대성에 대한 비판이라면, 안데스 유토피아는 식민성에 대한 직접적인 비판이며 나아가 서구 근대성의 억압적 팽창에 대한 비판이라는 점에서 훨씬 더 의미가 크다. 이러한 독특함과 심오한 의미에도 불구하고 안데스 유토피아를 비현실적이고 비합리적인 열망으로 몰아가는 것은 결국 지식의 지정학적 속성 때문이다. 서구가 아니라 안데스에서 일어난 현상이고, 토머스 모어가 아니라 플로레스 갈린도가 주장하고 있기 때문에 그 가치가 평가절하된 것이다.

『잉카 왕을 찾아서』는 2010년 뒤늦게 영어로 번역되면서 다시금 그 가치를 입증받았다. 하지만 외국 학계의 인정을 받았다는 사실보다 더 의미심장한 일이 라틴아메리카 현실에서 벌어졌다. 현재 페루, 에콰도르, 볼리비아처럼 원주민 인구가 많은 나라에서는 원주민의 지지 없이는 대통령 당선이 거의 불가능할 정도로 정치 지형이 변했다. 1990년대부터 고조된 원주민운동으로 원주민들이 사회적 주체로 거듭난 결과이다. 이들은 최근의 변화를 '파차쿠티'pachacuti 혹은 '파차쿠텍'pachacutéc으

---

1) 잉카인들은 자신의 나라를 이렇게 불렀다.

로 인식한다. '파차쿠티'는 원래 '지축의 흔들림', 즉 지진을 뜻한다. 하지만 '대재앙' 혹은 '개벽'이라는 비유적 의미로도 많이 통용된다. 하나의 단어가 대재앙과 개벽이라는 정반대 뜻을 지니고 있는 것이 의아스럽겠지만, 세상이 열렸다가 대재앙으로 멸망하고 다시금 새 세상이 열린다고 믿는 전통적인 원주민의 우주관을 고려하면 별로 이상할 것 없다. 그런데 '파차쿠티'는 잉카를 부족국가에서 대제국으로 탈바꿈시킨 잉카의 9대 군주의 이름이기도 하다. 안데스 유토피아의 믿음, 즉 에스파냐 통치가 언젠가 종식되고 잉카 군주에 의해 새로운 시대가 다시 열릴 것이라는 믿음이 오늘날의 안데스 원주민운동에서 '파차쿠티'라는 개념으로 변모한 것이다.

추천문헌

Alberto Flores Galindo, *La agonía de Mariátegui: la polémica con la Komintern*, Lima: Instituto de Apoyo Agrario, 1980.

Juan M. Ossio A. ed., *Ideología mesiánica del mundo andino*, Lima: Ignacio Prado Pastor, 1973.

Manuel Burga, *Nacimiento de una utopía: muerte y resurrección de los incas*, Lima: Instituto de Apoyo Agrario, 1988.

Mario Vargas Llosa, *La utopía arcaica: José María Arguedas y las ficciones del indigenismo*, Ciudad de México: Fondo de Cultura Económica, 1996.

Miguel León-Portilla, *Visión de los vencidos: relaciones indígenas de la conquista*, Ciudad de México: UNAM, 1959.

볼리비아 농민운동사의 장기기억과 단기기억

실비아 리베라 쿠시캉키의 『억압당하는 사람들 그러나 패배하지 않는 사람들』

박수경

1. 나선형의 역사: 투팍 카타리와 카타리스모 농민운동

볼리비아가 식민지 부왕령의 일부였던 1781년 아이마라 원주민 투팍 카타리가 봉기를 일으켜 라파스를 봉쇄했다. 라파스의 식민 지배층은 100일 이상 아이마라 원주민들에게 포위당한 채 공포에 떨어야 했다. 그로부터 200년 후인 1980년 볼리비아에서는 가르시아 메사가 쿠데타를 일으켰다. 투팍 카타리의 정신을 되살린 카타리스타 농민은 200년 전 아이마라인들과 같은 방식으로 쿠데타 세력을 위협했다. 1781년 투팍 카타리는 결국 처형당했지만, 1981년 카타리스타 농민운동은 군사 정권을 몰아내는 데 성공했고 볼리비아는 1982년 민정이양을 이루어 냈다.

200년을 뛰어넘어 계승된 것은 투팍 카타리라는 이름뿐만이 아니었다. 식민 권력도 200년의 시간을 뛰어넘어 재현되었다. 에스파냐 크리오요는 볼리비아 지배 엘리트로 바뀌었지만, 식민 관계를 매개로 통치

---

*Silvia Ribera Cusicanqui, *Oprimidos pero no vencidos: luchas del campesinado aymara y qhechwa de Bolivia, 1900-1980*, Lima: HISBOL, 1984.

가 이루어진다는 점은 변하지 않았다. 미타 제도를 통해 아이마라 원주민을 착취하던 에스파냐 크리오요와 민족주의적 근대화 기획을 앞세워 노동자·농민을 지배하는 국가 엘리트의 본성은 크게 다르지 않았다. 다만 200년의 시간을 두고 펼쳐진 두 가지 장면의 차이는 결말에 있다. 투팍 카타리의 처형과 카타리스타의 승리이다. 그러나 그것을 실패와 성공이라는 이름으로 부를 수 있을까? 처형당한 투팍 카타리는 200년을 살아남아 다시 그 존재감을 드러내었고, 군사 정권을 몰락시킨 카타리스타 운동은 볼리비아의 식민권력 체제를 종식시키지 못했다.[1] 그래서 이렇게 말할 수 있을 것이다. 억압당하지만 패배하지 않는다.

역사는 반복된다. 또는 역사는 흐른다. 현대인의 역사관을 대변하는 표현이다. 여기서 '반복'과 '흐름'은 과거와 현재의 관계를 규정한다. 과거와 현재는 시간적 거리에도 불구하고 동일하거나, 시간적 거리만큼 다르다. 그러나 역사를 향한 두 가지 통속적 표현은 모순되지 않는다. 우리 현대인은 상대적으로 짧은 시간 단위의 특정한 사건을 다룰 때 과거의 특정 사건을 덧씌우며 역사는 반복된다고 말한다. 그와 동시에 짧은 시간 단위의 집합으로 이루어진 장기적 시간 단위를 다룰 때 과거와 현재를 대비시키며 역사는 흐른다고 말한다. 역사적 사건은 반복되지

---

1) 2006년 당선된 이후 삼선에 성공하여 현재까지 볼리비아 대통령 직을 맡고 있는 에보 모랄레스는 이른바 '원주민 대통령'으로 백인-원주민 식민체제를 뒤흔들었다. 실제로 모랄레스는 아이마라 원주민으로 실비아 리베라 쿠시캉키가 『억압당하는 사람들 그러나 패배하지 않는 사람들』 후반부에서 중요하게 다루며 기대감을 표현하는 볼리비아단일농민조합연맹(CSUTCB)의 노조활동가로 정치에 입문했으며, 대통령에 당선된 후 백인과 원주민의 구분에 기반한 사회 구조를 혁신하는 데 성공했다. 그러나 실비아 리베라 쿠시캉키는 2011년경부터 모랄레스 정부를 강하게 비판해 왔다. 모랄레스 정부는 '원주민'이라는 수사학을 사용할 뿐 발전주의적 모델을 충실히 따라가고 있다는 점에서 탈식민화(descolonización)와는 거리가 멀다는 주장이다. 이러한 주장은 아마존 생태 문제와 관련된 사안에서 첨예하게 드러난다.

만 역사는 흐른다. 이것이 우리의 통속적인 역사관이다. 그렇다면 무엇이 반복되는 사건들과 장기적 흐름 사이를 매개하는가. 어떤 역학에 의하여 반복되는 사건들이 장기적 변화를 추동해 내는가. 과연 사건들의 반복 속에서 변화를 감지해 낼 수 있는가. 더 통속적인 표현을 빌리자면, 그 변화를 진보라 일컬을 수 있는가. 이러한 질문을 던지고 답하기 위해 실비아 리베라 쿠시캉키^{Silvia Ribera Cusicanqui(1949~)}는 『억압당하는 사람들 그러나 패배하지 않는 사람들』에서 볼리비아 농민의 정치세력화와 그들의 투쟁을 조망한다.

리베라 쿠시캉키는 이 책에서 반복되거나 흘러가는 역사가 아닌 나선형의 역사를 그려 낸다. 이 책에서 역사란 과거와 현재라는 두 개의 개별적인 시간 단위의 관계에 의해 구성되지 않는다. '1900~1980년 아이마라와 케추아 농민투쟁'이라는 부제는 꽤나 전형적인 연대기적 역사를 짐작하게 하지만, 그 끝에서 저자가 보여 주는 볼리비아 사회의 현재는 한 집단의 "장기기억"과 "단기기억"이 만들어 내는 다시간성으로 구성된다. 80년 동안 연쇄적으로, 그리고 반복적으로 등장하는 볼리비아 농민운동은 흘러가는 역사에 몸을 맡긴 채 역사의 표면 위로 노출되는 듯 보이지만, 사실 바로 그 농민투쟁 안에는 복수의 '과거들'이 닻을 내리고 있다. 저자의 표현을 빌리자면 "비동시대적 모순"이 볼리비아 농민층의 정체성을 구성한다. 그래서 원주민-농민층은 하나의 정체성을 지시하는 말이 아니라 구성 중인 상태를 나타낸다. 카타리스타는 농민 정체성을 부여하는 지배적 담론에 맞서 스스로 원주민 정체성을 구성해 낸다. 그들이 직면하는 모순에는 근대 이후 농민으로서 경험하는 모순과 함께 식민지 시대 원주민으로서 경험하는 모순이 비동시대적으로 존재하기 때문이다. 그렇게 현재와 과거는 나선형을 그리며 원주민 농민을 하나의 정치적 세력으로 탈바꿈시킨다.

2. 직선형의 역사: 1900~1980년 농민투쟁의 역사

'1900~1980년 아이마라와 케추아 농민투쟁'이라는 부제처럼 이 책은 80년의 역사를 총 3부로 나누어 기술한다. 1부는 1900년부터 1952년 민족혁명 이전까지 과두제 시기, 2부는 1952년 민족혁명이 1964년 바리엔토스 장군의 쿠데타로 종결될 때까지 시기, 3부는 바리엔토스 군부 정권이 도입한 군부-농민 협약 체제가 카타리스타 운동에 의해 붕괴된 1980년까지의 시기를 다룬다. 세 시기의 역사를 직선형으로 따라간 끝에서야 '억압당하는 사람들 그러나 패배하지 않는 사람들'이라는 이 책의 제목을 만난다. "우리 농민은 억압당하지만, 패배하지 않는다"는 슬로건 아래 1979년 결성된 볼리비아단일농민조합연맹^{CSUTCB}의 출범이다. CSUTCB의 출범으로 200년 전 투팍 카타리가 이끈 아이마라 원주민의 반식민 투쟁은 1900~1980년간의 농민조합운동과 결합되며, 농민 계급은 원주민-농민으로 재인식된다.

첫 번째 과두제 시기의 농민운동은 1866년 원주민공동체의 해체와 공동체 토지의 사유화가 이루어진 이후 가속화된 토지 독점, 시장 독점, 정치권력 독점이라는 조건에서 발생한다. 이러한 조건 속에서 더욱 강화된 식민적 지배관계에 저항하는 첫 번째 농민운동의 사례는 1900년 아이마라 원주민공동체 카시케[2] 파블로 사라테 윌카의 반란이다. 과두

---

2) 여기서 언급하는 카시케는 원주민공동체와 에스파냐 식민기관 사이의 매개자 역할을 했던 식민지 시대 카시케와 달리 '대변인으로서 카시케'(caciques apoderados)를 의미한다. 1874

제 지배의 억압적인 성격과 토지수탈이라는 자유주의의 속성을 드러내는 동시에 한 시대의 종말을 고하는 사건이었다. 사라테 윌카는 원주민 자치정부 구성을 요구하며 볼리비아라는 근대국가의 작동 원리로부터 스스로를 격리시켰다. 반란은 국가 단위의 메커니즘을 매개로 이루어지는 갈등의 표출과 해소가 아니었고, 결과적으로 반란의 진압은 '토착인종'의 절멸이라는 논리로 이어졌다.

그러나 1910~1930년 동안 발생한 일련의 농민저항은 사라테 윌카의 반란과 다른 양상을 보였다. 이 시기 농민저항의 세 가지 사례는 농민공동체 내부와 외부를 향해 이중적으로 작동했다. 즉 농민공동체 내부적으로는 반식민저항의 전통을 재해석하고 안데스 문화의 상징적 사유의 틀을 재구성하지만, 외부적으로는 그들의 요구를 주장하고 호소하기 위하여 국가라는 기관을 활용하기 시작했다. 사라테 윌카의 반란이 농민공동체의 원리와 근대국가의 원리를 대립시키는 자유주의 정치이데올로기에 저항하며 근대국가의 원리 자체를 거부했다면, 이제 농민운동은 농민공동체의 원리를 방어하기 위하여 근대국가의 원리에 기대기 시작했다. 예를 들어, 1914년 파카헤스 지역은 라티푼디오의 토지 독점에 저항하기 위해 식민지 시대 토지 대장을 근거로 법률적 투쟁을 하고, 1920년 아차카치 지역에서는 원주민 장터를 조직하여 아시엔다의 시장 독점에 저항하고 학교를 설립한다. 과두제가 뿌리내리고 있는 식민 질서와 단절하기 위해 저항한다는 점에서 이전 농민운동과 변함이 없지만

년 볼리비아는 안데스 원주민공동체 아이유(ayllu)의 조직과 공유 토지를 해체시키는 법령을 발표했다. 이러한 조치에 저항하기 위해 원주민운동이 발생했다. 말쿠(malku), 힐라카타(jilaqata) 등으로 불리는 다양한 원주민의 전통적 권위체가 이 운동을 주도했다. 대변인으로서 카시케는 이 운동을 이끈 원주민 지도자를 의미한다.

이제 법체계, 학교, 시장 등 국가가 관할하는 근대적 기관에 호소하는 방식을 취한다. 그리하여 농민운동은 도시로 상징되는 국가 질서로부터의 분리가 아니라 국가 질서에 의한 인정 요구로 자리를 옮긴다.

이러한 농민운동은 1930년대 파라과이와의 차코전쟁을 거치면서 새로운 양상을 띤다. 도시 지역과 비도시 지역, 크리오요와 원주민으로 이분화 되었던 볼리비아 사회는 전쟁을 통해 계층 간 접촉이 활발해지면서 대중정당과 좌파정당이 출현하고, 원주민 농민은 새로운 정치적 잠재세력으로 부상하였다. 그러나 식민지 시대부터 망령처럼 떠도는 원주민 저항을 향한 공포는 이 새로운 정치 세력이 성장할 여지를 주지 않았다. 볼리비아 사회는 그들에게서 '원주민적 요소'를 제거하고 국민으로 통합되는 길로 나갔다. 그 결과 식민지 시대부터 지속된 원주민이라는 불온한 '인종'을 농민이라는 '계급'으로 전환시키는 과제가 좌파와 우파를 가리지 않고 볼리비아 정치권의 주요 의제가 되었다. 1952년 민족혁명은 원주민을 농민으로, 원주민공동체의 유산을 메스티사헤라 불리는 혼혈 문화로 흡수하는 국민국가 기획이 본격화된 계기였다. 그 기획은 원주민공동체를 농민조합으로 변신시키고, 국가가 농민조합을 통제하는 체제를 통해 구현되었다.

두 번째 시기를 이루는 1952년 민족혁명은 볼리비아 사회에 큰 변화를 가져왔다. 차코전쟁을 치르면서 볼리비아 사회의 모순에 대해 자각하게 된 청년 장교들은 포괄적인 대중운동을 통해 혁명에 성공했다. 이 성공을 통해 그들은 볼리비아의 근대화와 자본주의화를 추구하며 스스로 '민족부르주아지'로 변신하고자 했다. 그러나 포괄적 대중운동은 곧이어 계급적으로 분열하는 필연적인 과정을 밟았다. 혁명을 이끈 민족혁명운동당[MNR]은 이러한 분열에 대처하기 위해 농민조합을 지원하고 통제하는 방법을 선택했다.

그러나 MNR이 취한 농민조합 통제의 방식은 볼리비아 전 지역에서 동일한 효과를 거두지 못했다. 여기서 볼리비아의 지역적 불균등성을 이해할 필요가 생긴다. 즉 라파스, 오루로, 포토시를 포함하는 알티플라노 고원 지역과 코차밤바 분지 지역에는 사회문화적 차이가 존재한다. 아이마라 원주민공동체 전통이 강하게 남아 있는 고원 지역과 달리 코차밤바 분지 지역에서는 케추아어와 함께 에스파냐어가 함께 사용되며, 메스티사헤가 깊이 작동하고 있었다. 두 지역의 이러한 차이는 농민운동을 다른 양상으로 전개시켰는데, 이미 첫 번째 시기부터 그 차이가 드러났다. 20세기 전반의 첫 번째 시기 고원 지역에서는 원주민공동체 카시케를 중심으로 농민운동이 전개된 반면, 메스티사헤가 진행된 분지 지역에서는 카시케를 중심으로 경계 지워지는 공동체 단위보다 농민이라는 계급적 연대가 중요하게 자리 잡았다. 따라서 농민조합운동은 고원 지역보다 분지 지역에서 농민조합이라는 이론적 모델에 가깝게 뿌리내렸다. 이러한 지역적 차이는 1952년 혁명을 계기로 자리 잡은 국가의 농민조합 통제 역시 다른 양상으로 이끌었다.

고원 지역과 달리 코차밤바 분지 지역에서는 원주민공동체라는 조직 형태가 부재하여 농민조합이 농민들 간의 관계, 농민과 국가의 관계를 매개하는 유일한 제도적 공간이 되었다. 반면 고원 지역의 아이마라 농민들은 농민조합의 성장을 훨씬 복잡한 과정으로 경험했다. 첫 번째 농민운동 시기에 과두제에 저항하기 위해 국가 기관을 받아들였던 것과 마찬가지로 두 번째 시기 아이마라 농민들은 농민조합을 받아들였으나, 그들이 받아들인 농민조합은 옛 원주민공동체, 즉 아이유를 대체하는 역할이었다. 더구나 포토시 북부 지역에서 전통적 원주민공동체 조직은 근대화와 더불어 등장한 농민조합이라는 새로운 조직 형태와 경쟁 관계에 놓였고, 농민조합 결성은 원주민공동체 아이유로 구성된 사회를 근대화시키는 식민 지배의 형태를 띠게 된다.

1952년 민족혁명을 통해 볼리비아 원주민-농민은 과두제에 의해 수탈당한 토지를 회복했고 보통선거를 통해 정치 참여를 보장받았다. 이 모든 과정은 농민조합을 매개로 이루어졌으며, 농민들은 자발적이고 적극적으로 농민조합운동에 참여하여 1952년 혁명에 동참했다. 그러나 1958년 이후 농민조합운동은 원주민이 얻어낸 시민이라는 새로운 지위를 토대로 국가권력에 접근하고자 하는 경향과 독립적인 노조운동의 성격을 유지하려는 경향으로 분열하기 시작했다. 이러한 분열은 평조합원과 상부 노조연맹 사이의 간극을 더 확대시켰고, 농민조합 내에서 인종주의적 식민 관계가 부활하는 계기가 되었다.

세 번째 시기는 1964년 레네 바리엔토스$^{René\ Barrientos(1919\sim1969)}$의 쿠데타로 민족혁명의 시기가 종결된 시점부터 시작되지만, 농민조합과 국가의 관계는 민족혁명 시기의 틀을 그대로 계승했다. 오히려 케추아어를 완벽히 구사하면서 카리스마를 발휘한 바리엔토스는 군부-농민 협약을 통해 군부와 농민조합의 유착관계를 성공적으로 만들어 냈고, 1958년 이후 형성되기 시작한 국가주도 농민조합운동을 더욱 직접적으로 통제했다. 1952년 혁명을 계기로 자발적이고 적극적으로 국가와 관계를 맺었던 농민조합은 이제 수동적으로 국가에 종속되었다. 그러나 군부의 농민조합 통제는 이 책에서 주로 다루는 세 개 지역, 즉 고원 지역, 코차밤바 분지 지역, 포토시 북부에서 서로 다른 강도로 적용되었다. 앞에서 언급한 지역적 차이가 변수로 작용한 결과였다. 예를 들어 코차밤바 분지 지역에서 군부의 통제가 매우 효과적일 수 있었던 이유는 농민과 국가를 매개하는 농민조합의 기능이 이미 뿌리내린 상태였기 때문이다. 반면 고원 지역에서는 군부-농민 협약에 대한 저항감이 있었고, 포토시 북부에서는 애초에 농민조합의 기능이 매우 제한되어 있었기 때문에 군부가 농민을 통제할 매개가 부재했다.

이 책에서 주목하는 자율적 농민운동은 1960년대 말 서서히 모습을 드러낸다. 그 첫 번째 징후는 독립농민연맹^{BIC}과 볼리비아 이주 지역 농민전국연맹^{CNCB}의 출현이다. 전자는 농축산물에 부과하는 단일품목 세제에 반대하며 군부의 통제를 벗어나 자발적 집회를 조직한 농민들에 의해 만들어졌으며, 후자는 산타크루스, 라파스, 코차밤바로 이주한 고원 지역 출신 이주 농민들에 의해 만들어졌다. 본래 고원 지역 소농이었던 그들은 1960년대 대규모 도시 이주를 시도하였으나 결국 사탕수수, 면화, 코카, 콩 등 기업형 농업에 종사하는 준프롤레타리아 계급을 형성하게 되었다. 이주 지역 농민이라는 특성으로 인하여 이들은 군부가 통제하는 공식 농민조합의 외부에 존재하게 되었다.

군부의 통제에서 벗어난 독립적 성격의 농민조합이 결성되는 과정과 함께 무엇보다 저자가 높이 평가하는 것은 카타리스타 농민운동의 등장이다. 라파스에 거주하는 아이마라 출신 원주민-농민은 아이마라라는 문화적 배경을 토대로 독특한 도시 하위문화를 형성했다. 이렇게 형성된 문화운동은 대학의 학생운동과 결합되며 정치적 색채를 강하게 띠게 되었고, 곧이어 고원 지역 농민조합운동과 상호작용하며 빠르게 성장했다. 여전히 공동체 삶의 양식을 따라 살아가는 고원 지역 아이마라 청년들이 볼리비아 사회의 '시대착오'에 민감하게 반응하고 있었다.

이러한 흐름은 1973년에 이르러 아이마라 문화권을 벗어나 라파스, 오루로 등 도시 지역 전반에 영향을 미치는 이념적 운동이 되었고, 그 사상인 '카타리스모'katarismo는 「티와나쿠 선언」Manifiesto de Tiwanaku을 통해 표현되었다. 이 문서는 원주민 문화와 원주민 과거의 회복, 농민이 겪는 착취 형태에 대한 의식화, 국가에 종속된 농민조합운동의 독립성 등을 주장한다. 여기서 아이마라 원주민-농민은 "우리는 우리들의 나라에서 외지인이다"라고 말한다. 이 문서가 발표된 후 카타리스모는 전국적 차원에서 농민조합의 자율성 회복을 위한 운동의 중심에 서게 되었다.

저자에 따르면, 카타리스타 운동은 "문화운동, 정치기획, 권리회복 투쟁의 종합"이었으며 농촌만이 아니라 도시적 표현을 가진 운동이었다. 이러한 운동이 도시 거주 아이마라 원주민으로부터 시작된 것은 우연이 아니다. 카타리스타 운동은 반식민 투쟁과 잉카 제국에서 구현된 공동체 윤리를 근대화된 도시라는 현재의 지평 안에서 재구성하면서 원주민의 역사화된 과거를 회복시키는 운동이기 때문이다. 식민 경험 이전의 가치를 계승하는 동시에 식민지 시대 이후 20세기 초반까지 끈질기게 유지된 식민적 지배관계 안에서 투쟁해 온 경험은 아이마라 농민운동에서 "장기기억"으로 작용한 것이다. 이러한 아이마라 원주민의 집단기억은 1952년 혁명의 성과로 메스티사헤라는 "단기기억"을 바탕으로 농민운동이 전개된 코차밤바 분지 지역과는 대조적이다.

"장기기억"과 "단기기억"은 이 책의 저자가 농민운동에 내재된 여러 층의 역사성을 표현하기 위해 사용하는 개념이다. 반식민 투쟁이라는 장기기억과 1952년 민족혁명이라는 단기기억은 때로는 상호보완적으로, 때로는 적대적으로 관계 맺으며 농민운동의 두 가지 지층을 형성한다. 그리하여 단기기억은 때로는 장기기억을 인정하지 않지만, 동시에 장기기억을 재구축하는 매개가 되며, 다른 한편으로 장기기억은 단기기억의 용어를 재형식화한다. 다시 말해 1952년 민족혁명은 원주민의 선거권을 인정하고 농업 개혁을 추진하면서, 더 이상 원주민과 백인 사이의 갈등이나 농민의 배제는 존재하지 않음을 증명하고자 했다. 그래서 반식민 투쟁은 더 이상 의미가 없는 것처럼, 장기기억에는 현재가 포함되지 않고 과거의 긴 시간만을 의미하는 것처럼 간주하며 장기기억을 부정하기도 하지만, 농민조합운동을 통해 원주민-농민의 반식민투쟁을 현재적 지평에서 재조직화할 수 있는 계기를 제공했다. 카타리스모를 통해 발현된 장기기억은 민족혁명이라는 단기기억이 남긴 농민조합운동을 아이마라 문화로 재형식화한다.

식민 관계라는 장기기억과 1952년 민족혁명이 남긴 메스티사혜라는 사회적 조건은 그렇게 서로를 막아서며 또한 교차된다. 그러한 집단기억은 1983년 CSUTCB의 「정치테제」Tesis politica로 선명하게 드러난다. 1984년 초판부터 2010년 네 번째 판본까지 「정치테제」가 이 책에 빠지지 않고 부록으로 포함되어 있는 이유이기도 하다. 국가로부터 자율성을 주장한 CSUTCB는 이 테제에서 농민이라는 계급적 정체성과 함께 원주민이라는 문화적 정체성을 동시에 표현하고 있다.

3. 소용돌이를 관통하는 방법론: 내부 식민주의와 탈식민주의

볼리비아의 농민운동, 특히 1970년대 카타리스타 운동과 그 운동이 정치 영역 및 농민조합운동에 남긴 영향에 대한 저자의 관심은 사회학자라는 저자의 학문적 위치뿐 아니라 그 운동에 직접 참여한 활동가라는 점에서 빚어진 것이다. 활동가로서 리베라 쿠시캉키는 국가에 종속된 농민조합운동에서 탈피하고 원주민 문화를 기억하길 요구하는 카타리스타 운동에 긴밀하게 관여하고 있었다. 『억압당하는 사람들 그러나 패배하지 않는 사람들』의 출간 30주년이 되던 2014년 저자는 어느 일간지 인터뷰에서 자신에게 그 책은 볼리비아 좌파를 청산하는 하나의 방식이었다고 밝혔다.

저자의 소회처럼 1984년 출판된 이 책은 1952년 혁명 이후 볼리비아 좌파가 구축한 국가체제에 대해 비판적으로 성찰한다. '좌파'가 고정된 좌표를 지시하는 것이 아니라, 사회 구조의 변화에 따라 끊임없이 그 경계를 새로이 설정하는 정치적 지향이라면, 이 책의 저자야말로 언제나 체제 외부로 밀려나는 사람들을 따라 좌파의 경계를 재조정하는 비판적 지식인이다.

1949년생인 저자는 이 책의 저술을 마칠 무렵인 1983년 아이마라 지식인들과 안데스구술사워크숍^{Taller de Historia Oral Andina, THOA}을 만들어 원주민 문화의 구술성, 정체성, 사회운동 등의 주제로 함께 작업해 왔다. 일찍이 시작된 구술사에 대한 관심은 이 책에서 비판하고 있는 국가권력의 개입에 맞서 아이마라 원주민 정체성을 복구한다는 지향과 맞닿아 있다. 볼리비아에서 국가권력은 식민 관계를 토대로 작동해 왔으며 탈식민적 실천은 국가권력이 아니라 원주민적 사유를 매개로 가능한 것이다.

이러한 저자의 성향은 1990년대 초 이미지에 대한 관심으로 다시 드러난다. 위에서 언급한 2014년 인터뷰에서 저자는 이 책을 통해 단절을 선언한 MNR 등 볼리비아 주류 좌파 정당에서 오히려 이 책을 간부 교육용으로 사용하고 있다는 사실로 인하여 글쓰기에 대해 좌절감을 느꼈다고 밝혔다. 그리하여 저자는 안데스구술사워크숍을 중단하고 이미지에 집중하게 되었고 1990년대 이후 저자의 관심은 식민지 시대 도상과 이미지 분석으로 옮겨 갔다. 1997년부터 2015년까지 쓴 글들을 묶은 『이미지의 사회학』^{Sociología de la imagen}은 16세기 와망 포마의 삽화, 19세기 멜초르 마리아 메르카도의 그림, 20세기 호르헤 산히네스 감독의 영화를 중심으로 기억의 회복이라는 주제를 다룬다. 저자에게 기억이란 어느 역사 주기의 특정한 시공간 안에서 이루어지는 집단기억의 재활성화와 재발명을 의미한다. 저자에게는 바로 그러한 기억의 회복에 바탕을 둔 실천이 탈식민화를 의미한다. 실천으로서 탈식민화를 주장하는 리베라 쿠시캉키는 현재 엘콜렉티보El Colectivo라는 지식공동체를 꾸려 나가고 있다.

때로 무정부주의자라는 평가를 받기도 하는 저자가 1980년대부터 현재까지 좌우파를 가리지 않고 국가권력 자체에 비판적 입장을 취할 수 있는 이유는 그의 사상과 논의가 정치적 스펙트럼이나 하나의 정치적·문화적 정체성을 전제하는 정당이나 농민·노동자 조직이 아니라 내부 식민주의라는 권력관계를 축으로 삼아 전개되기 때문이다. 여기서 활동가로서 리베라 쿠시캉키는 실천과 이론을 교접시킨다.

『억압당하는 사람들 그러나 패배하지 않는 사람들』은 명시적으로 드러나지는 않지만 내부 식민주의 개념을 방법론적 전제로 삼고 있다. 내부 식민주의는 한 국가 내의 이질적인 문화 집단들 사이에서 이루어지는 착취와 권력 구조를 지칭하기 위해 사용하는 개념이다. 즉 하나의 국가가 다른 국가에 대해 행사하는 지배관계나, 하나의 계급이 다른 계급에 대해 행사하는 착취와 달리, 여러 계급과 계층으로 이루어진 하나의 문화 집단이 마찬가지로 여러 계급과 계층으로 이루어진 또 다른 문화 집단에 대해 행사하는 착취와 지배관계를 지시하기 위한 개념이다.

리베라 쿠시캉키에게 내부 식민주의는 볼리비아 농민운동을 장기적 관점에서 조명할 수 있는 열쇠인 동시에 국가권력이 작동하는 방식을 설명하는 핵심 개념이기도 하다. 국가권력을 장악한 것이 과두제 세력이든, 민족혁명 세력이든, 카리스마 넘치는 군사 쿠데타 세력이든 원주민-농민층을 국가권력의 지배 대상으로 삼는 것은 변하지 않는다. 상이한 역사적 깊이의 집단기억을 부활시킴으로써 정치적 주체의 정체성이 출현하고 재구축되는 과정을 분석하는 데 내부 식민주의는 유용한 개념적 틀로 활용된다.

이 책의 기저에 흐르는 또 다른 사상적 영향은 볼리비아 사상가 파우스토 레이나가의 인디아니스모에서 유래한다. CSUTCB의 「정치테제」 역시 레이나가의 사상에 많은 부분 빚지고 있다. 레이나가는 1970년 발표된 「볼리비아 원주민당 선언문」^{Manifiesto del Partido Indio de Bolivia}과 1971년 「원주민테제」^{Tesis india} 등을 통해 계급으로서의 농민이 아닌 문화 집단으로서 원주민에 대한 성찰을 요구했다. 원주민을 국가에 통합시키는 인디헤니스모와 달리 그가 주창한 인디아니스모는 원주민의 사상을 복원함으로써 원주민의 직접적 해방을 요구한다. 리베라 쿠시캉키가 『억압당하는 사람들 그러나 패배하지 않는 사람들』에서 메스티사헤가 진행된 코차밤바 분지 지역과 고원 지역 아이마라 원주민공동체를 대조시키면서 아이마라 원주민의 장기기억이 단기기억보다 안정적인 역사적 지층을 형성한다고 판단하는 것은 원주민 사유를 향한 근원적인 믿음이 작용하기 때문이다. 레이나가의 인디아니스모는 그러한 믿음의 촉발제가 되었을 것이다.

『억압당하는 사람들 그러나 패배하지 않는 사람들』은 볼리비아의 식민적 권력관계 분석과 사회운동 연구에서 중요한 의미를 지닌다. 또한 정치적 정체성 연구에 크게 기여했다. 서문에서 저자 스스로 밝혔듯이 볼리비아 동부 지역이 다루어지지 않았다는 한계를 갖지만 이 책의 분석적 틀이 된 내부 식민주의와 인디아니스모에 바탕한 사회운동에 대한 해석은 볼리비아 동부 지역, 더 넓게는 라틴아메리카 지역으로 확대하여 논의될 수 있다. 그러나 원주민-농민운동 연구를 넘어 이 책이 오늘날 원주민운동과 원주민 사유에서 지니는 의미는 원주민이란 하나의 정체성을 가진 규정된 집단이 아니라 집단기억에 의해 끊임없이 구성 중에 있는 집단이라는 점을 분명히 했다는 데 있다.

종종 스스로 밝히듯 리베라 쿠시캉키는 정체성^{identidad}이 아니라 동일시^{identificación}를 중요하게 생각한다. '원주민'이라는 규정된 정체성이 아니라 '원주민적인 것'$^{lo\ indio}$과 동일시하는 과정이 내부 식민주의의 관계 항에서 어느 위치를 점유하고 있는지 보여 주게 될 것이다. 흔히 원주민이라 생각되는 사람들도 내부 식민주의에서 식민 지배자의 항에 기입될 수 있다는 점, 문화적으로 메스티소에 가깝게 자기규정을 하는 사람들도 원주민적인 것의 집단기억을 수용함으로써 탈식민적 주체가 될 수 있다는 점이 1900~1980년 직선형의 농민운동사를 통해 나선형으로 소용돌이치는 식민지 지배의 역사를 장단기 집단기억을 따라 읽으며 도달하게 되는 결론이다.

추천문헌

Periódico Pukara ed., *Historia, coyuntura y descolonización: katarismo e indianismo en el proceso político del MAS en Bolivia*, La Paz: Fondo Editorial Pukara, 2010.

Esteban Ticona Alejo, *Saberes, conocimientos y prácticas anticoloniales del pueblo aymara-quechua en Bolivia*, La Paz: AGRUCO, 2010.

주변에서 중심을 바라보기

월터 미뇰로의 『르네상스의 어두운 면』

정동희

1. 상식의 전복을 위한 낯선 공간으로의 초대

낯설다. 처음 월터 미뇰로^{Walter Mignolo(1941~)}의 『르네상스의 어두운 면』
이라는 두툼한 책을 접하고 펼치기 전에는 제목의 '보다 어두운'이란 형
용사에 눈길이 많이 갔다. 일반적으로 '르네상스'라는 용어는 중세의 암
흑을 뒤로 하고 인간 능력의 무한성을 신뢰하며, 인간이 지닌 천부적 자
질인 이성에 바탕을 둔 과학기술의 진보를 통해 인간의 삶의 질을 근본
적으로 전환시킨 긍정의 개념으로 해석되고 있기에 부정적 분위기가 물
씬 풍기는 '보다 어두운'이란 표현을 저자가 왜 사용하였을까 라는 의문
이 먼저 들었다. 책 제목은 프랜시스 예이츠^{Frances Yates}의 『조르다노 브
루노와 신비주의 전통』^{Giordano Bruno and Hermetic Tradition}에 대한 브로노
프스키^{Jacob Bronowski}의 서평 제목인 '르네상스의 어두운 면'<sup>The Dark Side of
the Renaissance</sup>을 연상시켰다. 그런데 '보다 어두운'이다.

---

* Walter Mignolo, *The Darker Side of the Renaissance*, Ann Arbor: University of Michigan
  Press, 1995.

첫 장을 펼치고서 낯설음은 더해 갔다. 이 책은 유럽의 르네상스에 관한 책이지만 동시에 에스파냐가 유럽 최강국으로 부상했던 당시에 대한 책이며 에스파냐에 의한 아메리카 대륙의 식민화에 대한 책이기도 했다. 800년간 에스파냐 영토의 절반을 차지하고 있던 이슬람 세력을 내몬 후 에스파냐는 최초의 중앙집권적 근대국가로 변모하였고, 정치· 경제·사회·문화적으로 밀접한 관계를 맺고 있던 이탈리아의 르네상스 정신이 유입되면서 국민문학이 형성되었고, 이를 통해 에스파냐 르네상스 문화가 만개하면서 소위 말하는 에스파냐의 '황금세기'가 시작되었다. 이 시기가 르네상스기와 일치한다. 그리고 에스파냐 16세기 문학을 공부하는 나에게 익숙한 시공간의 장이다. 그런데 미뇰로는 이 역사적 장에서 머물지 않고 1492년 에스파냐 왕실의 지원을 받은 콜럼버스가 아메리카 대륙에 첫 발을 디딘 후 급속히 에스파냐의 식민지로 편입되기 시작한 라틴아메리카로 시각을 확대한다. 이제껏 르네상스를 논하면서 우리가 언제 르네상스를 라틴아메리카와 연결시켜 고민해 본 적이 있었던가? 현대 라틴아메리카에 대한 연구가 이제야 본격적으로 시작되는 작금의 우리 현실에서 유럽이 르네상스의 찬란한 황금기를 만끽하던 16세기 라틴아메리카에 대해 우리가 일반적으로 알고 있는 지식은 거의 전무하다 해도 과언이 아니다. 이렇게 우리의 지적 영토에 있어서 미지의 영역에 가까운 유럽 르네상스기 라틴아메리카에 대해 미뇰로는 해부학적 관찰을 시도하고 있다. 16세기 라틴아메리카 역사에 대해 어느 정도 지식이 있어도 미뇰로의 관찰을 따라가기가 비기울 편인데 무지에 가까운 상태에서 그의 섬세하고 날카로운 시각을 추적한다는 것은 낯설음의 극을 느끼는 것에 다름 아닐 것이다.

그런데 낯설음은 하나의 커다란 장점을 가지고 있다. 굳이 빅토르

시클로프스키[Viktor Shklovskij]를 비롯한 러시아 형식주의자들이 제시한 '낯설게 하기' 개념을 들추지 않아도 우리의 삶은 일상 속에 갇히면서 우리의 지각을 관습화된 틀 속에 고정시켜 버린다. 점차로 이 지각 능력은 자동화되면서 화석화의 과정으로 향하고 현상에 대한 기대 지평은 자동화가 가져오는 관습화된 영역 내에서만 존재할 뿐이다. 그러나 일상 속에 의도적으로, 혹은 우연히 던져진 낯선 현상은 자동화된 일상적 인식의 틀을 혁파하고 지각의 시간을 연장하여 기대 지평의 확대를 가져오는 결과를 가져온다. 미뇰로의 『르네상스의 어두운 면』은 바로 이런 효과를 우리에게 던져 줄 수 있는 긍정적 낯설음이다. 그렇다면 우리의 일상 속에 각인되어 있는 르네상스는 어떤 모습이며 미뇰로가 던져 주는 낯설음은 어떤 낯설음인가를 알기 위해 우리는 르네상스라는 용어의 정립 및 연구의 역사를 잠시나마 살펴볼 필요가 있다.

2. 르네상스 개념의 정립 과정

르네상스란 무엇인가라는 질문에 어느 정도 교육을 받은 사람들은 대부분 고대 문화의 부활이라고 단적으로 말할 것이다. 일반적으로 르네상스 시기는 화가인 조토 디 본도네[Giotto di Bondone(1266~1337)]가 활동하던 때부터 역시 화가인 틴토레토[Tintoretto(1518~1594)]의 사망까지를 일컫는다. 즉 14세기부터 16세기까지를 우리는 르네상스 시대로 간주할 수 있다. 그런데 한 시대의 기준을 화가들의 탄생과 죽음으로 설정한다는 자체가 르네상스라는 용어는 기본적으로 예술 활동을 기준으로 설정되었음을 의미한다. 실제 르네상스기 대표적 인문주의자인 로렌초 발라[Lorenzo Valla]는 자유학예[liberal arts], 회화, 조각, 모델링, 건축과 밀접히 관련된 예술이 오랫동안 너무도 타락하여 문학 자체와 더불어 거의 사멸했으나 작금에 이르러 다시 소생하여 새로이 등장한 수많은 출중한 미술가와 문인이 왕성하게 활동하고 있다고 르네상스기를 묘사하였고, 역시 인문주의자인 마르실리오 피치노^{Marsilio Ficino}는 르네상스기를 황금시대로 규정하면서 고대인의 경배를 받았으나 거의 잊혀진 것들이 실현되고 어둠 속에 묻혀 있던 플라톤의 가르침이 광명을 되찾았다고 평가한다. 최초의 예술사 저서로 평가받는 『예술사 평전』^{Le Vite de' più eccellenti pittori, scultori, e architettori da Cimabue insino á tempi nostri}의 저자인 조르조 바사리^{Giorgio Vasari}는 이 책의 서문에서 "결국 미술도 본질적으로 생물의 유기적 성장 과정과 마찬가지로, 마치 인간의 몸처럼 태어나 성장하고 늙고 죽음에 이른다. 이제 미술이 다시 한 번 태어나는 과정을 거쳐 우리가 살고 있는 시대에 완성의 경지에 이르는 경위를 쉽게 이해할 수 있을 것이다"라고 표현하면서 자신이 살던 시대를 고대 예술의 재탄생으로 규정하면서 '재탄생'^{Rinascita}이란 용어를 처음 도입하였다.

바사리가 사용한 '재탄생'이라는 용어는 19세기 들어 프랑스의 역사학자인 쥘 미슐레^{Jules Michelet}에 의해 확대, 강화되어 사용되기 시작하였다. 그는 총 17권으로 구성된 『프랑스사』^{Histoire de France} 중 1855년에 출간된 7권의 제목을 '르네상스'로 붙이고 바사리가 제시한 'Rinascita'를 프랑스어인 'Renaissance'로 옮기면서 그 시기를 콜럼버스의 신대륙 발견부터 갈릴레오의 활동 시기까지, 즉 15세기 말부터 17세기 중반까지로 규정하고 이 시기는 예술적 측면보다는 과학적 측면에서 이전 시기와 구별된다고 주장하였다. 환언하면 미슐레는 르네상스란 용어를 라틴 문학의 부흥이나 고전에서 영향받은 미술 양식에 국한하지 않고 역사의 한 시기를 일컫는 의미로 사용하였던 것이다.

미슐레의 르네상스 용어에 대한 19세기적인 개념 확립이 이루어지고 5년 후 세계는 이 개념을 정확하고 엄밀하게 발전시킨 르네상스 연구의 한 획을 긋는 대작과 만나게 된다. 르네상스 문화와는 그리 깊은 관련을 맺고 있지 않는 스위스 출신의 역사학자 야콥 부르크하르트[Jacob Burckhardt]의 『이탈리아 르네상스의 문화』는 르네상스 연구에 결정적인 영향을 미친 저서로 유럽 역사학계에서는 르네상스 연구가 이 책의 출판 이전과 이후로 구분된다고 평가할 정도이다. 부르크하르트에 따르면 고대는 문화의 토대와 근원이며 존재의 목표와 이상이고 "전 시대를 대신할 의식적인 대안"이다. 그런데 고대를 부활시킨 이탈리아인들은 이 시대를 단순하게 재현한 것이 아니라 이 재현의 과정을 자신들의 특유한 민족 정신을 바탕으로 진행하면서 고대이면서 동시에 고대가 아닌 새로운 시공간을 창조하였다는 것이 부르크하르트의 논리이다. 즉 르네상스는 고대 문화에 대한 기계적 모방이 아니라 중세의 끝에서 발견한 새로운 감수성을 통해 고대를 재해석하여 근대로의 길을 만든 하나의 경이적인 사건이었던 것이다.

『이탈리아 르네상스의 문화』 이후 르네상스란 용어는 역사학의 전문용어에서 벗어나 중세를 끝내고 근대를 이끈, 환언하면 중세와 근대의 교량 역할을 하는 하나의 시대 개념으로 정착되었다. 그런데 부르크하르트는 르네상스를 중세와 완전히 구분되는 새로운 시간의 장이자 근대의 초입으로 규정한다. 그런데 이런 정의는 많은 문제점을 내포한다. 우선 머리에 떠오르는 것이 시간에 있어서 단절이 존재하는가라는 점이다. 여기에 대해 요한 하위징아[Johan Huizinga]는 『중세의 가을』을 통해 르네상스는 중세와 완전히 결별한 새로운 시대가 아니라 중세와 근대의 요소가 혼재된 중세의 연장으로 파악한다. 이렇듯 이 작품의 출현을 통해 부르크하르트의 견해를 따르는, 혹은 비판하는 르네상스 역사, 철학에 관한 저서들이 출간되면서 르네상스 연구의 영역은 지속적으로 확장되었다.

3. 탈식민주의를 위한 사유

부르크하르트의 '중세와의 절연'과 이를 통한 르네상스 개념을 최대로 긍정화하는 작업은 시간의 단절이라는 약점을 기본적으로 안고 있지만 이것보다 더욱 심각한 문제는 그의 주장이 유럽 문화의 우월성을 근본적으로 포함하고 있다는 사실이다. 미뇰로의 문제의식은 바로 이 지점에서부터 시작한다. 미뇰로는 『르네상스의 어두운 면』을 통해 인류사의 커다란 전환점이 되었다고 '간주'되는 르네상스를 기존 연구들과는 전혀 다른 방향에서 바라본다. 그는 부르크하르트가 정립한 르네상스의 개념이 쳐놓은 차양의 그늘 아래 숨어 있던 음산한 실체의 흔적을 찾아나서면서 이 스위스 역사학자가 그랬던 것처럼 경탄스러울 만큼의 문헌 고증과 독자들에게 커다란 지적 열등감을 안겨 주는 박학다식함을 통해 인간을 재발견한다. 그리고 세계의 중심으로 신 대신 인간을 위치시킨 유럽의 근대 초 르네상스 시기에 유럽 백인들의 지배를 받았던 아메리카 대륙의 의식 구조가 어떻게 구축되어 가는지를 비연대기적 방식을 통해 그리고 있다.

미뇰로는 아직 우리나라에서 많이 낯설다. 비록 2010년 한국을 방문하여 몇몇 신문 지상에 그와 그의 탈식민주의^{decolonialismo} 학문 세계가 소개되었고 『라틴아메리카, 만들어진 대륙』, 『로컬 히스토리/글로벌 디자인』 등의 저서가 우리말로 번역되었는데도 인문학이나 사회과학 전반에 걸쳐 아직 큰 반향은 없는 듯하다. 푸코, 라캉, 들뢰즈, 데리다가 가지고 왔던 우리 지식 사회 내에서의 열풍과 비교해 보면 뛰어난 기호학자이자 탈식민주의 이론가인 미뇰로에 대한 우리 지식 사회의 낮은 관심은 어떻게 설명해야 할까? 우리도 여전히 제1세계가 만들어 놓은 식민 유산의 틀 속에서 빠져나오지 못한 것은 아닐까? 이들 프랑스 학자들과 미뇰로의 전공 분야가 다르니 그럴 수 있다고 치자. 하지만 참으로 희한하게도 미뇰로와 같은 고민을 하고 있는 호미 바바, 가야트리 스피박, 에드워드 사이드 등 포스트식민주의 이론의 선구자들은 인문학에 관심을 가지고 있는 독자들에게는 이제 낯선 인물들이 아니며 스타 대접을 받고 있다. 왜 그럴까? 우리는 미뇰로의 세계에 좀 더 가깝게 다가서기 위해서는 이 질문에서부터 출발할 필요가 있다. 바바와 스피박은 영국 식민지였던 인도 출신이며 사이드 또한 영국 치하의 팔레스타인 출신이다. 이 포스트식민주의 이론의 스타 3인방은 과거 영국 식민지 출신이고, 따라서 영어를 모국어처럼 구사하며, 미국으로 이주하여 미국에서도 최고 명문으로 꼽히는 아이비리그 대학에서 공부를 했고, 아이비리그 대학에서 교편을 잡고 있다는 공통점을 가지고 있다. 따라서 이들은 기본적으로 '영어'라는 제국의 언어가 창조한 학술 출판 시장에서 매우 유리한 위치를 점하고 있다. 반면 미뇰로는 역시 이들과 마찬가지로 현재 미국의 명문 대학인 듀크 대학에서 교편을 잡고 있지만 에스파냐의 식민지였으며 에스파냐어를 모국어로 사용하는 아르헨티나 출신이란 점에서 근본적으로 이들과 출발점이 다르다. 어찌 보면 『르네상스의 어두운 면』은 저자가 태어났을 때부터 자신을 둘러싸고 있었던 공간과 문화에 대한 비판적 사유로부터 탄생하였다라고 말해도 과언이 아닐 것이다.

실제 미뇰로는 서문에서 탈식민주의 이론화 작업에 있어 개인적 경험의 중요성을 강조하면서 그가 이른 근대/식민 시대early modern/colonial period[1]로 간주하고 있는 시기는 에스파냐어와 포르투갈어가 과학적·철학적 담론에 적합하지 않은 언어로 지위가 격하되고 영어, 프랑스어, 독일어가 근대성의 언어, 헤겔에 따르면 '유럽의 심장'의 언어로 격상된 순간이라고 밝히고 있다.[2] 또한 그가 『르네상스의 어두운 면』을 자신의 모국어인 에스파냐어가 아닌 영어로 집필하는 이유에 대해서는 현재 에스파냐어로 글을 쓴다는 것은 현대 이론들의 논의에 있어서 주변부에 머문다는 것을 의미하기 때문이라고 고백한다. 학술 서적들이 출판물 시장에서 나름의 의미를 지니는 세계에서는 에스파냐어 독자들보다 영어나 프랑스어 독자들이 많은 것이 현실이다. 따라서 저자는 탈식민주의 이론 정립을 위한 정초 작업으로서 에스파냐의 식민 유산인 라틴아메리카를 근대 초기 르네상스에 대한 논의 속에 포함시키기 위해, 그리고 식민 유산과 탈식민주의 이론에 대한 논의에 포함시키기 위해 에스파냐어로 책을 저술하는 것은 근대 이후 독일어, 프랑스어 그리고 이후에는 영어에 의해 지배되어 온 지적 논의에 참가할 수 있을 가능성을 부여하기 전에 미리 그 책을 주변화시킨다는 것을 의미한다고 말한다. 즉 저자는 언어와 문자 체계를 통한 식민화의 과정을 밝히는 탈식민주의 학자로서 제국주의 언어로서 영어가 지닌 역사적 속성을 충분히 인식하고 있으면서도 이 언어가 자신의 탈식민주의 이론을 전달하기 위한 수

---

1) 미뇰로는 『르네상스의 어두운 면』에서 근대의 시대는 곧 식민지 시대와 일치한다는 역사 개념을 보여 주면서 지속적으로 근대를 식민 시대와 병치하여 사용하고 있다.
2) Mignolo, *The Darker Side of the Renaissance*, p.viii.

단이라는 아이러니한 현 상황을 담담하게 묘사하며 자신의 입장을 변호하고 있다.

그런데 비록 자신의 견해를 밝히기 위한 수단으로 제1세계의 언어인 영어를 택하였지만 저자는 이 견해를 뒷받침하는 토대로서 유럽이나 미국 등 제1세계의 철학자나 이론가들이 아니라 엔리케 두셀Enrique Dussel의 '근대성의 신화'myth of modernity 개념, 글로리아 안살두아Gloria Anzaldúa의 '경계지대'borderlands 개념, 페르난도 오르티스Fernando Ortiz의 '문화횡단'transculturation 개념, 로돌포 쿠시Rodolfo Kusch의 '문화적 식균 작용'cultural phagocytosis 개념, 실비아누 산티아구Silviano Santiago의 '간 공간'the inter-space 개념 등 라틴아메리카 출신 지식인들의 학문적 성과들 및 모로코 출신의 작가인 압델케비르 카티비Abdelkebbir Khatibi의 '또 다른 사유' une pensée autre 개념을 이용하고 있다. 그리고 포스트식민주의 연구의 대표작으로 평가받는 호미 바바의 『문화의 위치』는 독창적이라기보다는 쿠시의 옥시덴탈리즘 비판, 두셀의 근대성 비판, 안살두아의 식민화 과정 등 라틴아메리카 출신 학자들이 이미 수행했던 작업의 영어권 버전이라고 평가한다. 또한 미뇰로는 바바의 '사이 공간'spaces in between 개념에는 공감하지만 이 개념 역시 오르티스, 쿠시, 산티아구 등이 제시했던 개념들을 영어로 재구성했을 따름이라고 주장하면서 영미 학계에서는 잘 알려지지 않았지만 자신이 의지하고 있는 라틴아메리카 출신 학자들의 학문적 성과를 높게 평가 한다.[3] 하지만 라틴아메리카와 제3세계 지성의 활동에 대해 거의 알려지지 않은 우리 실정에서 독자들은 처음 접하는 이 지역 지식인들의 이름에 생경함을 느낄 것이다. 이들이 주장하

---

3) Mignolo, *The Darker Side of the Renaissance*, pp.xvi~xvii.

는 내용에 대한 이해가 전혀 전제되어 있지 않기에 미뇰로가 짧게 기술하고 있는 개념에 대한 이해가 전제되어 있지 않으면 이에 바탕을 둔 미뇰로의 주장은 낯설음이 더욱 배가되는 느낌을 받게 될 것이다.

4. 체제 분석을 위한 언어와 공간의 재해석

『르네상스의 어두운 면』은 문학, 기호학, 역사학, 문화이론 등을 초학제적 연구 방식을 통해 아메리카 대륙의 식민화 과정을 단순한 연대기적 나열이 아닌 유럽적 세계관과 인식론의 투사와 확장의 결과라는 사실을 언어, 기억 그리고 지도 제작술 문제를 중심으로 검토하고 있다. 미뇰로는 근대 서구 철학은 아메리카 대륙에 대한 에스파냐와 유럽의 초기 식민화 경험에서 탄생하였다고 본다. 특히 서구의 인식론, 현상학, 해석학, 지도 제작술 등은 식민적 타자인 아메리카 대륙 원주민과 극명하게 대비되는 식민화의 주체로서 유럽적 자아 즉 백인의 이미지를 구축하였다. 이러한 유럽적 자아는 점차 유럽을 세계의 중심에 위치시키는 유럽 중심주의 세계관의 형성에 토대가 되었다. 근대 서구 철학의 기원은 유럽중심적인 발전론적 역사관을 제시한 칸트와 헤겔에 있으며 유럽중심적, 백인 위주의 사유는 근대 철학의 근원적 배경으로서 자리매김을 하였다. 이 현상에 대한 근원적 검토를 위해 미뇰로는 다음과 같은 질문을 던진다. 계몽주의가 중상주의의 성장과 노예무역을 통해 전개되었다면 르네상스는 에스파냐의 아메리카 대륙 식민화와 함께 어떻게 전개되었는가? 또한 르네상스의 어두운 이 면이 오늘날까지 우리의 인식 체계에 영향을 미치고 있는 인종적이며 영토적인 계급 체계에 대한 사상의 형성과정과 사회적 상호작용의 토대로서 어떻게 구축되었는가?

이 질문에 대한 답을 얻기 위해 미뇰로는 『르네상스의 어두운 면』을 관통하는 논리로 기존 논리에 대한 전복의 논리를 채택한다. 공간보다는 시간 그리고 언어에 특권을 부여한 것은 기존 서구의 위계질서이기에 저자는 이것을 전복시켜 공간을 중심으로 아메리카 대륙의 식민화를 분석한다. 이를 통해 아메리카 원주민들의 문화와 유산 속에 존재하는 공간의 중요성이 재조명을 받게 되며 따라서 근대 서구가 과도한 특권을 부여했던 시간의 의미가 중화된다. 또한 그는 언어, 지역, 공간의 식민화가 어떻게 발생하였는가에 대한 설명보다는 식민화에 의해 만들어진 '사이 공간'을 사유의 위치 및 새로운 형태의 에너지로 파악한다. 왜냐하면 이곳으로부터의 사유야말로 서구의 아메리카 대륙 식민화가 남긴 유산의 확실성에 대한 의심이자 비판이기 때문이다. 이와 같은 방식의 작업을 통해 저자는 전통적인 사유의 틀 속에서 새로운 지식을 축적하기보다는 지금껏 의식적으로 혹은 무의식적으로 무시되어 왔던, 하지만 우리가 알아야 할 것에 대한 새로운 사유의 방법을 탐색하고 있다.

미뇰로는 16세기 예술, 문학 작품, 지도 등에 대한 엄밀한 분석을 통해 유럽 르네상스의 존재 이유이자 가치 그 자체인 '고전의 부활'이 실은 유럽 열강들의 식민 팽창 정책에 대한 정당화이자 도구였다고 주장한다. 그는 『르네상스의 어두운 면』을 언어의 식민화, 기억의 식민화, 공간의 식민화 등의 총 3부로 구성하고 각 부를 2개의 장으로 구성하고 있다. 그런데 특히 나의 관심을 끈 부분은 언어의 식민화를 다룬 1부의 1장이다. 여기에서 미뇰로는 15세기 후반부터 16세기 전반기에 활동한 에스파냐의 언어학자 엘리오 안토니오 데 네브리하Elio Antonio de Nebrija의 대표작이자 에스파냐어 최초의 문법서로 1492년 출간된 『에스파냐어 문법』Gramática de la lengua castellana을 중심으로, 글쓰기에 대한 네브리하의 철학과 아메리카 원주민 언어들의 문법에 미친 그의 영향을 살펴보는 한편, 17세기 전반기인 1606년에 출간된 또 다른 대표적인 에스파냐어 연구서인 베르나르도 데 알드레테^{Bernardo de Aldrete}의 『에스파냐어의 기원』^{Orígenes de la lengua castellana}에 대한 분석에 초점을 맞춘다. 미뇰로에 따르면 네브리하와 알드레테의 저서들은 800여 년에 걸친 이슬람의 이베리아 반도 지배를 종식시키면서 출범한 통일 에스파냐 제국의 통일된 언어에 대한 규정이라기보다는 막 시작한 아메리카 대륙의 식민 사업에 필요한 하나의 프로젝트이다. 즉 당대 유럽 최강 국가의 국어였던 에스파냐어는 철학이나 신학 등 학술 언어가 아닌 의사소통의 언어로 이 작품들에서 취급되고 있으며 알파벳 문자 이론에 기반을 둔 에스파냐어 문법의 유포는 효과적으로 구어^{spoken language}의 지역성을 소멸시키면서 아메리카 대륙의 목소리를 식민화하였다. 이렇게 에스파냐어는 광대한 아메리카 대륙에 산재했던 무수한 음성들을 억압, 억제하면서 식민지의 유일한 의사소통어가 된 것이다. 미뇰로는 네브리하가 주창한 알파벳 문자 체계의 다른 의사소통 수단에 대한 '우월성'이야말로 에스파냐 지성인들에게, 나아가 유럽 백인들에게 자신들이 성취한 문화와 아메리카 대륙 원주민들 간의 단절성에 대한 지각을 가지게 하는 근원적 이유가 되었다고 주장한다. 상형문자 체제에 바탕을 둔 정보 시스템을 통해 아메리카 대륙 원주민 관료들은 아스테카 제국을 통치하였고 또한 에스파냐 식민자들은 이 체제의 힘을 인식했음에도 불구하고 말이다.

이어 2부에서는 유럽 르네상스에 있어서 담론적 실천으로서의 역사, 보편성으로 간주되는 유럽적 이미지의 구축으로서의 역사를 중점적으로 다루고 지식의 장르화와 조직화를 살펴본다. 이를 통해 미뇰로는 유럽에 의한 아메리카 대륙의 식민화의 완성은 총과 대포를 앞세운 무력이 아니라 에스파냐, 유럽인들이 자신들의 로마 알파벳을 통해 창조하고 형성한 유럽적 개념의, 유럽적 형식의 문해력literacy에 의해서란 사실을 밝히면서 언어를 통한 정복과 식민화의 과정과 의미를 도출해 내고 있다. 유럽인들은 아메리카 원주민들과 마주쳤을 때 이들이 지닌 문화가 유럽인들이 가치를 부여하는 텍스트와는 동일한 텍스트가 아니었기에 '차이'를 곧 '차별'로 전환하여 문명화된 유럽인들의 무지한 아메리카 원주민들에 대한 식민 통치를 정당화한다고 저자는 보고 있다.

이 책의 3부는 지도 제작술에 투영된 유럽인들의 의식을 탐구하면서 공간의 식민화를 논의한다. 지도 제작술을 다루는 데 있어 미뇰로는 예수회 소속의 마테오 리치Mateo Ricci, 군인이었던 에르난 코르테스Hernán Cortés, 도미니크회 소속의 디에고 두란Diego Durán, 프란치스코회 소속의 베르나르디노 데 사아군Bernardino de Sahagún, 인디아스 평의회 소속 지도 제작자였던 로페스 데 벨라스코López de Velasco 등이 제작한 다양한 형식의 지도를 예로 든다. 그리고 이 지도들이 궁극적으로는 인간의 우주관이 연장된 것이라는 판단하에 시공간의 의미 및 지도 제작과 영토의 의미를 이 사유의 틀 속에서의 자아의 배치 문제와 함께 논의하고 있다. 서구에서 제작된 지도가 일반화가 된 것은 유럽의 정치·경제적 파워의 성장과 동시에, 특히 지도 제작 및 제국주의의 밀접한 관계, 라틴아메리카의 식민 경험의 결과로 저자는 파악한다. 그리고 저자는 와망 포마 데 아얄라Guaman Poma de Ayala가 제작한 페루를 지도의 정상에 배치시키고 에스파냐를 아래에 위치시킨 지도를 소개하는데 이 지도는 케추아어족의 공간 개념을 이용한 것이며 동시에 에스파냐 지도 제작술의 영향을 받기도 하였다. 저자는 일방적인 사유의 투사가 아닌 상호적 사유의 투사가 형상화된 이와 같은 지도야말로 엔리케 두셀과 글로리아 안살두아의 철학이 구체화시킨 공존의 시각을 보여 주는 지도의 예라고 주장한다. 그런데 공존을 제시한 텍스트 혹은 지도는 식민지 주체의 우월성을 손상하기에 지금까지 억압되고 무시되고 있다고 저자는 말한다. 르네상스 시기에 만들어진 지도는 아메리카 대륙에 이름을 부여하였고 영토를 사유와 결부시켰다. 또한 라틴아메리카 각지에 지명을 부여하거나 특정 지역에 대한 약도를 그리는 등 아메리카 원주민들을 통치하기 위한 형식으로 기능을 하였다. 미뇰로에 따르면 결국 지도란 세계와 자아에 대한 지각을 이해하기 위한 개입의 공간인 것이다.

5. 주변과 중심의 인식론적 전도와 재배치

미뇰로의 『르네상스의 어두운 면』은 라틴아메리카 대륙의 식민화 과정과 결과에 대한 기존의 유럽중심적 역사관을 탈피하여 유럽인들이 '만들어 놓은' 아메리카의 이미지가 어떻게 왜곡되어 가는지 그 과정과 함께 유럽의 라틴아메리카 대륙에 대한 역사 서술이 얼마나 큰 오류를 포함하고 있는지를 구체적인 예를 들어 밝히고 있다. 그렇다고 미뇰로는 극단적인 반유럽 역사관을 제시하지는 않는다. 대신 라틴아메리카 지식인들의 고민이 녹아 있는 새로운 이론적 대안들을 비판적으로 수용하는 동시에 라틴아메리카 역사의 전개 과정에서 있었던 실제 현상들에 대한 분석을 통해 제1세계의 시각이 지배했던 라틴아메리카 대륙의 역사를 새롭게 해석하고자 하는 노력을 경주한다. 따라서 미뇰로는 시대의 선형적인 연속성보다는 르네상스/르네상스의 어두운 면, 이른 근대/식민 시대, 계몽주의/계몽주의의 어두운 면처럼 상반되는 것의 공존에 관심을 둔다. 결국 미뇰로의 식민적 기호는 현재 라틴아메리카 사회에 내재되어 있는 식민 유산을 드러내고 우리 눈앞에 펼쳐져 있는 근대성의 그림자를 탈식민화하기 위한 운동인 것이다.

르네상스 역사와 라틴아메리카 사회학 그리고 탈식민주의 이론 연구에서 이 책은 분명 현대의 고전이 될 자격을 충분히 갖추었다. 그런데 이 자격은 단순히 미뇰로 자신의 박학다식 때문이라기보다는 다양한 사료를 통한 실증적 분석과 현대의 이론적 논의들 간의 적합한 조화를 통해 부여된다. 하지만 아쉬움도 없지 않다. 우선 지적하고 싶은 것은 저자가 서문에 밝힌 대로 이 책을 자신의 모국어인 에스파냐어가 아닌 영어로 집필해야만 했던 이유이다. 과거 제국주의의 식민지에 결코 지울 수 없을 정도로 깊이 새겨진 대표적인 식민 유산인 영어가 현재 학술 세계의 언어이고 에스파냐어로 집필한다는 것은 곧 학술 활동의 중심지에서 자동적으로 멀어진다는 현실의 논리를 그 이유로 들고 있지만 이것만으로는 정당성을 충분히 확보하지 못하고 있다는 인상을 지울 수 없다. 저자의 논리대로라면 우리는 영원히 영어의 제국주의적 권력과 앵글로색슨적 세계 질서를 벗어날 수가 없게 되면서 오히려 현재에 있어 영어의 권력은 더욱 강화될 것이다. 이와 함께 지적하고 싶은 점은 화려했던 16세기 르네상스 시기의 이면에 분명히 존재하고 있었던 음침한 면을 다루면서 지나치게 현대 이론들과의 접목을 추구하고 있다는 점이다. 물론 이러한 시도는 과거 라틴아메리카의 식민화 과정에 대한 연구를 통해 현대 라틴아메리카의 현실을 보다 정확히 이해하기 위한 것이겠지만 르네상스기를 다루고 있는 대표적인 저서들에 대한 검토 작업이 없다는 점은 상당히 아쉽다. 만일 저자가 부르크하르트의 『이탈리아 르네상스의 문화』에 대한 검토를 통해 르네상스기는 이전과 달리 개인주의의 출현과 함께 대의를 위해서는 그 어떤 악행도 정당화될 수 있었고 현실적으로 냉정하게 타산을 맞추는 것이 하나의 특징으로 나타났다는 스위스 역사학자의 설명을 관심 있게 보았다면 에스파냐의 아메리카 대륙 식민화 작업에 대한 설명은 보다 풍성했을 것이다.

그러나 『르네상스의 어두운 면』은 방금 위에서 밝힌 아쉬움에도 불구하고 우리의 지적 세계를 풍성히 해줄 지식의 보고이다. 전혀 생소한 사건들과 낯선 이론가들의 사유가 종횡무진하는 이 책을 읽는 것은 실로 고된 독서의 경험이 될 것이다. 하지만 이 낯설음을 극복하기 위해 약간의 노력을 경주한다면 우리의 시야는 더욱 넓어질 것이고 우리의 사유는 더욱 깊어지면서 고됨은 곧 만족감으로 바뀌게 될 것이다. 미뇰로에게 역사적 관점을 전복한다는 것은 이론적 운동이자 동시에 이념적인 운동이다. 그래서 그는 학문적 중심의 관점으로부터 주변부 사회들을 바라보는 대신 역으로 학문의 주변부로부터 문화적이며 정치적인 중심들을 바라보길 우리에게 제시한다. 이것이 『르네상스의 어두운 면』이 가지고 있는 최고의 덕목이다.

추천문헌

가야트리 스피박, 『포스트식민 이성비판』, 태혜숙·박미선 옮김, 갈무리, 2005.
야콥 부르크하르트, 『이탈리아 르네상스의 문화』, 이기숙 옮김, 한길사, 2000.
에드워드 사이드, 『오리엔탈리즘』, 박홍규 옮김, 교보문고, 2007.
요한 호이징가, 『중세의 가을』, 최홍숙 옮김, 문학과지성사, 1997.
월터 미뇰로, 『라틴아메리카, 만들어진 대륙』, 김은중 옮김, 그린비, 2010.
호미 바바, 『문화의 위치』, 나병철 옮김, 소명출판, 2012.

아프리카 노예의 희생과 근대 서구의 발전

에릭 윌리엄스의 『자본주의와 노예제도』

박병규

1. 사탕수수 플랜테이션과 아프리카 흑인 노예

인류 역사상 서구가 저지른 최악의 범죄 가운데 하나는 아프리카 흑인 노예 수입과 매매였다. 16세기부터 19세기까지 무려 4세기에 걸쳐, 포르투갈, 에스파냐, 프랑스, 영국, 독일, 네덜란드, 덴마크, 스위스, 노르웨이, 스웨덴 등 서구의 모든 국가가 아프리카 흑인 노예무역에 관여했다. 이 과정에서 아프리카인 1200만 명이 강제로 노예무역선에 올랐고, 이 가운데 150만 명은 아프리카에서 아메리카로 건너오는 이른바 중간항로Middle Passage에서 질병, 반란, 학대 등으로 사망했다.

　흑인 노예라고 하면 우리는 링컨, 남북전쟁, 『톰 아저씨의 오두막』 등 미국을 떠올리지만 실제로 흑인 노예가 가장 많이 유입된 곳은 브라질로 400만 명이었으며, 그다음이 아메리카 대륙의 에스파냐 식민지로 250만 명이었고, 미국은 50만 명에 지나지 않았다. 나머지 300만 명은 흔히 서인도제도West Indies라고 부르는 카리브해의 영국, 프랑스, 네덜란

---

*Eric Williams, *Capitalism & Slavery*, Chapel Hill: University of North Carolina Press, 1944.

드, 덴마크 식민지로 들어갔다. 그런데 대앤틸리스제도의 쿠바에서 시작하여 카리브해에 점점이 늘어서 있는 소앤틸리스제도를 지나 트리니다드토바고에 이르기까지 서인도제도의 총 육지 면적은 약 24만 제곱킬로미터로 한반도(22만 제곱킬로미터)보다 조금 더 넓으므로, 인구밀도로 따지면 이곳만큼 흑인 노예가 많이 들어간 곳도 없다.

이렇게 서인도제도에 아프리카 흑인 노예가 집중된 근원에는 사탕수수가 있었다. 사탕수수의 원산지는 남아시아인데, 15세기에는 대서양의 카나리아제도에서도 재배하고 있었다. 이 사탕수수를 콜럼버스가 1493년 2차 항해에서 에스파뇰라섬으로 가져간 것이 서인도제도 사탕수수 재배의 시작이었다. 그러나 신대륙에서 본격적으로 사탕수수를 재배한 사람은 네덜란드인으로, 1550년에는 브라질 북동부의 페르낭부쿠에 제당공장을 설립했다. 1654년 브라질에서 쫓겨난 네덜란드인은 서인도제도의 바베이도스로 옮겨 갔고, 이어 프랑스 식민지인 과들루프, 마르티니크에도 사탕수수 플랜테이션이 들어섰다. 18세기에 이르면, 영국 식민지 자메이카와 프랑스 식민지 생도맹그(지금의 아이티)가 사탕수수 최대 재배지가 되었다. 그리고 19세기에는 에스파냐 식민지이던 쿠바와 푸에르토리코에도 사탕수수 플랜테이션이 들어섰다. 간단히 말해서, 사탕수수 플랜테이션은 브라질 북동부에서 시작하여 서인도제도의 섬을 타고 점점 북상하여 마지막 단계에서 자메이카, 생도맹그, 푸에르토리코, 쿠바로 확산된 것이다.

사탕수수는 재배, 수확, 압착, 제당 과정에서 많은 노동력이 필요한데, 서인도제도에는 원주민 인구가 적었을 뿐만 아니라 기존의 원주민도 정복 이후 과도한 노동력 착취와 질병으로 급감하였다. 따라서 사탕수수를 비롯하여 카카오, 면화 등 단일작물을 대규모로 재배하는 플랜테이션에서는 외부에서 노동력을 끌어오지 않으면 안 되었다. 그 노동력이 바로 아프리카 흑인 노예였다. 앞서 언급했듯이, 사탕수수 플랜테이션이 서인도제도의 섬에서 섬으로 옮겨감에 따라서 아프리카 흑인 노예도 플랜테이션이 들어선 곳으로 대량 수입되어 인구 구성비를 완전히 바꾸어 놓았다. 이를테면 생도맹그의 1681년 인구는 백인 4336명, 흑인 노예 2102명이었으나 사탕수수 플랜테이션으로 전성기를 누리던 1789년에 이르면 백인 3만 826명에 흑인 노예 46만 5429명이었다. 흑인 노예가 백인보다 무려 15배나 많았다. 이런 의미에서, 서인도제도에 "설탕이 없었다면 흑인 노예도 없었다."[1]

그러면 서인도제도에서 흑인 노예제도는 언제, 어떻게 시작되었는가? 흑인 노예는 역사적으로 어떤 역할을 담당했는가? 그리고 흑인 노예무역과 노예제도는 어떻게 폐지되었는가? 이런 질문에 대하여 서구의 관점이 아니라 서인도제도의 관점으로 대답하고 있는 책이 바로 1944년에 출판된 에릭 윌리엄스[Eric Williams(1911~1981)]의 『자본주의와 노예제도』이다.[2]

---

1) Williams, *Capitalism & Slavery*, p.27.
2) 이 서평을 끝낼 무렵, 『자본주의와 노예제도』라는 서명으로 우리말 번역본이 출간되었다. 카리브해 관련 연구 서적을 찾아보기 힘든 우리의 실정을 감안할 때, 무척이나 반가운 일이다. 예전에 출판된 C. L. R. 제임스의 『블랙 자코뱅』처럼 이 책의 독자도 그다지 많지 않을 텐데, 출판사의 결심과 역자의 노고 덕분에 우리나라에서도 카리브해 연구와 논의가 한층 심화될 수 있는 기회가 마련되었다. 역서는 언제나 아쉬운 점과 미진한 부분이 남게 마련이다. 이런 점은 제3자인 독자가 보면 더욱 도드라져 보이기도 한다. 이 자리는 번역 비평을 위한 곳은 아니지만 에릭 윌리엄스에 관심 있는 독자를 위해 번역본의 문제점을 몇 가지만 지적하기로 한다.
　번역본의 일러두기를 보면 역자는 인디아(India)와 인디아스(Indias, 영어로는 Indies)를 동일한 단어로 간주하고 있는데, 인디아스는 식민지 시대 에스파냐가 아메리카 식민지를 부르던 고유명으로 인디아(인도)와는 전혀 다른 별개의 용어이다. 따라서 'West Indies'는 서인도

2. 에릭 윌리엄스의 『자본주의와 노예제도』

1) 서인도제도의 흑인 노예제도 기원과 인종차별

콜럼버스가 신대륙에 도착한 직후, 정복자들은 황금 찾기에 혈안이 되었다. 그러나 정복이 끝나고 식민통치가 시작되면서 구대륙에서 건너온 에스파냐인은 농장에서 각종 작물을 재배하여 이윤을 획득하였다. 에스파냐인은 관습적으로 손일을 매우 천하게 여겼을 뿐만 아니라 농장의 면적 또한 광대하여 노동력 부족에 시달렸다.

16세기 당시 아메리카 대륙의 원주민은 대부분 멕시코와 페루의 고원 지대에 거주하고 있었다. 서인도제도를 포함하여 나머지 신대륙에는 원주민 인구가 많지 않았다. 게다가 정복 전쟁, 전염병, 혹사 등으로 원주민의 인구는 지속적인 감소 추세로 접어들었으므로 새로운 노동력 공급원이 필요했다.

이런 상황에서 제시된 대안이 백인 노예였다. 신대륙으로 건너오고 싶으나 뱃삯조차 없는 사람 등 유럽 하층민은 자발적으로 노예 계약을 맺고 신대륙에서 일정 기간 노예 노동에 종사했다. 백인 노예는 에스파냐인에만 국한되지 않았다. 에릭 윌리엄스가 지적하고 있듯이, "대다수 계약 노예는 봉건적이고 가혹한 수탈을 피해 이주한 소작농, 지주와 성직자의 폭압으로부터 벗어나려는 아일랜드인, 30년 전쟁으로 폐허가 된

가 아니라 서인도제도로 옮겨야 한다. 식민농장으로 옮긴 'plantation'은 카리브해 관련 연구에서 전문용어로 굳어진 플랜테이션이라고 옮겨야 정확한 의미가 전달된다. 흑설탕으로 번역한 'raw sugar'도 원당(原糖)이 적합한 역어이며, 에릭 윌리엄스처럼 줄여서 설탕이라고 표현해도 의미 전달에는 문제가 없다. 무엇보다도 몇 군데 심각한 오역은 기회가 되면 필히 바로잡아야 할 것이다.

땅에서 이주한 독일인이었다."[3] 서인도제도의 노예하면 일반적으로 흑인을 떠올리지만 실제로는 백인 노예가 최초의 노예인 것이다.

그러나 백인 노예는 시간이 지남에 따라서 점차 흑인 노예로 대체되었다. 우선 백인 노예는 계약 기간이 만료되면 자유를 되찾았고, 소작농이나 자영농으로 독립하는 경우가 많았다. 게다가 식민지의 경작지 확대에 따라서 노동력 수요가 증가했는데, 유럽에서 데려오는 백인 계약 노예로는 수요를 충당할 수 없었다. "무엇보다도 결정적인 요소는 아프리카 흑인 노예의 비용이 훨씬 저렴했다"는 데 있다.[4] 아프리카 흑인 노예는 백인 노예보다 훨씬 우수한 노동자였고, 계약 노예가 아니라 평생 노예였으며, 자손 또한 노예였기 때문이다.

이처럼 에릭 윌리엄스는 백인 노예가 흑인 노예로 대체된 요인 가운데 경제적 측면에 주목하여 "흑인 노예는 노동자의 피부색이 아니라 저렴한 노동력과 관련이 있었다"고 주장한다.[5] 다시 말해서, 흑인 노예의 기원은 경제 논리에 따른 것이지 인종 논리가 아니었다는 것이다. 우리는 인종 간의 우열이란 과학적 근거가 없는 허구임을 익히 알고 있다. 그러나 에릭 윌리엄스가 이 책을 출간한 20세기 전반에는 19세기에 기승을 부리던 인종차별적인 관념, 다시 말해서 백인은 우등하고, 흑인은 열등하다는 관념이 아직도 지배적이었다. 이러한 관념에 맞서 윌리엄스는 흑인이 열등하기 때문에 노예가 된 것이 아니라 노예이기 때문에 열등하다는 관념이 만들어졌다고 주장함으로써 기존의 인종차별 논리를

---

3) Williams, *Capitalism & Slavery*, p.10.
4) *Ibid.*, p.19.
5) *Ibid.*, p.19.

성공적으로 반박하고 있다.

2) 흑인 노예와 산업혁명

에릭 윌리엄스는 『자본주의와 노예제도』의 3장부터 10장까지 아프리카 흑인 노예와 영국 산업혁명과의 관계를 논하고 있는데, 이 주제는 이 책의 핵심이자 현재까지도 끊임없는 논쟁의 대상이다.

주지하듯이, 대서양 삼각무역은 영국과 같은 유럽에서 유리구슬 등의 싸구려상품[pacotilla]을 아프리카인에게 팔고, 그 돈으로 구입한 흑인 노예를 신대륙, 즉 서인도제도와 아메리카 대륙으로 싣고 와서 플랜테이션 농장주 등에게 팔았다. 그리고 흑인 노예가 신대륙에서 생산한 설탕, 면화, 카카오 등을 싣고 유럽으로 돌아오면 삼각무역은 완결된다.

에릭 윌리엄스에 따르면, 삼각무역이나 식민지와 직접 무역으로 얻은 "이윤이 영국 자본축적의 주요 자금원이었고, 이러한 자금원으로 산업혁명에 필요한 자금을 조달했다."[6] 구체적으로 1714년에서 1773년 사이의 영국 무역 총액 가운데 삼각무역과 서인도제도 무역이 차지하는 비중은 7분의 1이었다.[7] 이러한 무역액은 당시 식민지이던 미국과의 무역액과는 비교도 안 될 정도로 많은 것이었다. 아프리카에서 흑인 노예를 수입하여 사탕수수를 재배하던 서인도제도의 영국 식민지는 많은 부를 창출하는 이상적인 식민지였다.

이러한 삼각무역의 이익을 담보해 주는 중요한 조건은 독점무역이었다. 당시는 영국뿐만 아니라 서구의 거의 모든 국가가 자국의 식민지

---

6) *Ibid.*, p.52.
7) *Ibid.*, p.54.

무역을 독점하였다. 영국의 항해법에 따르면, 영국산 목재로 만들고, 영국(브리튼)산 돛을 사용하여 건조한 배만을 영국 선박으로 인정했으며, 플랜테이션의 모든 하인과 노예는 영국산 모직물로 만든 옷을 입어야 했다. 이로써 영국의 해운업과 조선업이 발달하게 되었고, 브리스톨이나 리버풀과 같은 항구도시가 흥성했으며, 삼각무역의 상품(모직물, 면직물, 설탕, 럼주, 싸구려상품, 총기류와 농기구 등의 금속제품) 생산이 활발하게 이루어졌다.[8] 삼각무역으로 창출된 이익금은 다시 영국의 금융업, 중공업, 보험업에 투자되어, 산업 발전에 이바지했다는 것이 에릭 윌리엄스의 논지이다.[9] 한마디로, 영국의 자본주의 발전은 노예무역 덕분이라는 것이다. 그렇지만 "전적으로 삼각무역만이 경제 발전에 이바지했다고 생각해서는 안 된다"고 에릭 윌리엄스는 한계를 긋는다.[10] 영국의 내수시장 성장, 산업이익금의 투자 또한 큰 몫을 차지했다는 것이다.

3) 식민지 수익률 감소와 흑인 노예무역 금지 및 노예제도 폐지

영국의 전통적인 견해에 따르면, 흑인 노예무역과 노예제도의 폐지는 인도주의에 기초한 영국 노예제도 철폐운동의 승리이다. 노예무역의 참상을 인식한 영국의 기독교도가 1780년대 노예무역폐지협회를 창설하고, 이후 지속적으로 투쟁한 결과라는 것이다. 이 과정에서 중요한 역할을 한 인물로는 토머스 클라크슨Thomas Clarkson, 올라우다 에퀴아노Olaudah Equiano 그리고 1807년에 노예무역 폐지 법안을 영국 의회에서 통

---

8) Williams, *Capitalism & Slavery*, pp.65~84.
9) *Ibid.*, pp.98~105.
10) *Ibid.*, pp.105~106.

과시킨 윌리엄 윌버포스William Wilberforce를 꼽는다. 이러한 경향에 대해서 에릭 윌리엄스는 아래와 같은 예를 소개하고 있다.

> 코플랜드 교수는 윌버포스와 가상 인터뷰에서 이렇게 질문한다. "귀하 업적의 제일가는 의미, 즉 노예제도 폐지가 남긴 교훈은 무엇이라고 생각하십니까?" 그러자 윌버포스는 주저하지 않고 이렇게 대답했다. "그 일은 하느님의 업적입니다. 하느님의 의지가 인간의 이기심을 누르고 승리한 것입니다. 어떤 이권이나 편견도 신앙과 기도로 물리치지 못할 것이 없다는 가르침입니다."[11]

바꿔 말해서, 노예무역 폐지는 하느님의 놀라운 은총의 결과라는 것이 전통적인 견해이다.[12] 이러한 그림은 역사를 살펴보면 조금 달라질 수 있다. 영국에서 노예제도 폐지를 처음으로 주창한 사람들은 국교도가 아니라 아웃사이더인 비국교도, 그중에서도 퀘이커교도였으며, 대다수는 무신론자였다. 게다가 노예무역 폐지와 노예제도 폐지처럼 서인도제도의 플랜테이션 농장주, 노예선 선주 등 이해관계가 복잡하게 얽힌 사안을 단순히 인도주의, 도덕관, 신앙심만으로 설명한다면 쉽게 납득하기 어렵다.

여기서 에릭 윌리엄스는 다시 한 번 경제적 측면을 강조한다. 즉, 노예무역 폐지와 노예제도 폐지는 식민지 수익률의 감소로 인한 경제적

---

11) *Ibid.*, p.178.
12) 이런 측면을 강조한 저술 가운데 우리말로 번역된 책은 에릭 메태시스, 『어메이징 그레이스: 윌리엄 윌버포스와 노예제도 폐지 운동』, 이은홍 옮김, 국제제자훈련원, 2008이 있다. 윌버포스의 전기는 2006년 「어메이징 그레이스」라는 제목의 영화로도 제작되었다.

판단이고, 결정이었다는 것이다. 영국의 서인도제도 식민지 수익률이 감소한 데는 무엇보다도 1776년 미국 독립이 결정타였다고 주장한다. 당시 무역관계를 보면, 영국 식민지이던 미국이 식료품을 생산하여 서인도제도의 사탕수수 플랜테이션에 공급했고, 이 덕분에 서인도제도는 식료품을 경작할 땅까지도 환금작물인 사탕수수를 재배하여 영국의 경제에 이바지했다. 그런데 미국이 독립하자 서인도제도의 영국 식민지는 이전처럼 미국과 직접 교역이 불가능했다. 우회로를 통해서 전보다 더 비싼 가격으로 물품을 들여왔고, 따라서 서인도제도의 영국 식민지는 갈수록 수익률이 감소했다.[13]

또 다른 요인은 서인도제도의 프랑스 식민지 생도맹그의 놀라운 생산력이었다. 에릭 윌리엄스에 따르면, 비옥하기 이를 데 없는 "프랑스 식민지[생도맹그]의 사탕수수 생산비용은 영국 식민지보다 20%가 적었다."[14] 게다가 생산량도 프랑스 식민지가 월등하게 많아서 서인도제도의 영국 식민지는 사탕수수 시장에서 경쟁력을 잃어 갔다. 그 결과, 서인도제도의 영국 식민지 "플랜테이션 농장주의 수익률은 1800년에 2.5%였으나 1807년에는 0%로 하락했다."[15]

이러한 서인도제도 영국 식민지의 사탕수수 수익률 감소와 경쟁력 약화에 덧붙여 영국의 산업생산력이 비약적으로 증가하였기 때문에 무역정책은 기존의 보호무역에서 자유무역으로 전환하지 않으면 안 되었다. 이와 같은 일련의 경제적 변화가 1807년 영국의 노예무역 금지로 표

13) Williams, *Capitalism & Slavery*, pp.120~122.
14) *Ibid.*, p.122.
15) *Ibid.*, p.149.

현되고, 1833년의 노예제도 폐지로 이어졌다고 에릭 윌리엄스는 주장함으로써 인도주의에 따른 정치적 결정이었다는 영국의 전통적인 견해를 반박하고 있다.

4. 에릭 윌리엄스와 흑인운동

에릭 윌리엄스는 트리니다드토바고 출신의 역사가이자 정치인이다. 1956년 인민민족운동당^PNM을 창설하여 정계에 입문한 에릭 윌리엄스는, 트리니다드토바고가 영국에서 독립한 1962년 초대 수상에 오른 후 1981년 서거할 때까지 수상 직에 머무른 정치인이다. 이런 이력을 감안하여, 흔히 트리니다드토바고의 국부라고 부른다.

그러나 에릭 윌리엄스는 정치인이기 이전에 학자였다. 1911년 말단 공무원이던 아버지와 크레올계 어머니 사이에서 태어난 윌리엄스는 공부도 잘하고 축구도 즐기는 학생이었다. 그러나 가정 형편이 어려워 학업을 중단할 위기에 처했는데, 후원자의 도움으로 영국 옥스퍼드 대학에 유학하여 역사를 공부했다. 1935년 옥스퍼드 대학을 수석으로 졸업한 에릭 윌리엄스는 1938년 『서인도제도의 노예무역과 노예제도와 철폐의 경제적 측면』이라는 논문으로 박사학위를 받고, 1939년부터 미국의 하워드 대학 교수로 일하면서 박사학위 논문을 수정, 보완하여 1944년 대표작 『자본주의와 노예제도』를 출판했다. 이후 꾸준한 저술 활동을 벌여, 1962년 『트리니다드토바고인의 역사』, 1969년 자서전 『내면의 갈망』, 1970년 『콜럼버스에서 카스트로까지: 카리브해의 역사 1492~1969』 등 여러 권의 책을 남겼다.

이러한 에릭 윌리엄스의 지적 성장 과정에서 가장 큰 영향을 준 사람은 1938년 『블랙 자코뱅』을 출판한 C. L. R. 제임스였다. 제임스는 이미 1920년대부터 윌리엄스를 알고 있었고, 윌리엄스는 마치 스승처럼 제임스를 따랐다. 이러한 두 사람의 관계는 영국에서도 이어져, 윌리엄스는 당시 『블랙 자코뱅』을 집필하던 제임스에게 여러 논문을 보내 평을 부탁할 정도로 가까웠다. 훗날, 그러니까 1962년 윌리엄스가 트리니다드토바고의 초대 수상에 취임한 이후 정치적 견해 차이로 두 사람의 관계는 극도로 악화되어 죽을 때까지 화해하지 못하고 말았지만, 윌리엄스가 『자본주의와 노예제도』의 참고문헌에서 특별한 감사를 표한 두 권의 선행 연구 가운데 하나가 『블랙 자코뱅』이다. 제임스의 『블랙 자코뱅』은 1804년 아이티가 독립하기까지 자유를 향한 흑인 노예의 투쟁을 다룬 역사서로, 흑인 노예를 역사의 주체로 인식하였을 뿐만 아니라, 무엇보다도 노예무역과 노예제도는 18세기 서구의 경제와 밀접한 관계가 있다고 보았다. 윌리엄스의 『자본주의와 노예제도』는 이러한 제임스의 명제를 더욱 발전시킨 것이다.

그러나 좀 더 넓은 맥락에서 보면, 윌리엄스의 책은 20세기 초반 서인도제도와 미국에서 전개된 아프리카계 후손의 정치사회 운동과도 불가분의 관계가 있다. 19세기 노예해방으로 아프리카계의 문화적 자의식이 성숙하고, 이를 바탕으로 20세기 초반에는 아이티의 장 프리스 마르스, 미국의 듀보이스, 자메이카의 마커스 가비, 트리니다드토바고의 제임스, 마르티니크 출신의 프란츠 파농과 에메 세제르 등 다양한 운동가와 사상가가 나타나서 자신의 삶과 경험에 정초하여 역사와 세계를 이해하려고 하였다. 이러한 일련의 움직임을 흑인민족주의, 범아프리카주의, 네그리튀드, 흑인민권운동 등 여러 명칭으로 부르지만, 근저에는 서구중심주의가 만들어 낸 아프리카인에 대한 인종적 편견을 바로잡고,

세계사의 능동적 주체라는 위상을 부여하려고 하였다. 이런 맥락에서 월리엄스도『자본주의와 노예제도』의 마지막 문장을 "흑인 노예의 해방을 촉진한 것은 바로 흑인 노예 노동이 창출한 경제력의 발달이었다"고 맺고 있다.[16]

5. 비판과 기여

1944년 미국에서 출판된『자본주의와 노예제도』는 한편에서는 호평을 받았고, 다른 한편으로는 지속적인 비판과 논쟁의 대상이었다. 특히 영국과 미국의 경제사학자는 지속적으로 월리엄스의 명제를 검증하고 또 비판했다.

먼저, 노예제도가 경제적 현상이라는 월리엄스의 명제에 대한 비판은『자본주의와 노예제도』가 출판된 직후부터 제기되었다. 프랭크 타넨바움은 1946년 서평에서 노예제도를 경제적 요소로 설명한다면 법률, 관습, 예언, 신앙, 정의와 품위를 지키기 위한 노력은 어리석고 무용한 일이 되지 않겠냐고 반문했다.[17] 이러한 비판은 노예제도는 경제적 현상이라는 월리엄스의 주장을 마르크스의 경제결정론으로 오해한 데서 비롯된 것일 뿐, 적절하지도 온당하지도 않다.

월리엄스에 대한 본격적인 비판은 1970년대부터 시작되었다. 서인도제도 영국식민지의 수익률 저하와 관련하여 로저 앤스테이는『대서

---

16) Williams, *Capitalism & Slavery*, p.208.
17) Frank Tannenbaum, "A Note on the Economic Interpretation of History. A Book Review", *The Balance of Power in Society and Other Essays*, London: Macmillan, 1969, pp.190~198.

양 노예무역과 영국의 노예제도 철폐』[18]에서 1761년부터 1807년까지 노예무역의 수익률은 연평균 9.5%였으므로 결코 수익률이 낮지 않았다고 반론을 제기했다. 이와 동일한 맥락에서 세이무어 드레서는 『이코노사이드: 노예제도 폐지 시대의 영국 노예제도』[19]에서 영국이 노예무역을 금지하던 순간에도 노예무역은 상당한 이윤을 얻고 있었다면서 노예무역 폐지의 동인은 수익률 하락이 아니라 인도주의에 입각한 폐지 운동이었다고 주장했다. 그러나 이에 대한 재반론도 만만치 않다.

1980년대의 비판은 노예무역과 노예제도가 영국의 산업혁명에 기여했다는 윌리엄스의 명제로 초점이 옮겨 갔다. 일찍이 스탠리 잉거만은 「노예무역과 18세기 영국의 자본형성」[20]에서 노예무역의 이윤이 영국의 산업에 투자되기는 했으나 이는 전체 자본의 1~1.7%에 지나지 않으므로 중요한 의미를 부여하기 어렵다고 평가한 적이 있는데, 여기서 한 걸음 더 나아가 데이비드 엘티스는 『경제성장과 대서양 노예무역의 종말』[21]에서 노예무역의 수익률은 높았으나 산업혁명을 촉진할 만큼 자본축적에 기여하지 못했다고 주장했다. 조엘 모커 또한 『영국 산업혁명: 경제적 관점』[22] 서문에서 노예무역과 노예제도에서 획득한 이윤은 서인

18) Roger T. Anstey, *The Atlantic Slave Trade and British Abolition, 1760-1810*, London: Macmillan, 1975.

19) Seymour Drescher, *Econocide: British Slavery in the Era of Abolition*, Pittsburgh: University of Pittsburgh Press, 1977.

20) Stanley L. Engerman, "The Slave Trade and British Capital Formation in the Eighteenth Century: A Comment on the Williams Thesis", *Business History Review*, vol.46, no.4, 1972, pp. 430~443.

21) David Eltis, *Economic Growth and the Ending of the Transatlantic Slave Trade*, New York: Oxford University Press, 1987.

22) Joel Mokyr ed., *The British Industrial Revolution: An Economic Perspective*, Oxford: Westview Press, 1993.

도제도에 다시 투자되었기 때문에 윌리엄스의 명제는 잘못된 것이라고 비판했다.

그러나 1990년대에 들어와서는 영국 자본주의의 내재적 성장론이 퇴조하고, 월러스틴의 근대세계체제론의 시각에서 영국의 경제 발전을 논하게 됨으로써 윌리엄스의 명제는 다시 주목을 받기 시작했다. 이를테면, 로빈 블랙번은 『신세계 노예제도의 형성』[23]에서 신세계의 노예제도가 자본주의를 만들어 냈다고 볼 수는 없으나 노예노동에 기초한 서인도제도의 플랜테이션과 교역은 영국 자본주의가 산업혁명과 세계 패권을 차지하는 데 돌파구가 되었다고 평가했다. 그동안 윌리엄스에 대해 비판적이던 데이비드 엘티스와 스탠리 잉거만도 2000년에 발표한 「영국 산업화에서 노예제도와 노예무역의 중요성」[24]이라는 논문에서 노예무역과 노예제도가 영국 산업혁명에 결정적이지는 않지만 도움을 주었다고 인정하고 있다.

아무튼 에릭 윌리엄스가 남긴 가장 큰 학문적 기여는 바로 『자본주의와 노예제도』를 둘러싼 지난 60여 년의 비판과 논쟁일 것이다. 수익률 저하가 노예제도 폐지의 동인이었다는 윌리엄스의 명제는 현재는 지지를 받고 있지 못하나, 노예무역과 노예제도가 영국의 경제 발전, 즉 산업혁명의 동인 가운데 하나였다는 명제는 이에 동의하는 학자는 물론 반대하는 학자에게도 여전히 학문적 탐구를 자극하고 있다.

또한 에릭 윌리엄스의 『자본주의와 노예제도』는 서구중심적 역사

---

23) Robin Blackburn, *The Making of New World Slavery: From the Baroque to the Modern 1492-1800*, New York: Verso, 1997.
24) David Eltis and Stanley L. Engerman, "The Importance of Slavery and the Slave Trade to Industrializing Britain", *Journal of Economic History* vol.60, no.1, 2000, pp.123~144.

서술에 대한 비판이라는 점에서 라틴아메리카 최초의 탈식민적 기획으로 읽을 수 있다. 이러한 기획은 1960, 70년대 월터 로드니, 안드레 군더 프랑크 등의 종속이론과 두셀의 해방철학으로 이어지고, 1990년대에서 현재까지는 월터 미뇰로 등의 탈식민주의^{decolonialismo}로 계승됨으로써 라틴아메리카 특유의 지성사를 형성하고 있다. 그렇지만 시야를 좀 더 넓혀 보면, 당시까지 완전히 망각하고 있는 아프리카 대륙을 근대사 전개의 한 축으로 자리매김했다는 데 더 큰 의의가 있다.

추천문헌

C. L. R. 제임스, 『블랙 자코뱅』, 우태정 옮김, 필맥, 2007.

W. E. B. 듀보이스, 『니그로: 아프리카와 흑인에 관한 짧은 이야기』, 황혜성 옮김, 삼천리, 2013.

시드니 민츠, 『설탕과 권력』, 김문호 옮김, 지호, 1998.

에릭 윌리엄스, 『자본주의와 노예제도』, 김성균 옮김, 우물이있는집, 2014.

엔리케 두셀, 『1492년, 타자의 은폐』, 박병규 옮김, 그린비, 2011.

칼 폴라니, 『다호메이 왕국과 노예무역』, 홍기빈 옮김, 길, 2015.

케네스 포메란츠·스피븐 토픽, 『설탕, 커피 그리고 폭력』, 박광식 옮김, 심산, 2009.

2부

/

세계를 뒤흔든 사건들

예기치 않은 거대한 대중 투쟁의 파노라마
앨런 나이트의 『멕시코혁명』

박구병

1. 들어가며

멕시코가 라틴아메리카에서 차지하는 비중을 고려한다면, 멕시코혁명은 20세기 라틴아메리카 역사의 분수령이라고 할 만하다. 멕시코혁명은 시기적으로 러시아혁명을 앞설 뿐 아니라 지속 기간과 기존 체제의 파괴라는 측면에서도 20세기 최초의 사회주의혁명에 못지않다. 칠레의 역사학자 페르난도 미레스^{Fernando Mires}가 적절히 요약한 대로 멕시코혁명은 '반란의 회전목마'나 영원한 반란의 이미지를 지닌다. 그 속에서 마데로의 정치 혁명, 중부 모렐로스 농민공동체의 봉기, 독창적이고 탁월한 군사 지도자 프란시스코 비야(흔히 프란시스코의 애칭을 써서 판초 비야로 더 잘 알려져 있다)가 이끈 이질적인 북부 대중의 투쟁 등 다양한 저항이 계기繼起했기 때문이다.

필자가 라틴아메리카 역사에 관심을 갖게 된 것은 바로 멕시코혁명의 존재 때문이었다. 1990년대 초 도서관에서 서지자료인 『역사학 개

---

*Alan Knight, *The Mexican Revolution*, New York: Cambridge University Press, 1986.

요』^{Historical Abstract}를 훑어보면서 석사논문 소재를 고를 때 눈길을 끈 두 저작이 있었다. 존 워맥^{John Womack, Jr.}의 노작『사파타와 멕시코혁명』¹⁾과 앨런 나이트^{Alan Knight(1946~)}의『멕시코혁명』으로, 두 저작 모두 '넘기 힘든 사차원의 벽'처럼 느껴졌다. 어렵사리 1993년 말에 제출한 석사학위 논문에서 필자는 멕시코혁명기 민중운동의 대명사인 사파타 운동^{Zapatismo}의 성격을 살펴보았고 해외에서 이수한 박사과정에서는 '혁명의 마지막 세대'인 라사로 카르데나스의 집권기(1934~1940)와 퇴임 이후 활동(1940~1945)을 한데 묶어 혁명 체제의 변화 과정을 검토하려 했다.

2. 다작의 대명사 앨런 나이트

1946년생인 앨런 나이트는 1974년 영국 옥스퍼드 대학에서『민족주의, 외국인혐오증, 혁명: 1910~1915년 멕시코 거주 외국인들의 공간과 외국인 기업』^{Nationalism, Xenophobia and Revolution: The Place of Foreigners and Foreign Interests in Mexico, 1910~1915}이라는 논문으로 박사학위를 받았다. 그는 1973년에서 1985년까지 영국 에섹스 대학의 사학과 교수를 거쳐 1992년부터 모교인 옥스퍼드 대학 세인트앤토니스 칼리지의 라틴아메리카 역사학 교수로 활동하면서 몇 차례 라틴아메리카 센터 소장을 역임했다.²⁾ '케임브리지 라틴아메리카 연구 시리즈'의 편집인으로도 활약

---

1) John Womack, Jr., *Zapata and the Mexican Revolution*, New York: Vintage Books, 1968.
2) 나이트의 회고에 따르면, 옥스퍼드 대학에 라틴아메리카 센터가 신설되고 그것이 건실한 연구소로 발전할 수 있도록 정부 차원의 지원이 확대된 계기는 피델 카스트로가 이끈 쿠바혁명의 성공이었다. 달리 말해 영국에서 라틴아메리카 지역학의 중흥은 한마디로 냉전 대립의 산물이었다.

한 나이트의 연구 범위는 멕시코혁명뿐 아니라 혁명 후 체제의 문화사, 카르데나스 시대, 20세기 멕시코 석유산업, 라틴아메리카의 포퓰리즘, 라틴아메리카의 근대성에 이르기까지 매우 폭넓다.

나이트는 『멕시코혁명』 외에 '멕시코 역사 3부작'을 기획했다. '멕시코 역사 3부작'은 현재까지 1, 2권이 케임브리지 대학 출판부를 통해 간행되었는데, 첫 두 권은 멕시코 역사의 시작부터 독립투쟁기까지를 다루었고 독립 이후의 역사를 다루는 3권 『멕시코: 19세기와 20세기』*The Nineteenth and Twentieth Centuries*와 1930년대 멕시코에 관한 연구서의 출판은 더디게 진행 중이다(2018년 발간 예정). 그뿐 아니라 나이트는 쿠바, 볼리비아, 아르헨티나 등 다른 라틴아메리카 국가의 역사를 연구하고 가르치며 특히 정치학, 사회학, 경제학 분야에서 접근할 수 있는 비교사적 주제에 주목해 왔다. 여기에는 혁명, 포퓰리즘, 농민운동, 민주주의 등이 포함되며 미국과 라틴아메리카, 유럽과 라틴아메리카 간의 관계(따라서 제국주의, 민족주의, 종속 등의 주제) 역시 나이트의 관심 영역이다.

3. 『멕시코혁명』의 파노라마

두 권을 합쳐 본문만 1000쪽이 넘는 방대한 저작 『멕시코혁명』을 통해 나이트는 '20세기 최초의 사회혁명'으로 평가되지만 잘 알려지지 않은 1910년에서 1920년 사이의 일대 격변을 충실하고 견고한 역사 서술로 재구성한다. 혁명에 관한 첫 질문은 흔히 그 주체 세력이나 본질적 득성과 관련되어 있다. 이를테면 부르주아혁명인가, 민중혁명인가, 위로부터의 정치적 근대화인가, 아래로부터의 혁명인가 등이다. 하지만 멕시코혁명은 어떤 전위 정당의 활약에 의해 가열되지 않았고 그 흐름 속에서 일관성 있는 이념이나 국제적 야망이 뚜렷이 포착되지도 않았다. 나이트에 따르면, 이 엄청난 격변의 결말은 레닌의 모델이 아니라 토크빌의 모델을 따른 듯하다. 달리 말해 멕시코혁명은 이념적 청사진이나 전위 세력의 활약이 뚜렷하지 않았을뿐더러 전복시키려던 구체제(포르피리오 디아스의 과두 지배체제)의 구조를 무너뜨리기보다는 오히려 강화했다고 볼 수 있다. 70, 80대 노인들이 주축을 이룬 디아스 체제를 무너뜨리는 데 성공한 신세대 집권 세력은 혁명 유산을 전유하고 중앙집권적 정치 구조를 정비하기 위해 민첩하게 움직였다.

나이트는 독재자 디아스의 몰락을 가져온 1910년 거대한 혁명의 물결을 대중이 역사적 경로에 심각하게 영향을 미친 보기 드문 사건으로 규정한다. 부제가 '포르피리오 디아스 세력, 자유주의자, 농민'인 『멕시코혁명』의 1권에서 나이트는 디아스 시대 멕시코의 특징을 검토하면서 플로레스 마곤 형제를 비롯한 멕시코자유당, 베르나르도 레예스 장군, 프란시스코 마데로 등 디아스 체제의 반대 세력을 소개한다. 또 어떻게 도시의 자유주의자들이 마데로를 대통령으로 옹립하고자 농민층과 어색하고 불안한 동맹을 이룰 수밖에 없었는지, 멕시코에 입헌민주주의를 자리 잡게 하려는 마데로파의 노력이 반反혁명 세력에게 막혀 좌절되었는지를 탐색한다. 이와 더불어 농촌, 산악 지대, 공장이나 작업장 등지의 대중 저항, 특히 사파타 운동으로 대변되는 농업개혁의 지지자들agraristas이나 산지인들serranos의 혁명 논리, 마데로의 자유주의적 실험에 대한 반란과 보수파의 귀환, 주요 지방의 정세 등에 주의를 기울인다.

부제가 '반혁명과 재건'인 『멕시코혁명』의 2권은 1913년 멕시코 군의 반혁명으로 시작된다. 반혁명은 마데로의 자유주의적 실험을 끝장내고 빅토리아노 우에르타Victoriano Huerta의 잔혹한 통치를 개막시켰다. 반혁명은 동시에 혁명적 동원의 자극제가 되었다. 1914년 여름 우에르타 정권의 전복 이후에는 중부 모렐로스의 에밀리아노 사파타 세력, 치와와의 판초 비야 세력 외에 마데로 노선의 계승을 표방한 베누스티아노 카란사의 입헌파constitucionalistas가 위세를 떨쳤다. 마데로의 투쟁과 더불어 초창기 혁명의 한 축을 이룬 사파타 운동은 대토지 소유제와 상업적 농업의 팽창 그리고 중앙집권적 독재에 반발한 아래로부터의 대중투쟁이었다. 사파타에 견줄 만한 (아울러 이야깃거리가 더 풍성한) 혁명가 비야는 다양한 계층이 규합한 대중 군사조직 '북부사단'을 이끌었다. 카란사는 북부의 중소 부르주아지를 대변하면서 임시정부를 구성하고 주도권을 잡았으나 사파타와 비야 등의 거센 반발에 직면해야 했다.

대중운동 세력의 두 거두는 나이트의 『멕시코혁명』에서 그야말로 권좌에 올랐다. 일부 연구자들은 혁명기에 등장한 자율적인 농촌 봉기의 역할을 경시하거나 흔히 농촌 봉기를 사파타 운동과 같은 두드러진 사례에 국한하지만, 나이트는 사회혁명의 열쇠가 농촌에 있었다고 강조한다. 나이트에게 사파타 운동으로 상징되는 영웅적인 대중운동은 1920년 이래 '국가주도적étatiste 혁명'의 선구자였다. 1911년 11월 말 '아얄라 강령'을 통해 토지개혁의 3대 원칙을 천명한 것, 원주민 공동촌락pueblo을 농업개혁의 주체로 내세운 것, 그리고 1914년 5월부터 1915년 10월까지 '모렐로스 코뮌'에서 전개된 구체적인 혁명의 자취 등은 특기할 만하다. 또한 나이트는 1914년에서 1915년 사이에 권좌에 오른 혁명 세력 사이의 대분열에 주목한다. 특히 1915년 4월 셀라야에서 펼쳐진 비야와 카란사 세력의 접전은 사실상 혁명기의 마지막 격돌이었다. 1916년 입헌파의 승리가 뚜렷해진 뒤 케레타로에서 소집된 제헌의회에서는 진보적 색채를 띤 1917년 헌법이 탄생했다. 하지만 이를 바탕으로 한 재건의 가능성은 줄어들었고 정치적 이기주의와 보복으로 얼룩진 끝에 거의 모든 혁명의 지도자들이 암살당하고 말았다. 게다가 1918년까지 군사적인 교착 상태가 장기화되면서 대중은 더욱 피폐해졌고 혁명 세력 가운데 일부는 비적匪賊의 무리로 변질되었다. 10년 동안 유혈투쟁이 남긴 상처는 매우 컸다. 혁명은 "가엾은 낙엽이 모진 폭풍우에"[3] 휩쓸리듯이 당시 멕시코의 인구 1500만 명 가운데 100만 명 이상을 삼켜 버렸다.

결론에 이르러 나이트는 심사숙고할 수밖에 없는 물음을 던진다. 과연 멕시코혁명이 바꾼 것은 무엇인가? 적어도 마데로와 카란사가 구성한 정부 조직과 기구의 내적 작동 방식 가운데 크게 변화한 것은 무엇인가? 이런 물음을 통해 나이트의 『멕시코혁명』은 그 대격변이 아래로부터의 해방 기획이자 '최후의 대혁명'이라는 전통적인 평가에 제동을 건다. 나이트에 따르면, 이념적 원칙을 고수하는 데 관심을 쏟지 않은 여러 지도자들의 존재 탓에 멕시코혁명에 대한 사회경제적 해석의 효력은 제한적이었다. 나이트는 당시 유행하던 마르크스주의적 해석과 일정한 거리를 유지할 뿐 아니라 민족주의적 요소가 혁명에서 차지하는 중요성을 그리 높게 평가하지 않는다. 그에 따르면, 북부 중간 계급 출신의 혁명파는 외국인들을 적대시하기보다 오히려 경제적 차원에서 진보적인 세력으로 인식하곤 했다.

나이트는 사파타 운동이나 입헌파와는 구분되는 다양한 부류의 혁명파를 산지인 또는 변경인으로 범주화하고자 한다. 이는 특정한 이념적 경향성을 지니지 않고 정리된 계획이나 제도적 역량이 부족한 이들, 예컨대 판초 비야의 '북부사단'에 참여한 아시엔다의 페온peón, 목동, 광

---

3) 마리아노 아수엘라, 『천민들』, 민용태 옮김, 홍영사, 2005, 120쪽.

부, 비적 등을 지칭하는 개념이다. 미국의 존 리드John Reed를 비롯해 여러 언론인과 사진가의 주목을 끈 '풍운아' 비야는 추종자들에게 군사 공동체의 건설을 어렴풋이 언급했을 뿐, 사파타 운동의 혁명적 지향과 목표에 견줄 수 있는 강령을 제시하지 못했다. 또한 나이트는 혁명의 원인, 진행 방향, 결과가 지역 차원의 움직임과 긴밀히 연결되어 있었다는 판단 아래 전국을 포괄하는 혁명의 논리를 찾으려고 하기보다 지방의 복잡한 투쟁과 갈등 관계에 초점을 맞춘다. 이런 접근 방식은 『멕시코혁명』의 가장 뚜렷한 강점 가운데 하나이다.

방대한 분량 속에 불필요하다고 느껴지는 부분이 별로 없을 만큼 『멕시코혁명』은 촘촘하고 밀도 있는 서술을 펼쳐 놓는다. 중요한 대목의 서술은 특정한 주장이나 해석에 철저히 근거하고 있으며 분명하고도 때로는 재기발랄한 문체로 풍부한 이야깃거리를 정리한다. 결국 나이트가 내놓은 것은 장인의 완숙한 솜씨로 빚어낸 멕시코혁명 연구서의 표준이자 다음 세대 역사가들의 모범으로 자리매김할 만한 역작이었다. 『멕시코혁명』으로 나이트는 1986년 미국역사학회로부터 앨버트 비버리지 상[4]을, 라틴아메리카 역사학회에서 수여하는 볼튼 상을 받았다. 『멕시코혁명』은 1986년부터 최근까지 적어도 세 언어로 총 18판이 출간되었고 덕분에 나이트는 멕시코 역사 연구의 권위자로 부각되었다.

---

4) 앨버트 비버리지 상(Albert Beveridge Prize)은 1492년 이래 현재까지 미국, 라틴아메리카, 캐나다의 역사를 다룬 최고의 영어권 연구서에 매해 주어지는데 새로운 방법론이나 개념적 도구를 활용한다든가 중요한 역사적 주제에 대해 의미 있는 재해석을 시도한 저작이 우선 선정 대상에 오르곤 한다. 변호사이자 인디애나 출신 연방 상원의원(1899~1911) 그리고 미국역사학회 회원과 역사학의 후원자로서 활동한 앨버트 J. 비버리지를 기리는 상으로 1945년부터 매해 수상자를 배출하고 있다.

4. 멕시코혁명에 대한 해석과 『멕시코혁명』의 위치

앞서 언급했듯이 나이트는 멕시코혁명이 본질적으로 민족주의적 혁명이라는 기존의 해석에 의문을 제기하는 한편, 멕시코혁명에 대한 '정통 해석'이 내포하는 도덕적·정치적 프리즘에서 벗어나 실제 벌어진 사건 그대로를 포착하고자 노력한다. 그렇다면 멕시코혁명에 대한 해석의 역사나 멕시코혁명 연구사에서 『멕시코혁명』이 차지하는 위치는 어디쯤일까? 1920년대 이래 혁명의 승리자들은 멕시코혁명사 서술을 주도하면서 친親혁명파의 혁명관을 이른바 '정통 해석'으로 격상시킨 바 있다. 이들에게 멕시코혁명은 디아스의 구체제를 무너뜨린 농민 중심의 대중 운동이자 민족주의적 성격을 띤 저항이었다. 이런 해석에 대한 본격적인 비판은 1968년 10월 '틀라텔롤코 학살'을 전후로 등장했다. 지속적인 혁명 또는 혁명의 제도화라는 신화 만들기에 반발하면서 대중의 새로운 정치적 연대를 주장한 이 수정주의적 해석은 혁명 후 체제의 중앙집권화 시도와 국가 주도의 자본주의화로 귀결된 '위로부터의 혁명'과 그것이 지닌 일방적 속성을 비판했다. 하지만 1980년대 말과 1990년대 초에 등장한 탈수정주의적 해석은 친혁명파의 해석과 수정주의적 접근을 넘어 혁명이 지닌 다양한 지방적 특성을 강조하거나 지배 세력과 대중이 갈등과 협상을 통해 혁명 후 새로운 체제를 형성하는 과정에 주목했다. 이 해석에 따르면 혁명 후 체제는 권좌에 오른 혁명파 엘리트의 일방적인 청사진이 낳은 결과물이 아니라 지배 엘리트층과 결코 호락호락하지 않은 지방 주민들 사이의 상호작용에서 탄생한 것이었다.

　『멕시코혁명』은 넓게 보아 수정주의적 해석에서 탈수정주의적 해석으로 넘어가는 가교架橋 역할을 수행한다고 볼 수 있다. 10년에 걸친 무장투쟁기와 혁명 후 체제가 디아스의 구체제를 완전히 파괴하기보다는 그것의 중요한 요소, 즉 중앙집권적 통치 구조를 강화한 측면이 있다고 역설할 때, 『멕시코혁명』은 수정주의적 해석의 지지자처럼 보인다. 동시에 『멕시코혁명』은 한 지역의 복잡한 갈등 관계를 조명하고, 그것이 다른 지역의 대중투쟁과 어떻게 연결되었는지 천착한다는 점에서 탈수정주의적 해석의 전조를 드러내는 듯하다.

나이트의 『멕시코혁명』은 멕시코혁명의 시기 구분이라는 주요 쟁점에 대해서도 기여하는 바가 크다. 예컨대 멕시코혁명을 '대반란'으로 표현한 라몬 에두아르도 루이스Ramón Eduardo Ruiz는 혁명의 기점을 1905년으로 올려 잡기도 하지만, 대다수 연구자들은 1910년 11월 마데로의 봉기를 멕시코혁명의 출발점으로 설정한다. 그렇지만 언제까지 혁명이 지속되었는가에 대해서는 의견이 분분하다. 이는 어떤 세력을 중심으로 혁명을 파악하는가라는 정치적인 문제와도 연결되어 있다. 연구자들은 멕시코혁명이 최소한 1917년이나 1920년 또는 1940년까지 지속되었다고 주장한다. 어떤 연구자들은 1910년부터 1940년에 이르는 장기적 혁명을 강조하는 반면, 나이트는 1910년에서 1920년까지를 혁명기로 상정한다. 1920년 12월 알바로 오브레곤의 집권을 경계로 이전 10년 동안 전개된 대중동원과 무장투쟁의 단계 그리고 이후 20년 동안 혁명의 승리자들이 '혁명의 제도화'를 통해 중앙집권화를 시도하는 국면으로 나눌 수 있기 때문이다.

나이트의 『멕시코혁명』이 멕시코혁명사 연구의 기념비적 저작이라 할지라도 물론 아쉬운 점이 없지는 않다. 멕시코혁명사 연구자 마크 워서먼Mark Wasserman이 『멕시코혁명』1, 2권에 대한 서평에서 지적한 것처럼, 나이트는 당시의 경제적 조건에 대해 면밀히 탐색하지만 때로는 경제 상황의 역할을 과소평가하는 것처럼 보인다. 예컨대 1907년부터 1909년까지 미국에 닥쳐온 경기 침체가 북부 멕시코의 중간 계급에게 얼마나 큰 영향을 미쳤는지에 대해 그리 강조하지 않는다. 나이트는 1908년 이래 디아스 체제에 반발한 북부 멕시코의 엘리트층이나 중간 계급의 대응이 경제적 이해관계라기보다는 정치 개혁의 필요성 때문에 비롯되었다고 역설한다. 즉, 정치적 불만과 파열이 혁명의 발효에 가장 중요한 요인이었다는 것이다. 하지만 1906년 소노라 주의 광산 노동자 파업에서 드러나듯이 1900년 이후 경제 상황의 악화와 특히 1907년 이래 미국 경제의 불황은 디아스 체제에 심각한 영향을 미쳤다. 끝으로 과세, 토지 강탈 또는 대농장의 확대, 지방 당국의 자의적인 행정 처분 등 지방 차원의 갈등을 야기한 주요 쟁점이 경제적인 동시에 정치적인 사안이었다는, 달리 말해 두 가지 측면이 구분하기 힘들 정도로 중첩되어 있었다는 워서먼의 지적을 경청해야 할 것이다.

추천문헌

마리아노 아수엘라, 『천민들』, 민용태 옮김, 홍영사, 2005.

백종국, 『멕시코혁명사』, 한길사, 2000.

엔리케 크라우세, 『멕시코혁명과 영웅들』, 이성형 옮김, 까치, 2005.

Alan Knight, *Mexico, Vol.1: From the Beginning to the Spanish Conquest*, Cambridge: Cambridge University Press, 2000.

_____, *Mexico, Vol.2: The Colonial Era*, Cambridge: Cambridge University Press, 2002.

_____, *Mexico, Vol.3: The Nineteenth and Twentieth Centuries*, Cambridge: Cambridge University Press (forthcoming).

멕시코 치아파스 마야인들의
원주민운동과 세계관에 대한 연구
준 내시의 『마야인들의 이상향: 전 지구화 시대에 자율성을 찾아서』

김명혜

1. 마야인들의 이상향 추구와 치아파스 봉기

『포폴 부』*Popol Vub* [1]에는 다음과 같이 쓰여 있다. "마야 조상들은 [······] 하늘 아래에 있는 모든 것들을 완벽하게 볼 수 있고 또한 알 수 있었다." 그러니 그들이 세상에 대해서 가지고 있었던 한계는 자신들의 한계가 아니라 세상 자체가 가지고 있는 한계들이었다. 그러나 마야 신들은 자신들의 환영에 두려움을 느낀 나머지, "거울 표면에 숨을 뿜어 대면서 자신들의 창조물들을 감추어 버렸다. 그들의 환영은 흔들렸고, 그들은 이제 가까이에 있는 것들만 명확하게 볼 수 있게 되었다." 이로부터 마야 조상들은 자신들의 운명을 찾아내고자 하는 탐색을 시작하였다고 한다.

---

* June C. Nash, *Mayan Visions: the Quest for Autonomy in an Age of Globalization*, New York: Routledge, 2001.

1) 세계·우주에 관한 키체(K'iche') 마야인의 신화적이면서 역사적인 서사로서 '공동체에 관한 책' 혹은 '민중의 책'이라는 의미를 갖고 있다. 창조, 조상, 역사, 우주론 등의 주제를 다루고 있다.

준 내시June C. Nash(1927~)의 『마야인들의 이상향: 전 지구화 시대에 자율성을 찾아서』는 마르코스가 1994년 1월 소규모 마야 반란군을 이끌고 사파티스타민족해방군EZLN, Ejército Zapatista de Liberación이라는 이름을 내걸고 멕시코 치아파스의 산크리스토발 데 라스카사스San Cristóbal del las Casas로 진격해 들어간 이후로 치아파스에서는 어떤 일들이 일어났는지를 설명하고 있다.

저자에 따르면, 사파티스타 봉기의 출발점은 1980년대 멕시코의 외채위기였다. 멕시코는 수출을 통한 수익의 점점 더 많은 비율을 외채상환에 지출하게 되었고, 사회복지 비용은 상대적으로 급격하게 감축하였다. 또한 IMF는 멕시코 정부에게 개혁의 일환으로 민영화와 통화가치의 평가절하를 요구하였고, 멕시코가 이러한 IMF의 요구를 받아들이게 됨에 따라 실업률은 증가하고 노동자의 생활수준은 급격하게 하락하였다.

사파티스타 봉기와 관련된 신자유주의적 공격의 또 다른 측면은 1992년 멕시코 헌법 27조의 개정이었다. 헌법 개정으로 멕시코혁명 이후 계속되어 왔던 토지분배는 종결되었고, 매매가 금지되어 있었던 에히도ejido의 사적 이용이 가능하게 되었다. 1917년 헌법 제정 당시 만들어진 이 27조는 멕시코 사회에서 상징적으로 매우 중요한 의미를 가지고 있었다. 정당과 국가는 이 헌법 조항에 의거해서 온정주의적인 토지분배 정책을 실시함으로써 농촌사람들의 지지를 확보할 수 있었던 것이다. 하지만 이 조항의 개정으로 말미암아 원주민공동체는 오랜 동안 추구해 왔던 토지에 대한 권리를 주장하지 못하게 되어 버렸다. 이들은 에히도라는 공동자원의 기반 상실을 두려워한 나머지 "바스타!"Basta!(이제 더 이상은 못 참겠다!)라고 외치면서 무기를 들고 봉기하였던 것이다.

멕시코의 치아파스는 사파티스타의 봉기로 말미암아 전 지구적으로 주목을 받게 되었고, 많은 '정치적 관광객'들과 급조된 정치전문가들을 끌어들였다. 그들은 사파티스타 봉기가 새로운 정치형태를 띤, 지구상에서 최초로 일어난 '탈근대적인 혁명'이고, 소위 공산주의의 몰락과 신자유주의적 자본주의의 '성공' 이후로 어찌할 바를 모르던 좌파에게 하나의 길을 보여 주었다고들 이야기했다. 사파티스타 봉기는 시애틀과 프라하에서 전 지구화에 반대하는 시위가 일어나기 이전에 발생한 일로, 21세기 신자유주의 경제 정책에 반대하는 투쟁으로 그리고 평화로운 변화를 위한 모델로 여겨졌다.

저자는 "원주민이 다가오는 세기에 주요한 변화의 주인공이 될 것"이라고 주장하면서, 원주민들은 오랜 동안 자신들이 유지해 온 세계관, 즉 자기결정권, 권력 수단으로서의 도덕적 권위, 공동의 생계 전략 그리고 다민족적이면서 비위계적인 독특한 세계관에 입각해서 신자유주의의 대안을 분명하게 표명하고 있다고 강조한다. 저자는 책 제목인 '마야인들의 이상향'Mayan Visions을 "세상의 균형 유지를 위한 공동작업의 중심에 마야인을(그리고 다른 원주민 사회를) 위치 지우는 독특한 세계관"이라고 정의하면서, 그러한 균형 잡힌 세상은 민주주의, 생물권역 관리biosphere management 그리고 성 관계gender relations 등과 관련된 일련의 과정을 포함한다고 주장한다. 이 책은 저자의 평생 관심사인, 생계형 생산 활동을 위해 자원을 공동소유하며 생활하고 있는 사람들에 관한 그리고 동시에 국가가 자기 땅이라고 여기는 영토 내에 살고 있어서 광산자원과 생물자원을 자유롭게 추출해 내는 데 방해가 된다고 여기는 사람들의 미래에 관한 하나의 사례연구이다.

2. 전 지구화 시대의 마야인

이 책은 멕시코 원주민의 사회운동과 전 지구화 과정에 대한 도전을 다루고 있다. 저자는 특히 치아파스에 거주하고 있는 마야 원주민들이 시민사회에 발을 딛기 시작한 이후 다양한 문화들과의 공존을 위해서 어떤 새로운 계획을 수립하고 있는지에 초점을 맞추고 있다. 이 책은 인류학적인 재현에 관한 것으로, 단순히 늘어나고 있는 정치적인 움직임의 원인에 관한 이야기라기보다는 문화적인 변화와 정치적인 의식의 본질에 관한 보다 야심찬 연구라고 할 수 있다. 책의 구성은 연대기적인 구조를 가지고 있으며 치아파스 원주민들과 국가 간의 관계를 시기별로 나누어 각 장에서 다루고 있다.

1장 서론 이후, 2장은 저자가 1957년에 민족지적 연구를 처음으로 시작했던 멕시코 치아파스 주의 아마테낭고 델 바예Amatenango del Valle 마을로 다시 돌아가서, 식민지 시대 원주민 '공화국' 시절부터 원주민 마을공동체 시절, 그리고 "1917년 이후 출현한 제도적 혁명공동체" 시절에 대해 논하고 있다. 저자는 지난 400년간 어떻게 원주민 마을공동체가 중심을 잃지 않고 라디노ladino 지배사회가 가하는 문화적인 부담을 한편으로는 흡수하고 다른 한편으로는 저항하면서 변형시켜 왔는지를 보여 준다. 저자는 자신의 현지조사 경험을 기능주의적인 설명과 대비시켜 가면서 당시에 원주민공동체에게 가해지고 있었던 경제적·사회적·정치적 권력에 관해 반추하고 있다. 저자는 산악 지대와 라칸돈Lacandón[2]

---

2) 라칸돈 지역에 거주하는 사람들은 마야의 후손으로서 20세기까지 외부와의 접촉 없이 주로 멕시코의 치아파스와 과테말라에 걸친 열대우림 지대에 공동체를 형성하면서 살아왔다.

열대우림 지대를 구분 짓는 소유권과 정착의 문제, 그리고 그와 관련된 소규모 정치에 대해서 논하고 있고, 동시에 공동체로부터의 추방을 야기한 도덕적 권위의 문제와 생계를 둘러싼 사회적 긴장에 대해서 설명하고 있다.

3장에서 저자는 약 40년에 걸쳐 자신이 목격한 원주민들의 저항과 미래세계를 꿈꾸며 벌리는 사회적의 행동들 그리고 그러한 행동들을 촉발시킨 가족과 마을에서의 삶의 변화를 그리고 있다. 또한 국가 차원의 거시적인 경제와 사회의 변화에 주목하면서 원주민 협동공동체가 직면한 위기, 제도혁명당[3]이 1970년대에 펼쳤던 토지재분배 정책의 실패, 그리고 1980~90년대 농업 정책이 가족 및 가구에 미친 영향들에 대하여 여러 분석의 층위들을 연결하면서 서로 다른 과정들의 상호관계를 잘 보여 주고 있다. 이러한 책의 초반의 장들은 원주민 사회운동이 조상들의 믿음체계와 생활양식을 유지하고자 하는 마야인들의 욕망에 의해 촉발되었다는 점과 함께 1990년대에 일어난 급진적인 민주화 움직임과 그 이후에 발생한 복잡한 여파들을 맥락화하는 데 도움을 준다.

4장에서는 1994년 1월 사파티스타 봉기가 일어난 이후 1996년 2월 산안드레스[San Andrés] 합의[4]가 이루어지기까지 치아파스에서 일어났던

---

3) 제도혁명당(Partido Revolucionario Institutional, PRI)은 멕시코혁명 시절 카에스(Plutarco Elías Calles)가 만든 정당으로 70여 년을 집권해 왔다. 현재는 혁명 당시의 사회주의적 성격보다는 중도적 혹은 중도 우 파적 입장을 취하고 있다.

4) 당시 세디요(Ernesto Zedillo) 대통령(재임 1994~2000년)이 이끌던 멕시코 정부는 사파티스타와 합의를 통해서 원주민공동체의 자율성 확대를 위한 계획을 세우고, 기존의 정당체제 밖에서 연방 공무원 및 주 공무원 후보를 내보낼 수 있는 가능성도 타진해 보았다. 합의 이후로 사파티스타는 무기를 내려놓고 정치조직으로서 재정비를 하기 시작하였지만, 멕시코 정부는 종내 합의를 시행하지 못했다.

급진적인 민주화 움직임에 초점을 맞추고 있다. 사파티스타 봉기가 어떻게 마야인들의 의례적인 언어 형태와 '마을 정치' 관행에 의거하고 있는지를 설명하면서, 마야인의 문화적인 논리를 하나의 독특한 세계관으로 제시하고 있다. 예를 들어, 마야인들이 말하기보다는 듣기를 하는 행위나 혹은 공동체적인 만남을 극화하면서 신성한 곳을 거론하는 것 등은 "서구적인 사고 범주를 피해가는 복합 민족 사회에 대한 독특한 접근 방법"임을 보여 준다.

5장에서는 멕시코 정부의 약속 불이행 및 군사주의의 실천 속에서 발단이 된 치아파스 평화운동에 관해 논의하고 있다. 멕시코 정부가 1996년 라칸돈 밀림 지역에 군사력을 강화하면서 개시한 원주민 집단에 대한 게릴라전은 시민과 군인 간의 경계를 없애고, 무장한 남성들이 여성들과 아이들에게 가한 폭력의 양상들을 잘 드러내 준다. 특히 이 5장에서는 원주민 여성들을 변화의 선봉자로 보면서 여성들이 어떻게 사파티스타 계급을 갖게 되었고, 어떻게 여성으로서 남성적 정체성을 가지고 있는 군대 조직에 도전을 하게 되었는가를 상세히 설명하고 있다. 또한 5장은 군사력 혹은 유사 군사력에 의해서 훼손되고 있는 인권문제에 주목하고 있는 초국가적인 시민단체들의 존재, 그리고 사파티스타를 멕시코 정치의 중심에 가져다 놓은 토지투쟁과 경제적·정치적 자율성에 대한 논의도 함께 이루어지고 있다.

마지막 장인 6장은 특히 다문화적인 정치 환경 속에서 자율성을 획득하기 위해 노력하는 마야인들의 투쟁에 초점을 맞추고 있다. 저자는 전 지구적 사회를 분석하는 데 있어서 담론 분석, 정체성 형성, 전 지구화의 공간 지리학 등을 포함하는 탈근대주의적 책략들을 사용하고 있다. 또한 저자는 이러한 접근 방법들을 구체적인 공간에 위치시키고, 총체적인 탐구를 위해 재개념화 작업을 꾀한다. 치아파스에 살고 있는 마야인들은 아직은 국경을 넘어 과테말라에 살고 있는 마야인들까지 포괄하는 범마야 프로그램을 수행할 만한 단계에 이르고 있지는 않으나, 점차 초국가적인 시민사회를 형성하는 데 도움을 주고 있는 시민단체들과 연계를 형성해 나가고 있는 것이다.

3. 준 내시와 라틴아메리카 연구

이 책의 저자인 내시는 종종 '근대 인류학의 살아 있는 우상icon'이라고 일컬어진다. 내시는 뉴욕에 있는 버나드 대학의 경제학과를 졸업한 후에 멕시코 남부에 위치한 아카풀코Acapulco에서 시간을 보냈고, 그리고 후에는 치아파스 산중을 여행하였다. 그 여행이 계기가 되어, 내시는 마야인들을 연구하기로 마음을 먹고 시카고 대학 인류학과 대학원에 진학하였다. 그 첫 결과물이 1960년에 발표한 『아마테낭고 델 바예의 사회관계: 행동분석』이라는 제목의 박사논문이다. 내시는 치아파스 주에 위치한 이 마을의 사회적 조건들을 상세하게 기술하고 분석하기 위해서 1950년대 후반에 치아파스에서 인류학자로 현지조사를 했었고, 이후 볼리비아 광부들의 삶에 관해 오랫동안 연구에 몰두하다가, 1980년대 후반에 다시 치아파스로 돌아가서 1994년의 봉기가 일어나기 전후로 해서 지속적으로 현지조사를 해왔다. 내시는 50여 년에 걸쳐서 인류학자로서 멕시코와 볼리비아를 비롯한 라틴아메리카 국가들, 그리고 그러한 국가체제 안에서 살아가는 원주민들을 대상으로 현지조사와 연구를 계속해 왔다. 이러한 저자의 오랜 연구 여정을 반영하는 저작물은 유명한 학술지에 게재된 다수의 논문들과 저서들을 포함한다. 또한 내시는 두 편의 민족지 영상물도 제작하였는데, 그중 하나는 저자의 볼리비아 연구에 기초한 「나는 광산에서 내 인생을 보냈다」이다.[5]

내시는 라틴아메리카 연구에 있어서 성^{gender}을 하나의 연구 영역으로 확립하는 데 중요한 역할을 하였다. 1976년에 헬렌 사파$^{Helen\ Safa}$와 공동 편집한 『라틴아메리카에서의 성과 계급』이라든가, 1983년에 마리아 페르난데스-켈리$^{Maria\ P.\ Fernandez-Kelly}$와 공동 편집한 『여성, 남성 그리고 국제적 노동분업』은 미래 연구에 있어서 성이 중요한 변수로 다루어질 것임을 예견한 대표적 저작물들이라고 할 수 있다. 내시는 특히 첫 번째 저작물에서 페미니즘적인 분석을 시도하고 있는데, 이는 라틴아메리카 여성들이 당면하고 있는 문제들에 관하여 비판적으로 연구한 첫 번째 성과물로 여겨진다. 이러한 저자의 입장은 그동안 저자가 계급과 (재)생산 문제에 주목하면서 연구해 온 배경과 밀접하게 관련되어 있고, 본 저작물에서도 성과 여성들의 사회적인 역할은 매우 비중 있게 다루어지고 있다.

멕시코를 비롯한 라틴아메리카의 문화에 관해서는 멕시코 인류학자들을 비롯해서 외국 학자들이 많이 연구하고 발표를 해왔으나, 본 연

---

5) 저자의 저서 목록은 다음과 같다. *In the Eyes of the Ancestors Belief and Behavior in a Maya Community*(1970), *Sex and Class in Latin America: Women's Perspectives on Politics, Economics, and the Family in the Third World*(1976), *Ideology and Social Change in Latin America*(1977), *We Eat the Mines and the Mines Eat Us: Dependency and Exploitation in Bolivian Tin Mines*(1979), *Women, Men, and the International Division of Labo*(1983), *Women and Change in Latin America: New Directions in Sex and Class*(1985), *I Spent Life in the Mines: the Story of Juan Rojas, Bolivian Tin Miner*(1992), *Crafts in the World Market: the Impact of Global Exchange on Middle American Artisans*(1993), *Mayan Visions: the Quest for Autonomy in an Age of Globalization*(2001), *Social Movements: an Anthropological Reader*(2005), *Practicing Ethnography in a Globalizing World: an Anthropological Odyssey*(2007).

구물은 좀 특별하다고 할 수 있다. 저자는 거의 반세기에 걸쳐서 획기적인 연구들을 수행해 오면서, 세계의 변화 과정 중에서도 특히 자신의 핵심적인 관심사인 성 문제 그리고 자본주의와 실제적으로 일을 하고 사는 실제적인 사람들과의 관계에 대하여 인류학자로서 지속적으로 문제의식을 발전시켜 왔다. 또한 저자는 인류학의 주요 방법론인 참여관찰을 수행해 나가면서 단순한 관찰보다는 참여에 방점을 두고 학문적인 실천을 해왔다. 저자인 내시는 동료 인류학자들로부터 '반대주의적 성향을 타고난'inherently oppositional 학자라는 평을 듣는다. 즉 저자는 현지조사에서 자신의 정치적 실천을 서슴지 않고 병행해 왔으며, 이러한 저자의 태도에 기초한 연구물들은 중요한 사회비판적 기능을 담당해 왔다.

이 책은 지구촌 경제의 주변부에서 혹은 시장경제의 밑바닥에서 생존을 위해 투쟁한다는 것이 어떤 의미인지를 밝히는 데 집중하고 있다. 저자는 라틴아메리카의 원주민들이 자신의 통제력 밖에서 일어나고 있는 과정에 필연적으로 참여하고 있음을 보여 주고, 자기 나름대로의 분석과 행동을 통해 반응하는 원주민-노동자들의 일상적인 경험을 그린다. 경제적·정치적 변화의 힘들은 흔히 광범위하고 구분하기 어려운데, 그러한 힘들과 원주민들의 구체적인 생활 방식과는 어떤 관계가 있을까? 전 지구적인 변화의 과정은 특정 지역집단, 특히 여러 가지 자원추출로 말미암아 외부로부터 침투당한 지역에 살고 있는 생계생산자 집단이 갖고 있는 다양한 과거 및 문화와 어떻게 상호작용을 하는가? 등이 저자가 가지고 있는 문제의식들이다.

전 지구화 과정이 대부분의 지구촌 사회를 포섭하고 있는 현 상황에서 마야인들의 대안적인 삶의 방식은 점차 줄어들고 있다. 세계적으로 시장교환 체제는 통제되지 않은 채 삶의 모든 측면에 파고들고 있고,

노동-보상 체제는 그러한 체제에 영향받는 사람들을 대변하지 못한 채 작동되고 있다. 저자는 전 지구화에 대한 기존의 많은 연구가 새로운 자본의 흐름 속에서 가장 주변화되어 가고 있는 사람들이 저항하고 반란을 일으키는 전제, 즉 바로 그 전 지구적인 자본주의의 조건을 하나의 주어진 조건으로 그냥 넘어간다고 꼬집는다.

그리고 저자는 이러한 전 지구화적 세계체제에 대한 원주민들의 대항논리를 치아파스에서 일어났던 봉기 사례를 중심으로 검토·분석함으로써 원주민들의 반란이 의미하는 바를 네 가지로 정리하고 있다. 그 네 가지는 첫째, 개인보다는 공동의 이익을 추구하는 도덕성의 중요성, 둘째, 인간의 위엄성과 도덕적 가치의 강조(인권 수호의 권리), 셋째, 원주민운동에 있어서 전통의 유지와 미래 세대의 생존을 위해서 구심점이 되어 온 여성들의 역할 그리고 넷째, 500년간 자신의 생계 터전을 유지하기 위해 싸워 온 원주민들이 가지고 있는 세계체제의 대안적 사회체제 등이다. 저자가 이러한 분석을 통해서 주장하는 핵심은 사파티스타 민족해방군이 보이는 참신한 정치 방식과 그러한 정치 방식의 국제적인 영향력이 세상을 이해하고, 세상의 순리를 따르고, 세상을 조직하는 '마야적인' 방식을 보여 준다고 하는 점이다. 그리고 원주민의 '탄력적인 아비투스[6]'는 세대를 거쳐서, 특히 여성들을 통해서 구전되어 왔다고 강조한다. 여성들은 "자율성의 실천을 도모해야 할 책임을 잘 알고 있고, 가정 및 사회 내에서 아이들에게 자율성이 무엇인가를 가르쳐 주는 사

---

6) 아비투스(habitus)는 프랑스 인류학자인 부르디외(Pierre Bourdieu)가 제창한 개념으로, 사람들은 변화하는 상황, 즉 새로운 사고의 도입이나 새로운 경험, 그리고 다른 사람들과의 새로운 관계 등에 대하여 "문화적으로 조건 지워진" 반응을 만들어 낸다는 의미이다.

람"이라는 것이다. 저자는 운동 참여자들의 30%가 여성들이라는 점에서 사파티스타의 사례는 특별하다고 본다. 그리고 여성들이 이렇게 치아파스 주에서 지위가 상승하게 된 배경은 1970년대에 여성들이 주도하는 '도자기 조합'pottery collective이 만들어진 것과 밀접한 관련이 있다고 본다.[7]

4. '원주민' 중심적 연구의 의의와 한계

저자는 자신의 초기 연구가 중점적으로 이루어졌던 아마테낭고 델 바예 마을을 "배꼽"이라고 부른다. 이는 자신의 분석을 실제적인 삶과 때로는 죽음과 연결시키면서, 동시에 그러한 삶과 죽음이 펼쳐지는 맥락에 구애받지 않고 이후 40년간 아주 상세한 조사를 해낼 수 있었던 기초가 되었던 곳임을 의미한다. 이에 걸맞게 본 연구는 단순한 마을연구가 아니고 지역, 주州, 국가, 세계시장, 국제기구 등을 포괄하고 있고, 자본주의의 침투와 신자유주의가 특정 지역에 미치는 영향을 여러 측면에서 설명하면서 하나의 특정한 사회운동, 즉 1994년에 사파티스타 봉기가 일어나게 된 조건들을 밝혀내고 있다.

특히 저자의 아마테낭고 델 바예 마을공동체에 관한 분석은 매우 풍부한 정보를 제공하고 있으며, 마을이 속해 있는 보다 광범위한 맥락과 역사적인 시간의 흐름 속에서 일어난 여러 가지 변화에 대해서 아주 상세하게 다루고 있다. 저자가 기술하는 변화에는 경제적인 변화(트럭,

---

7) '도자기 조합'은 1970년대 이후 활동이 중단되었으나, 사파티스타하에서 다시 활성화되었으며, 지속적으로 그 지역 여성들에게 힘을 주는 원천이 되고 있다.

길, 이주, 상업적 공예 등), 정치적 변동(PRI의 쇠퇴, 여성들의 사회운동 참여) 그리고 문화적인 변형 등을 포함한다. 이러한 논의에서 저자는 실제로 무엇이 원주민 사회운동에서 '원주민'적인 것인지를 끊임없이 고민하면서, 치아파스에 사는 사람들은 세계시장의 압력에도 불구하고 서구적인 가정에 제약을 받기보다는 자신들의 고유한 문화논리에 따라 행동한다고 주장한다. 즉 원주민공동체는 위엄, 자율성, 공동성, 그리고 다민족적 공존, 권력에 대한 도덕적인 정당화 등을 중시하는 원주민의 '아비투스'라는 것이다.

저자는 사파티스타 봉기 그 자체뿐만 아니라 그에 따른 멕시코 정부의 탄압과 고조된 정치적 행동주의에 관한 중요한 자신의 목격담을 제시하고 있다. 하지만 혹자에 따라서는 저자가 아마테낭고 델 바예와 1990년대 목격담을 치아파스 주, 멕시코라는 국가 그리고 지구촌 내에 위치시키고 거대이론에 집어넣기보다는, 과거와 현재 자신이 해온 현지조사에 초점을 맞추었더라면 좀 더 알차고 설득력 있는 책이 되었을 것이라는 의견을 내놓기도 한다.

라틴아메리카 원주민 연구에 있어서 저자는 전 지구적 관점을 자신의 정치경제적 관점과 접목시키고 있다. 하지만 저자가 탈근대적인 탐구를 치아파스 원주민에 대한 헌신적인 자신의 노력과 결합하는 데는 어려움이 따른다. 저자 스스로는 원주민이 분열되거나 혼성적이거나 혹은 쇠락하고 싶어서 쇠락하고 있다고는 여기지 않고, 오히려 실제적인 장소에 깊이 뿌리를 내리고 있고, 그래서 땅으로부터 실질적인 것을 생산해내야 하는 실제적인 필요성을 500년간 지속적으로 갖게 되었다고 생각하기 때문이다. 또한, 저자는 연구자들이 해야 할 일은 "우리가 한때 계급투쟁이라고 여겼던 한 사회제도를 통해서 구조적으로 유지되어 온 실제적인 물질적 관심사들 간의 전반적인 갈등의 역사"를 밝혀내는 일이라고 강조한다. 그러나 저자의 탈근대적인 실험이 공동체, 마야, 사파티스타 등을 낭만화하는 방향으로 선회를 함으로써 혼선을 빚고 있다.

저자가 책을 통해 펼치고 있는 논의는 종종 네 개의 동심원으로 비유되곤 한다. 제일 가운데에 저자가 현지조사를 하면서 약 40년에 걸쳐서 글을 써 왔던 아마테낭고 델 바예가 위치해 있고, 그다음에는 1994년 반란의 출발지인 치아파스가 있으며, 그리고 다음에는 멕시코 국가체제가, 그리고 마지막으로 전 지구적인 '통합체'가 존재하는 것으로 말이다. 그 네 개의 동심원 위에는, 저자가 반대하는 듯한 '이성주의적인 서구적 관점'을 가진 이론이 존재한다.

그런데, 치아파스-멕시코-세계경제를 꿰고 있는 저자의 이론은 한계를 보이기도 한다. 저자는 자유주의가 문제이기는 하나, 고전적인 마르크스주의가 자유주의보다 크게 더 낫지 않고 둘 다 본질적으로 이성주의의 한계를 가지고 있는 서구적 관점이라는, 불분명한 주장을 편다. 반면에 "독특한 세계관에 기초한 원주민의 사고방식"은 세계자본주의를 지배하는 논리와는 달리, "땅과의 신성한 연계"에 기초한 "조화라는 이상"과 "환경 윤리"를 옹호한다는 것이다. 또한 원주민의 사고방식은 유럽 백인의 우월성에 반하는 "공동노동과 공통의 믿음체계"에 기초한 보다 높은 수준의 민주주의와 "다민족적 자율성"을 지닌 형태를 추구한다는 것이다. 그런데 이러한 저자의 주장은 기본적으로 본질주의적인 한계를 갖고 있다.

저자가 마야적인 특징과 가치라고 여기는 것들, 예를 들어 자율성, 위엄, 인내, 도덕성 등은 '서구적' 사고라는 큰 범주 안에도 분명히 포함되어 있다. 그런데 이러한 것들은 가치일 뿐 실천을 보장해 주지는 못한다. 이는 마야의 경우도 마찬가지여서, 소위 원초적으로 마야적인 가치와 믿음체계는 저자가 책에서 기술하고 있듯이 마녀사냥이라든지, 살인 그리고 가부장제적인 학대 등을 방지하지는 못하는 것이다. 그런데 저자가 보이고 있는 또 다른 문제는 이런 현상이 외부 압력의 결과이고 "500년에 걸친 지배 계급과의 접촉과 착취를 통해 만들어진 비원주민적인 행동과 믿음체계를 내면화"한 것이라고 주장하고 있는 점이다. 어떤 학자는, 마야인들이 서구 식민세력과 접촉하기 이전에는 자연과 더불어 그리고 자연과 조화를 이루면서 사는 순진한 사람들이었다는 생각이 하나의 신화에 불과하다고 주장한다. 즉, 마야인들은 계층사회를 이루며 살고 있었고, 끝날 줄 모르는 전쟁에 시달렸으며, 서로를 죽이기도 하고, 그리고 생태계적인 반전에 시달리기도 했다는 것이다. 저자는 분명 '마야 정체성'이라는 것이 현재에도 형성되고 있는 중임을 잘 알고 있음에도 불구하고, '천년 마야' 역사를 기리려는 경향을 보인다.

이러한 저자의 접근방법은 멕시코 국가체제의 주변부에 살고 있는 원주민들이 전 지구화에 반하여 벌이는 책략을 이해하는 데 있어서 명쾌한 답을 제공하지 못한다. 하지만 이 책은 원주민공동체 내부에서 일어나고 있는 논의, 즉 서구적 사고 범주를 피해가는 관점의 논의를 들여다 볼 수 있는 중요한 창을 제공한다. 또한 이러한 논의는 경쟁적인 풀뿌리 조직의 존재에 대해서, 그리고 파괴된 사회세계를 재건하고자 하는 미래의 노력에 사파티스타민족해방군이 얼마나 공헌할 수 있을 것인가에 대하여 많은 시사점을 제공한다. 이 책은 책 제목이 암시하고 있는 것처럼, 우리들로 하여금 변화에 직면한, 자신들만의 특성을 가지고 있는 원주민들의 세계관을 이해하게 하고, 원주민들이 제시하는 대안적인 길과 철학에 대한 추구 그리고 그 가능성을 이해할 수 있도록 도와준다.

5. 전 지구화와 인류학적 사고: 현재성

저자는 현재 인류학의 책무는 "전 지구적 통합이 이루어지고 있는 상황에서 원주민들이 구축하고 있는 사회운동의 전선을 따라가는 일이다"라고 주장하면서, 자본주의적 전 지구화의 사회적인 영향에 대한 설명 속에 그러한 구체적인 운동을 위치 짓는 것으로 책을 시작하고 있다.

이 책의 이론적인 입장은 복잡하면서 대담하다고 말할 수 있다. 물질주의적인 접근 방법이 장(章)마다 중요한 논의를 이끌고 있으며, 시간적으로 일어난 일들에 대해서도 풍부한 설명들을 제공하고 있다. 그리고 저자는 정치경제의 힘에 대한 기존 연구를 단순히 활용하는 데 그치지 않고, 최근의 지적 경향의 맥락 속에서 개념적인 틀로 적극적으로 발전시키고 있다. 저자는 '위치 지워진 지식'situated knowledge 및 '다원적 위치성'이라는 개념들을 활용하여 정치경제에 대한 분석을 시도하고 있으며, 동시에 적극적인 개입을 통한 동반자적 관계를 도모하는 연구의 중요성을 강조한다.

저자는 마야 원주민을 인종 집단과 국가 정부와의 관계를 변화시키기 위해서 싸우는 주역으로 보면서, 인류학자가 연구 지역에서 목격하는 전 지구적 과정을 포함하여 인류학적 모델을 새롭게 고안해 내는 데 앞장서고 있다. "인류학자는 연구 변수를 확장시켜야만 전 지구적 체제에 대한 기존의 패러다임을 비판할 수 있고, 그러한 기존의 패러다임에 공헌해 온 우리 인류학자 스스로에 대해서도 비판을 할 수 있게 된다"는 것이다.

내시는 몇몇 탈근대주의자들이 그러하듯 종합적인 분석에 방해가 되는 배타적인 접근 방법(예를 들어 담론 분석, 정체성 형성 등)에 의존하는 경향을 피하고, 총체주의적인 시각을 적용함으로써 인류학자 및 여성주의 학자들뿐만 아니라 역사가와 다른 사회과학자들에게도 중요한 이론 틀을 제공하고 있다. 저자는 인류학자가 연구 대상으로 삼는 사람들의 변화하는 요구와 목표에 좀 더 민감해지고 그러한 요구를 전 지구적 상황 속에 위치지어 보도록 종용한다. 저자는 이 책을 통해서 엄청난 깊이의 연구(저자는 1950년대 후반에 치아파스에서 현지조사를 시작했다)와 폭넓은 연구(저자는 차이파스뿐만 아니라 볼리비아와 미국 매사추세츠에서도 인류학적 연구를 수행해 왔다) 경험을 치아파스 민족지 연구에 적용했을 뿐만 아니라, 학자로서 그리고 교수로서의 역할을 통합시키는 참신한 공생적 접근 방법을 쓰고 있다. 저자는 1988년에서 1993년까지 학부생 및 대학원생을 치아파스에 데리고 갔을 뿐만 아니라 자신의 연구 경험, 통찰력 그리고 학자적 자질 등을 모두 합쳐서 이 책을 풍성하게 만들고 있다.

"특정한 세계관을 가지고 있는 문화를 연구하는 인류학자는 특권을 부여받은 학자이다. 왜냐하면 인류학적 문화연구는 주류적인 사고와 행동에 대한 대안을 탐색하고 이러한 대안적인 눈을 통해서 권력 중심지에 만연되어 있는 가정을 비판적으로 검토하도록 만들기 때문이다." 하지만 인류학자가 누리는 특권이 전혀 문제가 안 되는 것은 아니다. 저자는, 학문 내에서의 비평뿐만 아니라 연구 대상자들 스스로가 민족지를 쓰고 비평을 하고 있는 상황에서 인류학자는 자신들이 만들어 내는 연구 결과물의 영향에 대해서 정치적인 책임감을 가질 수 있도록 연구 대상자와 협력관계를 이루어야 한다고 강조한다.

추천문헌

June Nash and Helen Safa eds., *Sex and Class in Latin America*, New York: Praeger Publishers, 1976.

June Nash and María P. Fernández-Kelly eds., *Women, Men, and the International Division of Labor*, New York: SUNY Press, 1983.

인간 중심의 베네수엘라 사회혁명을 이야기하다

마리오 사노하 오베디엔테의 『21세기 베네수엘라의 사회주의 휴머니즘』

정이나

1. 현실을 이해하는 '이론'의 폐쇄성

마리오 사노하 오베디엔테^{Mario Sanoja Obediente(1934~)}의 『21세기 베네수엘라의 사회주의 휴머니즘』의 서문은 역사적으로 철학이라는 사상의 틀이 거꾸로 인간의 사고능력을 제한하는 역할을 했다는 들뢰즈의 비판을 인용하며 시작한다. 특정한 사상이나 철학이 현실을 이해하는 이론적 도구가 되는 것이 아니라 그 자체로 목적이 되는 위험성에 대한 비판이다. 이론과 사상을 가능하게 했던 구체적 현실들은 이제 거꾸로 이론의 '노예'가 되는 것이다. 하지만 문제의 심각성은 비판의 도구가 되는 이론과 사상이 현실을 더 이상 충분히 설명하지 못하는 데 그치는 것이 아니라 현실을 왜곡하는 수단이 될 수도 있다는 사실에 있다. 바로 이러한 문제의식에 대한 날카로운 지적이 『21세기 베네수엘라의 사회주의 휴머니즘』의 저자 오베디엔테를 통해 드러나고 있다. 결국 기존의 지

---

* Mario Sanoja Obediente, *El humanismo socialista venezolano del siglo XXI*, Caracas: Monte Ávila, 2008.

배적인 서구사상의 패러다임과 철학으로는 현재의 베네수엘라 사회를 제대로 설명할 수 없다는 점을 강조하는 것이다. 또한 동시에 베네수엘라 사회를 제대로 이해하기 위해서는 이론이 아닌 현실의 구체성, 그리고 그 사회의 역사성과 특수한 사회·문화적 배경과 조건에 대한 이해가 우선되어야 한다는 것을 주장하는 것이기도 하다. 그는 일반적으로 사람들이 '사회주의' 혁명이 어떻게 일어나야 하는가에 대해 이론적으로는 잘 알고 있지만, 실제로 베네수엘라가 위치한 구체적인 사회현실과 역사적 조건, 그리고 사회문화적 배경을 토대로 하는 사회주의 혁명은 설명할 수 없을 것이라고 지적한다. 뿐만 아니라 사회, 정치 혹은 경제를 분석하는 기존 주류 사상의 패러다임은 지금의 베네수엘라 현실을 왜곡할 수도 있다는 것을 경고한다. 이에 인류학자 오베디엔테는 베네수엘라 사회의 현실적이고 구체적인 조건들을 바탕으로 어떻게 사회주의적 가치들을 실현해 가고 있는가를 대중적 언어와 명료하고 분명한 문체를 통해 독자들에게 전달하고 있다.

반反사회주의자들은 20세기 현실 사회주의 참담한 실패의 경험을 근거로 21세기 베네수엘라 사회주의를 비판하고, 정통 좌파 지식인들은 베네수엘라 사회주의운동 자체를 부정하는 경향을 보인다. 이유는 명쾌하다. 노동 계급이 주도하지 않는 사회주의는 있을 수 없다는 것이다. 만약 우고 차베스 대통령이 군부 출신이 아니라 노동자 출신이었다면 상황이 조금 달라졌을까? 그렇다면 베네수엘라 사회주의는 정통 좌파에게는 인정받을 수 있었을까? 브라질 노조 출신의 룰라 정부의 등장은 이런 맥락에서 제법 환영을 받았으나, 이후 룰라 정부에 대한 평가는 이 같은 기대와는 다소 거리가 있는 듯 보였다. 신자유주의와 타협한 룰라의 경제 정책들은 과감한 사회주의적 정책들을 예상했던 현실과는 대조적이었기 때문이다. 그리고 곧 노동자 출신 대통령에 대한 기대와 의미를 부여하며 움직였던 부산함도 잠잠해지기 시작했다. 그러나 사회주의를 실현하겠다고 나선 군인 출신의 차베스 대통령에 대한 의심의 눈초리는 거두지 않았다. 또한 베네수엘라 사회의 역동적인 변화의 흐름과 성과를 단순히 민심을 얻기 위한 전형적인 포퓰리즘으로 치부해 버리는 것도 서슴지 않음은 물론이다. 특히 이 같은 비판은 현대의 사회운동과 주체 개념을 발전시킨 알랭 투렌^{Alain Touraine}이 제기하기도 하였는데, 그가 사회적 주체를 강조하는 지식인이었기에 그 영향력은 더욱 파급적이었다. 아마도 투렌의 주체 개념에는 베네수엘라 민중의 주체성이 들어맞지 않기 때문이리라. 과연 투렌과 같은 지식인들은 베네수엘라를 어떠한 방식으로 이해하고 있는 것일까?

2. 알랭 투렌의 사회적 '주체'

프랑스의 사회학자 알랭 투렌의 주요 개념인 주체와 사회운동에 대한 이론은 그의 저서 『현대성 비판』[1]을 통해 잘 드러나 있다. 투렌은 도구적 합리주의로 점철된 현대주의를 비판하며 주체라는 개념을 통해 현대성의 위기를 극복하고자 한다. 한편, 신의 세계로부터 벗어날 수 있게 해 주었던 이성에 대한 맹목적 추구가 급기야 극단적 형태의 사회적 종속, 즉 이성의 독재를 가져왔다고 비판한다. 그럼에도 불구하고 도구적 이성, 비판적 사유의 해방적 힘, 개인주의의 유효성을 포기하는 것은 어떠한 방식으로도 정당화될 수 없다고 주장한다. 결국 투렌이 주장하는 사

---

1) Alain Touraine, *Critique of Modernity*, Oxford: Blackwell, 1995.

회적 주체의 존재방식은 기존 사회 질서로부터 독립된, 그래서 자유스러운 개인의 형태이다. 그와 동시에 민중의 이름으로 말하고 민중을 삼켜버리는 국가권력을 건설하는 전위대와, 다른 한편으로는 소비의 선택을 가장 직접적으로 지배하는 순간에 자유를 누린다는 환상을 부여하는 소비사회를 주체에 대한 위협과 파괴의 세력으로 정의하고 있다. 즉 투렌의 주체는 소수의 이데올로기적 담론에 종속되지 않는 개인이며, 기호의 세계로 녹여 버리며 동시에 사회적 지위를 추구하게 하는 소비라는 유혹으로부터 자유로워지는 것을 요구한다. 언뜻 보면 사르트르적인 실존주의를 추구하는 듯하지만 기존 사회 질서의 지배에 반항하는 사회운동의 행위자로서 개인적 주체 개념을 설명함으로써 사르트르적인 관념적 실존 방식으로부터는 한발 더 나아가 있다.

그럼에도 불구하고, 투렌이 주장하는 사회적 주체는 여전히 관념적 수준의 분석에서 크게 벗어나지 못하고 있다. 투렌은 현실에 기반을 두며 체제의 논리에 적극적으로 저항하는 개인을 이야기하지만 정작 어떻게 그것이 가능할 수 있을지에 대한 현실적인 설명은 하지 못하고 있기 때문이다. 급기야 현대사회에서 행위자를 정하는 방식에서도 그와 같은 한계를 드러낸다. 이제 행위자는 계급 사회와는 다르게 사회적 위치에 따라 규정되지 않는다고 보았고, 심지어 한발 더 나아가 사회운동을 정의하는 데 있어 이상적인 제안을 하기에 이른다. 즉 사회운동은 물질적 이익에 이성을 종속시키는 권력에 대항하는 집합행동이며, 현대사회는 더 이상 마르크스주의적 계급사회가 아니라고 주장하고 있다. 그리고 현재 베네수엘라의 사회변혁 운동을 얼마 전 작고한 차베스 개인에게 집중시키고, 수사적 담론과 카리스마에 의존하는 포퓰리즘의 한 형태로 해석하고 있는 것이다.

그러나 과거 사회주의 혁명이 어떻게 일어나야 하는지는 너무 잘 알고 있었지만, 정작 구체적인 현실 조건에서는 타당성을 잃고 말았다는 오베디엔테의 지적처럼, 투렌이 주장하는 주체는 베네수엘라의 구체적인 현실에서는 실재할 수 없는 개인일 뿐이다. 오히려 베네수엘라 사회의 구체적인 현실 조건에서 이상적인 사회 건설에 대한 이상과 목표를 갖고 행동하는 사람을 통해 실재하는 사회적 주체를 찾아야 하지 않을까? 전무후무한 베네수엘라식 사회의 변화 과정을 설명하기 위해 필요한 것은 정치학이나 경제학 등을 통한 현실의 재구성이 아니라 있는 그대로의 현실을 바라보려는 시도가 필요한 대목이다. 이를 위해 이론이 아닌 베네수엘라 사회의 미시적인 변화에서부터 거시적인 사회경제의 구조적 변화까지를 가장 가까운 현실에서 바라보며 설명하고 있는 베네수엘라의 인류학자 오베디엔테의 시선을 따라가 보는 것도 좋은 방법일 것이다.

3. 대중의 언어로 사회주의 혁명을 설명하다

인류학자 오베디엔테의 언어는 쉽다. 베네수엘라에서 일어나고 있는 구체적인 사회 변화와 그 과정을 기존의 이론적 틀에 얽매이지 않은 채 설명하고 있기 때문이다. 이 책은 베네수엘라 현실에 대한 학문적 분석이나 설명을 위한 것이 아니라 구체적인 사회현실의 변화를 위한 행위의 담지자, 즉 일반대중을 위한 대중서이다. 따라서 21세기 베네수엘라식 사회주의를 분석하는 것이 아니라 있는 그대로의 현실을 이야기하고 있다. 우리는 소비에트 연방을 통해 현실 사회주의를 간접적으로 경험했고, 과거 사회주의의 참담한 실패는 우리에게 현재의 패배의식을 이식하였다. 이제 현실에서 사회주의는 실패할 수밖에 없는 숙명과 같은, 마치 실현 불가능한 '이상'으로 치부된다. 20세기 후반 내내 의도하든 의도하지 않았든 이 같은 패배주의는 오랜 시간 대안적 사회 질서를 찾는 사람들에게 적지 않은 혼란을 가져온 것이 사실이다. 그리고 다양한 형태의 사회운동이 과거 급진적인 사회혁명 운동을 대체하기에 이르렀으며, 개혁주의라고도 부르는 이 흐름들은 자본주의 질서를 거스를 수 없는 지배적 질서로 받아들이는 합리적 현실주의와 동격이 되어 버린 것도 사실이다. 과거 현실 사회주의의 실패와 서구 자본주의의 번영으로 인해 더 이상 이를 거부하는 것은 무모한 것으로 인식되었으며, 동시에 역사의 종말이라는 후쿠야마 선언의 유효함이 압도적이었던 시대이기도 했다.

그러나 아이러니하게도 서구 자본주의의 번영과 함께 빈부 격차는 심화되었고, 빈곤층도 기하급수적으로 늘어갔다. 한쪽에서는 자본주의의 번영을 이야기하고 다른 한쪽에서는 자본주의로 심화되는 착취 구조와 폐단들이 지적되고 있었다. 이 같은 '번영'의 이중성은 베네수엘라 사회에서 극명하게 드러나는 현실이었을 뿐이다. 일각에서는 베네수엘라가 라틴아메리카에서는 유일하게 약 40여 년 동안 안정적이고 합법적인 방법으로 정권이양이 이루어진 가장 모범적인 대의 민주주의를 실현한 국가라는 찬사가 끊이지 않았던 터였다. 그러나 다른 한편으로는 석유 수출로 번성하는 메트로폴리스와 극적인 대비를 이루며 만들어지는 도시의 대규모 빈민가가 또 다른 현실로 존재했다. 극단적이고 철저하게 구분되고 대립되는 두 세계가 공존하는 사회였던 것이다. 베네수엘라의 유명한 민중 가수 알리 프리메라가 이 같은 현실을 풍자하며 노래를 부르던 시대였다. ("부자들의 애완견을 위한 학교는 있어도, 가난한 민중들이 갈 수 있는 학교는 없네.") 그러는 동안 과두제의 금권정치로 점철된 베네수엘라의 지배 계급은 미국이 마셜플랜을 네 번이나 수행하고도 남았을 액수를 해외반출했으며, 급기야 이렇게 반출된 자본으로 베네수엘라 자국을 상대로 이자를 받도록 투기 자본화하는가 하면, 기업은 국가를 담보로 얻은 외채를 또 다시 외국은행의 비밀계좌를 통해 착복하는, 이른바 부패한 정경유착의 전형을 보여 주었다. 베네수엘라는 석유수출국에서 석유 시세가 가장 높았던 시기에 IMF 구제 금융을 받았으며, 이로 인해 도입된 신자유주의 경제프로그램은 베네수엘라의 가장 취약한 계층뿐만 아니라 사회 전체를 극단적 위기로 몰고 가는 직접적인 계기였다. 이것이 1989년 카라카스 사태의 서곡이었다. 이 같은 현실은 비단 베네수엘라서만 일어난 비극이 아니었음은 물론이다. 대부분의 라틴아메리카 국가들은 정도의 차이만 있을 뿐 이와 유사한 방식으로 '출구 없는' 채무 국가로 전락했으며, 이자로 지급해야 하는 액수는 이미 원금을 훨씬 초과해 버린 상태였다. IMF와 세계은행이 주도한 구제 금융의 본질은 이자로 부풀려진 채무를 받아내기 위한 수단이었을 뿐이다. IMF와 세계은행의 실제적인 의사결정권이 미국에 있다는 것은 누구나 다 알고 있는 사실이며, 차베스 집권 이전 베네수엘라 석유산업을 좌지우지 했던 것도 미국 기업이었다. 미국에 의한 2002년 베네수엘라 쿠데타 개입 의혹 및 해외 주류 언론매체를 이용한 차베스 정부에 대한 지속적인 공세 등은 차베스 집권 이후 미국과 베네수엘라의 불편한 관계를 심화시키는 충분한 여건을 마련한 터였다. 주요 외신들은 두 국가의 갈등과 반목을 반제국주의라는 레토릭을 구사하며 대중적 인기에 영합하려는 차베스 개인의 비이성적인 정치적 선택인 듯 다루었다. 그렇게 베네수엘라 차베스 정권을 개인숭배와 '우매한' 민중의 동원이라는 이른바 라틴아메리카의 고질적인 정치풍토인 '포퓰리즘'의 프레임으로 가두는 데 성공할 수 있었다. 그러나 정작 중요한 것은 국제사회의 평가가 무엇인가가 아니라 베네수엘라 민중들의 선택과 평가가 아닐까?

1950년대 이후 라틴아메리카의 이념 전쟁은 그야말로 치열하게 진행되었다. 1954년 개혁주의적 경제 정책을 시도하던 과테말라 아르벤스 정권이 무너지고, 우파의 군부와 30년 넘게 전쟁을 치러야 했으며, 1959년 쿠바혁명은 미국이 라틴아메리카에 대한 반공주의 정책 노선이 강화되는 계기가 되었으며, 1973년 칠레 아옌데 정권의 붕괴는 이를 여실히 증명한 사례였다. 제2차 세계대전 이후 고착된 냉전은 첨예한 이념적 대립으로 이어지며, 자본주의와 사회주의의 대립은 마치 자유주의와 전체주의의 대결인 것처럼 받아들여지고 있었다. 그러나 아이러니하게도 자본주의가 추구한 자유는 인간의 자유가 아니라 시장의 자유였고, 이를 보장하기 위해 라틴아메리카에서는 민중들의 저항을 '효과적으로' 차단할 수 있는 혹독한 군부 독재의 수립이 절실히 요구되었다. 칠레 사회주의 정권을 쿠데타로 전복시킨 피노체트 군부는 가장 '자유주의'적인 신자유주의 질서를 이른바 시카고 보이즈(경제관료)들을 통해 구축한 것은 우연이 아니었다. 그렇다면 베네수엘라의 상황은 어땠을까?

1950년대 말 이후 도입된 푼토피호^{Punto Fijo} 체제는 이렇다 할 군사 쿠데타의 개입 없이 약 40여 년 동안 평화적인 정권이양을 가능하게 했다. 이 같은 사실은 라틴아메리카에서 가장 성공적인 민주주의를 이끌어낸 국가로 평가하는 데 있어 충분한 근거였다. 하지만 정작 베네수엘라의 사회경제적 현실은 이와는 대조적이라는 사실에 대해서는 주목하지 않는다. 가장 이상적인 대의민주주의를 실현했다는 찬사를 받는 국가, 동시에 국가의 유일한 수입원천인 석유가 과두지배 계층에 의해 독점되는 사회경제 구조로 인해 국민의 대다수가 빈민층으로 전락하는 국가, 이 구조의 양면성은 무엇으로 설명할 수 있을까? 오베디엔테의 의도는 바로 여기에 있는 듯하다. 복잡한 이론적 설명이나 패러다임의 설정 없이 현재 긴박하게 변화하고 있는 베네수엘라 사회를 구사 가능한 가장 대중적인 언어로 설명하는 이유이다. 그의 책에는 차베스 개인의 영웅주의, 혹은 카리스마적인 레토릭을 구사하는 유능한 정치꾼으로서 그 어떤 개인도 존재하지 않는다. 어쩌면 차베스의 존재를 부각시키고 그를 우스꽝스러운 영웅으로 만든 것은 오히려 서방 언론의 역할이었다. 친자본주의적 경제 정책을 추구하지 않았을 때 국제무대에서 헤게모니를 장악하고 있는 자본주의 패권 국가들의 조바심이 만들어 낸 '창작물'과 같은 것이다. 특히 베네수엘라와 같이 다국적 기업이 베네수엘라 석유산업을 지배하고 있었던 구조에서는 더욱 그러하다. 오베디엔테는 1998년부터 2006년까지 베네수엘라에서 발생한 이 같은 일련의 사건을 일목요연한 방식으로 원인과 과정 그리고 사회적 결과를 독자들에게 쉽게 전달하고 있다. 분명하고 쉬운 언어로 있는 그대로의 현실을 이야기하는 것이다.

사물을 있는 그대로 직시하라는 그람시의 말을 빌려 말하자면, 편견과 기존 사고의 경직된 이론의 틀이 아닌 현실 그대로를 인식하고, 주변인의 해석이나 편견에 기대지 않을 때 지금의 베네수엘라 사회를 제대로 이해할 수 있을 것이다. 사실 이는 가장 인류학적인 접근에 가까운 이해 방식이다. 그것은 사회의 미시적인 움직임, 변화, 사람들의 표정과 일상적인 대화, 관계의 설정 방식, 사회문화적 차이를 초월하는 보편적 행동의 발견과 관찰 등을 통해 포착되는 사회의 모습을 바라보는 방법이다. 이 같은 맥락에서 저자 오베디엔테는 베네수엘라에서 벌어지는 전무후무한 변화, 급변하는 정세와 하루가 다르게 변해가는 사람들의 의식 수준 등을 설명하기 위해서는 기존의 서양사상, 철학, 이론으로는 더 이상 충분하지 않다고 일갈하고 있다. 그리고 동시에 베네수엘라 민중이 무엇을 해야 하는지 그들을 대신해서 생각하고 규정하는 지식인들의 존재도 거부한다. 결국 지금 자신들의 베네수엘라를 타자의 시선으로 고정시키지 않겠다는 것이 아닐까.

4. 차베스 그리고 베네수엘라

타자의 시선에서 바라보는 베네수엘라 사회의 중심에는 언제나 차베스 대통령 개인과 석유뿐이다. 개인 영웅주의와 대중 인기에 영합하는 포퓰리스트적인 차베스 대통령과 그런 개인을 가능하게 한다는 물질적인 기반 조건인 석유의 존재가 그것이다. 사회적 의사 결정의 독립성과 지배논리에 저항하는 창조적 개인을 주장하는 투렌의 주체 개념으로는 베네수엘라 사회변혁의 행위의 담지자인 민중의 주체적인 모습이 보이지 않는 이유도 여기 있는 듯하다. 즉, 결과적으로 차베스가 없는 지금의 베네수엘라를 상상하는 것은 불가능하다는 결론에 이르게 하는 이해 방식이다. 이렇게 차베스 개인의 존재가 지금의 베네수엘라 사회를 가능하게 한 주요한 원인으로 탈바꿈하게 된다. 이런 분석이 바로 사회 분석이 구조적이지 않을 때 발생하는 기능주의적 오류이다. 즉, 결과를 원인으로 잘못 해석하고 있는 것이다. 차베스는 베네수엘라 사회의 치열한 사회 계급투쟁의 결과물이지, 지금의 사회적 갈등을 야기한 원인이 아니다. 오랜 시간 구조적으로 심화된 사회 모순의 누적은 지금의 폭발적인 대중운동을 가능하게 한 구조적 원인이라고 볼 수 있다. 사회 모순은 갈등을 야기하고, 그 갈등을 해소하는 과정을 통해 재구조화되거나 조정된다. 그리고 지금 우리는 예상했던 것보다 조금 빠르게 차베스 대통령의 부재를 경험하고 있다. 차베스의 부재로 베네수엘라 사회 변혁의 형식은 또 다른 국면을 맞이하겠지만, 여전히 내용적으로는 치열한 사회 갈등을 통한 변화를 겪게 될 것이다. 왜냐하면 베네수엘라에서 부재하는 건 차베스 개인이지 사회적 갈등의 원인인 사회적 모순이 아니기 때문이다.

이제 행위자는 계급사회의 시기에서처럼 행위자의 사회적 위치에 의해서 정의되지 않는다는 투렌의 주장은 베네수엘라 사회에서는 이미 설득력을 잃어버렸다. 개인의 사회적 위치가 의식 수준을 결정한다는 결정론적인 주장을 하는 것이 아니다. 엄연히 계급이 존재하고 계급적 투쟁이 존재하는 계급사회에서 계급을 일거에 제거하는 위험천만한 시도는 관념론자의 유토피아적인 이상 추구에 가깝다. 현실을 개혁하는 힘은 항상 이상에서 출발하는 것은 틀림없는 사실이지만 현실세계의 인간에 기반을 두지 않는 이상은 위험한 상상력일 뿐이다. 지금의 베네수엘라 사회의 모습은 그동안 역사적·사회적·경제적·문화적 영역에서 총체적으로 형성되었으며, 이 과정에서 그 사회의 개별성과 특수성이 결정되었다. 그리고 오베디엔테는 여전히 베네수엘라의 사회가 엄연한 계급사회라고 설득력 있게 주장한다. 이 같은 맥락에서 21세기 베네수엘라 방식의 사회주의를 이야기하는 것은 타당하다. 역사적 경험에 의해 사회주의는 경직되고 유토피아적이며 현실에서는 실현 불가능한 이상적 이론에 불과한 것으로 인식되고 있다. 과거 소비에트 연방이 스탈린주의로 점철된 현실 사회주의의 실패와, 현재 쿠바 사회주의에 대한 끊임없는 이데올로기 공세 등은 사회주의적 이상을 갖는 것이 비현실적인 선택인 듯 호도하고 있다. 자본주의식 경제 질서가 야기하는 사회적 폐단과 인간소외를 극단화하는 폐해에도 불구하고 정작 그 질서에 대해 문제를 제기하는 목소리는 여전히 미미하다. 하지만 베네수엘라는 이러한 지배 질서를 부정하고, 자본주의적 질서보다는 사회주의적인 가치를 추구하는 운동의 중심에 있는 사회이다.

5. 사회적 주체, 그리고 베네수엘라

베네수엘라가 석유수출로 인해 경제가 번성하고 가장 모범적인 대의민주주의를 실현했다는 평가를 받는 동안 인구의 80% 이상은 도시 빈민으로 전락하였다. 1960년대 이후 도시의 생활권은 도시의 외곽을 빙 둘러싼 바리오라고 부르는 빈민가와 호화스러운 도심으로 나뉘어졌으며, 한편으로는 중앙정부의 관료적 횡포로부터, 다른 한편으로는 빈민가의 악순환적인 범죄의 위협으로부터 보호받기 위해 바리오 단위의 지역공동체가 형성되어 갔다. 오랜 시간 자신들의 생활 근거지를 통해 만들어지고 발전된 지역 단위의 주민, 청년 조직은 현재 베네수엘라 사회의 역동성을 가능하게 한 개인들의 실체이다. 그럼에도 불구하고 차베스 개인과 베네수엘라 사회를 동일시하고, 정작 역동적 힘의 발원지이며 개인을 넘어서는 사회적 주체의 다양한 변화와 움직임은 애써 외면하고 있다. 뿐만 아니라 베네수엘라 사회 변화의 모습이 역동적일 수밖에 없는 이유는 기존의 사회 지배질서에 대한 적나라한 비판과 여지없이 드러나는 모순적 사회현실에 대한 문제 제기에 주저함이 없기 때문이다. 오베디엔테의『21세기 베네수엘라의 사회주의 휴머니즘』은 이 같은 역할을 하기에 충분한 책일 듯하다. 베네수엘라가 실제로 처한 현실과 변화하는 사회의 모습, 성과들 그리고 그 과정을 단순 명료한 문체와 변혁의 필연성을 대중의 언어로 쉽게 풀어나가고 있기 때문이다.

　오베디엔테는 20세기 자본주의가 번성하던 시대에 심화되는 빈부 격차, 사회 불평등의 원인과 형성, 모순적 악순환을 극복해 가는 사회 변화의 모습과 성과들, 그리고 도전에 대한 이야기를 하고 있다. 한편으로는 1998년 이후 베네수엘라에서 이룩한 교육·건강·복지 수준의 향상이라는 사회적 업적을 단순히 포퓰리즘에 의한 것으로 설명하려는 시도가 지닌 이론적 한계와 폐쇄성을 비판하기도 한다. 이것은 베네수엘라 사회의 선택에 대한 국제사회의 평가가 보여 주는 편협함에 대한 비판이기도 하다. 베네수엘라 사회주의는 문화적이자 동시에 인류학적 관점에서 고려되고 분석되어야 한다고 저자는 강조한다. 과학주의의 또 다른 표현인 객관적인 보편성의 추구라는 습관이 개별 국가의 역사적·사회적 배경을 고려하지 않은 채 갖가지 국가 정책을 도입하는 폭력적인 수단이 되고 있음을 논외로 치더라도 오베디엔테의 주장은 타당하다. 약 500년간 지속된 유럽 제국주의에 의한 식민지 역사와 뒤이은 미국 자본과의 착취관계는 라틴아메리카 국가의 구조적 모순을 형성한 역사적 과정이었으며, 정치경제를 비롯한 사회문화적 여건이 조성되는 토대였음은 의심할 여지가 없다. 그리고 이 책은 지난 세기의 역사적 경험으로 인해 사회주의를 언급하는 것이 불편한 현실이 된 지금, 현재 베네수엘라 사회변혁의 모습을 기존의 경제적·정치적 이론적 틀로 설명하려는 시도를 잠시 멈추고 그들이 추구하고자 하는 사회적 가치가 진정으로 무엇인지 엿보는 기회를 가져 보는 것도 좋을 것이다.

추천문헌

마이크 데이비스, 『슬럼, 지구를 뒤덮다』, 김정아 옮김, 돌베개, 2007.

알랭 투렌, 『현대성 비판』, 정수복·이기현 옮김, 문예출판사, 1995.

제프 일리, 『The Left 1848~2000: 미완의 기획, 유럽 좌파의 역사』, 유강은 옮김, 뿌리와 이파리, 2008.

Peter Grohmann, *Macarao y su gente: movimiento popular y autogestión en los barrios de Caracas*, Caracas: UNESCO, 1996.

3부

/

종속이론을 다시 생각하다

외적 모순에서 다시 내적 계급모순으로

아구스틴 쿠에바의『라틴아메리카 자본주의 발달사』

김기현

1. 라틴아메리카 정치경제 이해를 위한 필독서

필자는 1986년 멕시코 국립자치대학^{UNAM} 라틴아메리카 지역학과로 유
학을 갔다. 학기가 시작하기까지는 약간의 시간이 있어서 학과 교수를
찾아뵙고 미리 읽을 만한 책을 소개해 달라고 부탁했다. 그때 이것만은
꼭 읽고 오라고 추천해 준 책이 바로 에두아르도 갈레아노의『수탈된 대
지』, 스탠리 스테인과 바바라 스테인의『라틴아메리카의 식민 유산』, 아
구스틴 쿠에바^{Agustín Cueva(1937~1992)}의『라틴아메리카 자본주의 발달사』
이렇게 세 권이었다. 나는 이 책들을 모르는 단어 하나하나 빠짐없이 사
전을 찾아가면서 정말 꼼꼼히 읽었다. 국내에서는 쉽게 접할 수 없었던
시각, 그야말로 자신의 문제를 자신의 방식으로 이해하고자 하는 참신
함이 돋보이는 책들이었다. 나는 이 세 권의 책을 통해 라틴아메리카에

---

* Agustín Cueva, *El desarrollo del capitalismo en América Latina*, Ciudad de México:
  SigloXXI, 1977. 국내에는 일부가 아구스틴 쿠에바,『라틴아메리카 자본주의 발달사』, 김기현
  옮김, 지만지, 2009로 번역되어 있다.

대해 눈을 뜨게 되었고, 지금까지도 그때 습득한 시각이 나의 라틴아메리카 인식의 기본 바탕을 형성하고 있다.

이 세 권의 책은 모두 라틴아메리카 저개발의 문제를 다룬다. 즉 라틴아메리카는 왜 서구 선진국처럼 발전하지 못했는가 하는 물음에 대해 답을 제시하고 있다. 여기서 아구스틴 쿠에바의 책이 특히 흥미로운 이유는 당시 라틴아메리카에서 유행했던 종속이론과 달리 저개발의 원인을 외부에서 찾지 않고 내부에서 찾고자 한 점이다. 이것이 바로 아구스틴 쿠에바를 라틴아메리카 종속이론의 대표적 비판가로 만든 이유이다.

그는 자신의 시각을 『라틴아메리카 자본주의 발달사』 1장 첫머리에 마르크스주의 종속이론가인[1] 후이 마우루 마리니^{Ruy Mauro Marini}의 문장을 인용하면서 분명히 밝히고 있다. "산업 발전을 이루지 못한 국가들이 경제적으로 약한 것은 그들이 외부적으로 수탈되었기 때문이 아니다. 그들이 외부 세력에 의해 수탈당한 것은 내부적으로 약했기 때문이다." 즉 모두가 라틴아메리카 저개발의 문제를 서구에 의한 외부적 수탈 때문이라고 목청을 높이고 있을 때, 쿠에바는 그러한 수탈이 우리가 못났기 때문이라고 주장했다. 즉 외부적 모순보다 내부적 모순이 먼저라는 생각이다.

이 책의 초판이 발행된 것이 1977년으로 그때는 라틴아메리카에서도 종속이론이 여전히 맹위를 떨치고 있을 때였다. 그렇기 때문에 아구스틴 쿠에바의 주장은 라틴아메리카 사회이론에 신선한 바람을 몰고 왔다. 외부적 모순에서 다시 내부적 모순으로, 즉 종속이론에서 계급분석

---

1) 마르크스주의 종속이론이란 외부적 모순을 강조하는 종속이론과 마르크스주의적 계급분석을 결합한 이론을 말한다.

으로 새로운 전환을 위한 이론적 기반을 제시하고, 그 이론을 역사적으로 세밀하게 검증한 책이 바로 『라틴아메리카 자본주의 발달사』였다. 따라서 이 책은 그 후 줄곧 좌파에 의한 종속이론 비판의 대표적 저술로 꼽혔다.

이 책은 출판 당시부터 라틴아메리카 사회과학 분야의 가장 중요한 출판사 중 하나인 시글로XXI^{SigloXXI}의 최우수 저술로 선정되었으며, 당시 라틴아메리카의 지식인이라면 누구나 읽어야 하는 필독서가 되었다. 1970년대와 1980년대를 거쳐 1990년대 초까지 라틴아메리카의 진보적 성향의 지식인들이라면 이 책을 읽지 않은 사람이 없었을 것이다.

2. 외부적 수탈을 가능케 한 내부적 취약성

그러면 아구스틴 쿠에바가 말하는 외부적 수탈을 가능케 한 내부적 취약성이란 무엇인가? 즉 라틴아메리카가 서구 선진국과 같은 산업화를 이루는 데 실패하고, 저개발에 빠질 수밖에 없었던 내부적 조건이란 무엇인가? 독립 직후 상황에서부터 하나씩 살펴보도록 하자.

1) 독립 직후: 봉건적 대토지 소유제 강화

쿠에바는 독립 직후 라틴아메리카의 초기 취약성은 식민지로부터 물려받은 경제사회적 구조에 있었다고 지적한다. 독립 직후 라틴아메리카 사회는 식민지 시대로부터 물려받은 노예제와 봉건제에 기반을 두고 있었다. 따라서 생산력 수준이 매우 낮았다. 이러한 구조는 독립 이후 라틴아메리카가 자본주의를 발전시키는 데 큰 장애물이 되었다. 그러나 독립 직후 라틴아메리카 국가는 이러한 전前자본주의적 구조를 해체하기보다는 오히려 강화했다.

쿠에바의 분석에 따르면 브라질은 독립 이후 약 50년 동안, 식민지 시대 전 시기에 걸쳐 수입했던 노예의 약 38%에 해당하는 135만 명의 노예를 더 수입함으로써 노예제를 오히려 강화했다. 페루의 봉건 지주 계급도 독립 직후 자신의 지위를 오히려 강화했다. 독립 이후 공화국 시대는 자유주의 헌법에도 불구하고, 또 자본주의 경제 발전의 필요성에도 불구하고 봉건적 대토지소유제가 오히려 강화되었다. 추방된 에스파냐 사람들 소유의 아시엔다를 구매하거나, 붕괴된 원주민공동체 소유의 땅을 강탈하거나, 미개간 국유지를 불법적으로 점유하거나 하는 방법을 통해 지주 계급은 봉건적 아시엔다를 이전보다 확장했다.

결과적으로 독립 직후 라틴아메리카에서는 지배 계급이 봉건적 구조를 오히려 강화함으로써 자본주의 발전의 시작이라고 할 수 있는 자본의 본원적 축적과정이 나타나지 않았다. 그로 인한 초기 산업화의 실패로 인해 라틴아메리카는 19세기말 자본주의 세계화 시기에 단순한 1차 산품 수출자로 전락할 수밖에 없었다는 것이 쿠에바의 주장이다.

2) 외국 자본에 의한 본원적 축적 과정

쿠에바는 라틴아메리카 자본주의의 본원적 축적 과정도 유럽과는 완전히 다른 형태로 이루어졌다고 한다. 유럽의 자본주의 본원적 축적 과정이 식민지로부터 가져온 경제적 잉여와 함께 이루어졌다면, 봉건 세력이 지배하는 라틴아메리카에서 그 과정은 제국주의 국가들의 수탈과 함께 시작되었다. 따라서 초기 산업화 과정에서 필요한 보호주의 같은 것도 실현되지 않았다.

그 결과, 라틴아메리카 초기 자본주의 발전은 외국 자본에 의존할 수밖에 없었다. 내부적으로 국내 자본가 계급에 의한 자본의 본원적 축적이 이루어지지 않은 상황에서 라틴아메리카 초기 자본주의 발전은 외부 동력에 의해 추진될 수밖에 없었다. 그로 인해 전반적으로 전자본주의적 사회 구조 위에서 형성된 라틴아메리카의 초기 자본주의는 고립된 '작은 섬'의 형태로 나타났다. 소위 '엔클라베'enclave[2] 경제도 전자본주의적 사회에서 외국 자본에 의한 자본의 본원적 축적 과정으로 인해 탄생했다.

3) 과두제 시기의 초기 자본주의: 협소한 국내 시장과 봉건적 자본가 계급

쿠에바는 또한 과두제oligarquía[3] 시기의 자본주의 발전은 정체되지는 않았지만 매우 왜곡된 형태로 이루어졌다고 한다. 특히 반노예적·반봉건적 요소들이 강한 나라일수록 자본주의적 생산력의 발전은 매우 느리게 진행되었으며, 반면 유럽 이민자의 유입으로 인해 자유노동이 규범이된 나라에서는 생산력의 발전이 상대적으로 빠르게 진행되었다고 분석한다. 포르피리오 디아스Porfirio Díaz 시기의 멕시코는 전자에 속하고, 목축업의 발달로 유럽 이민자를 대대적으로 받아들인 아르헨티나는 후자에 속한다.

그러나 후자의 경우에도 자본주의적 생산력의 발전은 봉건적 대토지 소유구조가 허용하는 범위 안에서만 가능했다고 한다. 거의 반봉건적 생산 관계가 지배적이던 멕시코보다 이민자 자유노동력이 광범위하게 존재하던 아르헨티나에서 생산력의 발전이 상대적으로 빠르게 일어

---

[2] 라틴아메리카 국가 내에 있는 외국인 영토.
[3] 19세기 말부터 20세기 초까지 라틴아메리카에서 지배적이었던 정치체제.

난 것은 사실이지만, 그렇다고 아르헨티나의 초기 자본주의 발전이 유럽처럼 자영농민의 확대라는 기반 위에서 실현된 것은 아니었다. 아르헨티나와 우루과이로 건너온 이민자들은 자영농민이 되기보다는 이미 존재하는 아시엔다에서 임금노동자로 일할 수밖에 없었다. 결국 이들 나라의 초기 자본주의 발전도 대중의 빈곤화와 함께 진행되었다. 그것은 국내 시장의 협소화라는 문제를 야기했다. 이는 라틴아메리카 자본주의 발전의 또 다른 내부적 취약성이 되었다.

한편, 반봉건적 사회 구조에서는 진정으로 근대적인 자본가 계급의 형성도 이루어지지 않았다. 라틴아메리카의 자본가 계급은 토지 귀족과 긴밀한 연결 속에서 탄생했다. 이런 자본가 계급은 생산력의 발전보다는 지대 추구 성향이 더 강했다. 라틴아메리카의 초기 자본가 계급은 산업자본가이자 동시에 봉건적 지주였다.

4) 내부적 요인에 따라 다양하게 전개된 수입대체 산업화

아구스틴 쿠에바는 제1차 세계대전과 1929년 세계대공황도 종속이론가들이 주장하는 것처럼 라틴아메리카의 산업화를 자동적으로 가져온 것이 아니라고 주장한다. 종속이론가들은 서구 자본주의의 위기가 라틴아메리카 경제를 서구 자본주의 경제에서 단절시킴으로써, 즉 일시적으로 종속의 고리를 약화시킴으로써 라틴아메리카의 산업화를 가능하게 했다고 한다. 다시 말해 세계대공황이 라틴아메리카 수입대체 산업화를 가져왔다는 주장이다. 그러나 쿠에바는 그러한 과정이 기계적 메커니즘에 의해 자동적으로 이루어진 것이 아니라 내부의 계급관계에 따라 국가마다 다양하게 전개되었음을 지적한다. 즉 그러한 전환이 가능했던 몇몇 경우에는 반드시 대토지 소유자보다 민족부르주아 계급의 우세라는 내부적 계급 요인이 작용하고 있음을 강조한다.

예를 들어, 대토지소유자들의 권력이 강한 아르헨티나와 우루과이에서 세계대공황으로 인한 위기 상황은 수입대체 산업화를 가져오기보다 오히려 보수 세력이 재집권하는 기회가 되었다. 그로 인해 소득분배가 후퇴하고, 대토지소유제는 오히려 강화되었다. 세계대공황 이후 아르헨티나에서는 이민자 출신의 대통령 이리고옌$^{\text{Hipólito Yrigoyen}}$이 물러나고 보수적 군부가 재집권했으며, 우루과이에서는 사회민주주의자 바트예$^{\text{Luis Batlle}}$ 사후 테라$^{\text{Gabriel Terra}}$가 쿠데타를 통해 집권했다. 이들은 대공황에 맞서 산업화를 추진하기보다, 오히려 정치적으로 권력을 집중하고, 경제적으로 자유시장 경제 정책을 적용하는 등 보수적 처방을 강화했다. 반면 세계대공황 이전부터 산업화를 추진하고 있던 브라질의 경우 국내 자본가 계급이 이미 어느 정도 성숙해 있었기 때문에, 세계대공황이 발생하자 이를 기회로 삼아 수입대체 산업화를 본격적으로 추진할 수 있었다는 것이다.

그에 따라 쿠에바는 다음과 같은 결론에 도달한다. 계급투쟁이 진보를 이끌어갈 세력들에 우호적 결과를 창출하지 않는 한, 세계 자본주의 위기는 자본주의 체제에서 가장 약한 고리를 형성하는 라틴아메리카에 부정적 효과를 가져다 줄 뿐이다. 세계 자본주의 위기 시에 계급투쟁이 전개되지 않는다면, 종속적 과두제는 오히려 강화되며, 저개발 경제는 세계 자본주의 체제의 재조정 필요성에 따라 종속된 채 제국주의 경제가 재활성화 되기만을 기다리면서 기나긴 정체 국면으로 들어가게 된다. 실제 세계대공황 이후 브라질을 제외한 대부분의 라틴아메리카 국가는 이런 상황에 직면했다.

5) 수입대체 산업화의 실패와 대중의 빈곤화

결국 라틴아메리카에서 수입대체 산업화가 본격적으로 이루어진 것은 제2차 세계대전 이후 세계경제의 붐이 시작되면서부터이다. 세계경제의 붐은 라틴아메리카 1차 산품 수출 붐을 가져왔고, 수입대체 산업화도 그러한 붐을 통해서 가능했다. 1차 산품 수출로 인한 재원이 수입대체 산업화를 가능하게 한 것이다. 자본재 생산 부문의 미발달로 인해 산업화는 기계와 장비를 수입할 수 있는 능력에 따를 수밖에 없었다. 따라서 실질적으로 의미 있는 기술 축적은 불가능했다. 농업에서도 대규모 생산력의 발전이 이루어지지 않았다. 오래된 대규모 토지소유제가 그것을 막았다. 결국 수입대체 산업화는 원래 추구했던 자립적 민족경제 발전의 꿈을 실현하기보다는 오히려 외부경제에 대한 의존도를 높였다. 쿠에바는 이러한 현상이 대토지소유제의 지속, 민족부르주아 계급의 미약함이라는 조건에서 전개된 산업화의 결과라고 분석한다.

물론 산업화로 인해 지주 계급의 권력은 다소 약화되었다. 여기에 다국적 기업들의 영향력 확대와 함께 내부적으로 기술관료와 거대 산업 혹은 금융 자본의 힘이 가세하면서 새로운 독점적 권력 블록이 형성되었다. 이런 구도 아래에서 소득과 권력의 분배가 제대로 이루어질 수 없었다.

1970년대에는 포퓰리즘의 '복지' 구도가 고갈되면서 사회적 지출이 감소했다. 쿠에바에 따르면 포퓰리즘도 계급 연합이라는 의미에서 볼 때 제대로 실현된 나라는 아르헨티나와 브라질밖에 없었다고 한다. 다른 나라에서는 이 시기에 오히려 민중 계급의 억압과 그에 따른 계급 투쟁의 격화 현상이 나타났다는 것이다. 가장 대표적 사례가 과테말라의 아르벤스 정권과 쿠바혁명이었다. 이들 사례를 통해 쿠에바는 토지

개혁을 동반한 사회 개혁은 불가피하게 제국주의 국가의 이익과 충돌할 수밖에 없었고, 따라서 그러한 사회 개혁은 보다 급진적 사회변혁 운동으로 진전할 수밖에 없었음을 보여 주었다.

1970년대에는 또 수입대체 산업화 모델이 고갈되고, 노동의 국제적 분할에 따른 새로운 산업 구조가 시작되었다고 한다. 칠레 피노체트 정권에서부터 시작된 국가 부문의 해체는 라틴아메리카에서 부르주아민족주의 최후 거점을 붕괴시켰다. 수입대체 산업화와 함께 성장한 라틴아메리카의 민족부르주아 계급은 비록 소심하게 우왕좌왕하기는 했지만 그래도 어떤 형태로든 외부 세력을 통제하려고 했었다. 그러나 군부 정권의 도래와 새로운 노동의 국제적 분할로 인해 민족자본주의 발전의 열망도 사라지기 시작했다는 것이다.

군사 정권과 거대 자본 세력은 다국적기업 연합의 후원 아래 새로운 틀을 짜기 시작했다. 그런 틀 아래에서 라틴아메리카의 대중은 절대적 빈곤화의 고통을 겪어야 했다. 빈곤화는 노동자와 농민 계급에만 영향을 준 것이 아니라 중산층까지도 확대되었다. 그러나 쿠에바는 그때까지만 해도 아직 빛을 잃지 않고 있던 민중투쟁이 라틴아메리카 자본주의의 그러한 발전에 제동을 걸 수 있을 것이라고 믿었다. 물론 이러한 희망은 1980년대 초 외채위기의 발생과 함께 물거품처럼 사라졌고, 신자유주의는 라틴아메리카 자본주의 발전의 새로운 패러다임으로 자리잡게 되었다.

어쨌든 독립 이후 라틴아메리카 자본주의 발전 단계를 살펴보면서 쿠에바는 라틴아메리카의 운명이 결국 그들 밖에서 결정되는 것이 아니라, 민중운동의 조직 능력, 보다 일반적으로는 정치 능력에 달려 있음을 강조했다. 한편으로 쿠에바는 자본주의는 본질적으로 불평등 사회 구조를 생산하는 모순적 발전 과정이며, 종속은 자본주의 기본 구조와 다른 어떤 것이 아니라 그러한 모순을 보다 심화하는 한 요소에 불과하다고 지적했다. 따라서 이러한 모순의 해결은 결국 내부적 계급관계의 변화를 통해서만 가능하다는 점을 강조한다.

3. 종속이론 비판가 아구스틴 쿠에바

아구스틴 쿠에바는 에콰도르 출신이다. 에콰도르 국립대학의 교수로 근무하던 중 권위주의의 탄압을 피해 아옌데 시절 칠레의 콘셉시온 대학으로 옮겼다. 그러나 피노체트 군사 정권이 들어서자 다시 멕시코로 옮겨와 멕시코 국립자치대학 정치사회과학대학에서 재직했다. 2002년 질병으로 일찍 삶을 마감하게 되어서야 비로소 조국 에콰도르로 돌아갈 수 있었다.

대표 저서로는 『라틴아메리카 자본주의 발달사』 외에도, 라틴아메리카의 정치 과정과 사회 이론 분야에 있어서 역시 고전으로 꼽히는 1981년의 『분노와 희망 사이에서』*Entre la ira y la esperanza*, 1979년의 『라틴아메리카 사회 이론과 정치 과정』*Teoría social y procesos políticos en América Latina*, 또 조국 에콰도르의 정치를 분석한 1990년의 『에콰도르 정치 지배 과정』*El proceso de dominación política en el Ecuador* 등이 있다.

쿠에바는 라틴아메리카 사회과학계를 대표하는 라틴아메리카사회학회*Asociación Latinoamericana de Sociología*의 회장을 역임하기도 했으며, 정통 마르크스주의자의 입장에서 종속이론 비판의 선두에 섬으로써 라틴아메리카의 대표적인 진보 학자 중 한 사람으로 간주된다.

라틴아메리카는 쿠바혁명 이후 사회 전반이 급진화되었다. 사탕수수에 국가 경제의 거의 전부를 의존하면서 사실상 미국의 식민지와 같은 상황에 있던 쿠바에서 일단의 청년이 혁명을 일으켰다. 그러한 혁명이 반제국주의와 사회주의의 형태를 띠면서 성공적으로 실현되어감에 따라, 라틴아메리카에서는 새로운 사회에 대한 기대가 넘쳐났다. 그러나 한편으로 쿠바혁명은 기존 마르크스주의의 사회주의 단계적 실천 이론에 대해 새로운 해석을 요구했다. 자본주의 발전이 거의 없었던 쿠바에서 공산주의가 실현된 데 대한 이론적 설명을 위해 탄생한 것이 바로 종속이론이다.

종속이론은 라틴아메리카 사회가 기존에 생각했던 것처럼 반봉건적이 아니라, 식민지 시대 이래로 자본주의 세계체제의 약한 고리에 이미 편입되었다고 본다. 따라서 그때부터 라틴아메리카는 자본주의적 성격을 가지게 되었다는 것이다. 그러나 라틴아메리카의 자본주의는 서구 유럽 자본주의와 달리 종속 자본주의적 형태를 띠고 있다고 한다. 따라서 식민적 수탈을 통해 자율적 자본 축적을 이룰 수 있었던 서구 자본주의와 종속적 수탈을 당하면서 발전하는 라틴아메리카의 자본주의는 본질적으로 완전히 다른 성격을 가진다는 것이다. 또 그럼으로 인해 라틴아메리카의 자본주의는 결코 서구 자본주의와 같은 발전의 길로 나아갈 수 없다는 것이 종속이론의 핵심적 주장이다. 결국 라틴아메리카가 그러한 종속의 질곡에서 벗어나기 위해서는 세계 자본주의 체제와의 종속 관계를 끊는 것만이 유일한 방법으로 간주되었다.

종속이론에 대한 찬반양론이 격렬한 가운데 1960년대 말과 1970년대 초에 들어서 정통 좌파의 목소리가 다시 힘을 얻기 시작했다. 이러한 변화가 시작된 것은 1968년 프랑스를 기점으로 시작된 서구사회 계급 갈등의 심화였다. 그러한 현상은 사회문제 인식에서 전반적 논점을 외적 모순에서 내적 계급모순으로 돌려놓았다. 또한 1973년 아옌데 정권의 붕괴도 종속이론가들의 급진적 변혁 이론을 약화시키는 데 기여했다. 성급한 혁명운동이 보수반동을 야기해 군부 독재라는 더 큰 악을 불러왔다는 비판 때문이었다.

정통 좌파의 종속이론 비판에서 가장 선두에 섰던 사람이 바로 쿠에바이다. 그는 무엇보다 종속이론이 평등하고 조화로운 자본주의 발전에 대한 환상을 가지고 있다고 비판했다. 라틴아메리카의 자본주의가 서구와 같이 자율적으로 발전했다면 평등한 사회를 이룰 수 있었을 것이라는 가정, 즉 '잃어버린 민족적 자본주의에 대한 향수'가 종속이론가들의 주장 저변에 깔려 있다는 것이다. 그러나 쿠에바는 평등하고 조화로운 자본주의 발전 그 자체를 거부한다. 왜냐하면 자본주의는 그 자체가 계급모순을 안고 있는 체제이기 때문이다.

따라서 쿠에바는 라틴아메리카의 자본주의가 서구 자본주의와 본질적으로 다르다는 종속이론의 주장을 반박한다. 그가 볼 때 문제의 본질은 자본주의 자체에 있는 것으로, '종속'과 '서구'라는 수식어는 단지 자본주의의 특수성을 나타낼 뿐이다. 따라서 '종속'과 '서구'가 자본주의를 넘어 본질이 될 수는 없다고 본다. 또한 쿠에바는 라틴아메리카 사회를 이미 자본주의라고 보는 시각 또한 잘못되었다고 비판한다. 그러한 시각은 분석의 대상을 지나치게 교역의 측면에서 파악함으로써 생긴 오류이며, 생산 관계와 계급적 측면에서 볼 때 20세기 중반까지 라틴아메리카는 여전히 다양한 생산 양식이 존재하는 반봉건적 사회라는 것이다.

결국 종속이론의 근원적 문제점은 자본주의 사회의 진정한 모순인 내적 계급모순을 경시하고, 문제의 원인을 지나치게 종속과 같은 외적인 요인에서 찾은 데 있다고 말한다. 물론 쿠에바도 종속 국가와 제국주의 국가 사이에도 모순이 존재함을 인정하나, 이러한 모순이 자본주의의 고유 모순인 계급모순보다 상위에 있을 수는 없다는 생각이다. 이런 사상을 역사적 사례를 통해 입증한 책이 바로 『라틴아메리카 자본주의 발달사』이고, 그를 통해 쿠에바는 정통 좌파의 입장에서 종속이론을 비판한 라틴아메리카 대표적 지식인이 되었다.

4. 좌파의 위기 그리고 쿠에바 사상의 현재성

쿠에바 사상에 대한 비판은 좌파의 위기와 맥을 같이한다. 쿠에바는 기본적으로 마르크스주의 유물결정론에 따라 자본주의의 모순과 그에 따른 계급투쟁의 필요성을 강조한다. 그는 서구 자본주의든 라틴아메리카 자본주의든 자본주의 자체는 모순적이라고 보았다. 그중 라틴아메리카 자본주의는 종속성이라는 문제가 더해져 모순의 정도가 보다 크게 나타난다고 생각했다. 따라서 대중의 빈곤화가 보다 더 심각하며, 이러한 문제는 결국 계급투쟁을 통해 해결될 수 있다고 주장했다.

그러나 1980년대 라틴아메리카에 외채위기가 발생하면서 노동자, 농민 등 민중조직들의 투쟁력이 약화되었다. 그리고 1980년대 말부터 소련과 동구 사회주의 국가들의 붕괴, 알란 가르시아의 인티 플랜으로 대표되는 비정통파 경제 모델들의 실패로 인해 라틴아메리카에서도 신자유주의 헤게모니가 성립되기 시작했다. 이러한 상황에서 좌파는 당연히 위기에 직면하게 되었고, 그중 상당수는 시대적 상황에 따르는 우경화를 시작했다. 이제 라틴아메리카의 좌파는 계급투쟁보다 선거민주주의의 제도적 틀을 보다 더 존중하게 되었으며, 경제적으로도 국가 개혁의 필요성을 인정하지 않을 수 없게 되었다. 개방, 긴축, 민영화라는 신자유주의 패러다임을 모두 받아들인 좌파는 이제 단지 '실용적'(신자유주의)이라는 수식어만으로 자신들을 우파와 구분하고자 했다. 이런 가운데 쿠에바와 같은 정통 마르크스주의자가 설 곳은 거의 사라졌다.

그러면 쿠에바의 사상에서 오늘날 우리가 얻을 수 있는 것은 무엇일까? 그에 답하기 위해 크리스토발 카이$^{Cristóbal\ Kay}$의 최근 논문에 주목할 필요가 있다. 그는 2002년 「왜 아시아가 라틴아메리카를 추월했는가?」라는 논문에서 국가와 시장의 논쟁을 넘어 토지개혁의 문제를 들고 나왔다. 그의 논지는 쿠에바의 계급분석과 일맥상통하는 바가 있어서 흥미롭다. 그는 동아시아 경제 발전의 교훈을 주로 산업 정책이나 교역 정책 혹은 국가의 역할 등에서 찾으려는 시도를 비판하면서 농업 구조, 지주와 농민의 관계, 토지개혁 등의 문제를 분석하지 않고 양 지역의 차이를 설명할 수 없다고 주장한다.

특히 토지 개혁과 정치권력의 문제에 초점을 맞추고 있는데, 저자는 한국과 대만의 경우 산업화 과정 이전에 다양한 이유로 지주 계급이 소멸됨으로써 국가가 지주 계급을 대신하여 농업의 잉여를 산업화로 적극 이전하였고 그로 인해 토지 개혁이 산업화에 기여할 수 있었다고 본다. 반면 라틴아메리카에서는 지주 계급이 여전히 정치적 영향력을 유지하고 있기 때문에 토지 개혁이 제대로 추진될 수 없었을 뿐만 아니라 그나마 실현된 토지 개혁도 경제적 이유보다는 정치적인 이유로 추진되었기 때문에 국내 시장의 확대나 농업 잉여의 산업 이전과 같은 산업화에 대한 기여가 크지 않았다고 주장한다. 즉 라틴아메리카 지주 계급의 영향력 지속과 풍부한 천연자원의 존재가 라틴아메리카 지배 계급으로 하여금 어려운 기술 혁신과 산업화를 실현하기보다는 지대 추구의 의식과 행위를 선호하도록 만들었다는 이론이다.

이는 라틴아메리카 경제의 가장 근본적 문제가 정치, 바로 지배 계급의 성격에 있음을 말하는 것이다. 이는 쿠에바의 분석과 일맥상통하는 점이 있다. 라틴아메리카 자본주의 발전의 문제점을 외부적 요인보다 내부적 계급 문제에서 찾으려는 쿠에바의 노력은 이런 의미에서 여전히 유효하다고 생각된다.

추천문헌

로널드 H. 칠코트, 『발전과 저발전의 이론』, 백광일 옮김, 학문과사상사, 1986.

에두아르도 갈레아노, 『수탈된 대지: 라틴아메리카 5백년사』, 박광순 옮김, 까치, 1988.

Cristóbal Kay, "Why East Asia Overtook Latin America: Agrarian Reform, Industrialization and Development", *Third World Quarterly*, vol.23, no.6, 2002.

Stanley J. Stein and Barbara H. Stein, *La herencia colonial de América Latina*, Ciudad de México: Siglo XXI, 1970.

종속자본주의에 대한 마르크스주의적 해석

후이 마우루 마리니의 『종속의 변증법』

강경희

1. 망명길에서 책을 쓰다

후이 마우루 마리니^{Ruy Mauro Marini(1932~1997)}의 『종속의 변증법』은 1973
년 발간된 후 라틴아메리카의 좌파 지식인으로부터 많은 찬사와 비난을
받으며 뜨거운 논쟁의 대상이 되었다. 종속이론의 한 분파인 상파울루
학파는 '종속'이 특정 조건에서 나타나는 일시적 현상일 뿐이므로 '종속
이론'과 같은 일반화의 시도는 의미가 없다고 주장했다. 브라질 대통령
을 역임한 바 있는 페르난두 엔히키 카르도주가 주도하는 상파울루 학
파는 주로 베버주의적 관점과 사회학적 분석 방법을 이용해 개발도상국
및 저개발국가의 저발전 문제를 국제적 맥락에서 이해하는 종속이론의
한 분파이다.

반면, 마리니 지지자들은 『종속의 변증법』에서 소개된 노동초과착
취론, 아류제국주의론^{subimperialismo} 등이 마르크스주의 종속이론의 발
전에 중대한 분기점을 제공했다고 주장한다. 마르크스주의 종속이론은

---

*Ruy Mauro Marini, *Dialéctica de la dependencia*, Ciudad de México: Era,1973.

마리니를 비롯해 테오토니우 두스 산투스Theotônio dos Santos, 바니아 밤비라Vania Bambirra, 안드레 군더 프랑크 등에 의해 체계화되었고, 주로 정치경제학 분석 방법을 통해 종속자본주의 생산 양식의 구조적 특징을 밝히고자 한다. 이들 가운데 마리니의 정치경제학은 마르크스의 『자본론』 분석 방법을 이론적, 방법론적 도구로 활용해 라틴아메리카 종속경제의 재생산 과정을 독창적으로 재구성해 냄으로써 마르크스주의 종속이론에 과학성을 부여했다는 평가를 받는다.

마리니 정치경제학의 형성 과정에서 주목할 만한 특징은 그의 이론이 라틴아메리카의 주요 현대정치사를 직접 관통해 온 그의 삶과 깊은 관련이 있다는 점이다. 쿠바혁명을 바라보며 라틴아메리카 사회주의 이론을 구상했고, 브라질 군사 쿠데타를 체험하며 라틴아메리카의 독재와 민주주의 이론을 만들었으며, 멕시코 틀라텔롤코 학살 사건에서는 학생운동에 관여했다는 혐의를 받아 칠레로 망명했고, 칠레에서 살바도르 아옌데 인민연합정부 집권기 정치 활동에 참여하다가 피노체트 군사 쿠데타가 발생하자 다시 멕시코로 망명했다. 즉, 마리니는 라틴아메리카에서 정치적, 이론적 논쟁이 최고조로 달했던 시대를 직간접적으로 체험하면서 자신의 지적, 학문적 생산 활동을 펼쳤다.

마리니의 정치경제학 수립에서 주목할 만한 또 다른 특징은 그의 이론들이 20여 년 동안의 오랜 망명 생활 중 형성되었다는 것이다. 칠레 망명 중 마리니는 1970년 인민연합과 살바도르 아옌데의 선거 승리가 만들어 낸 진보적인 지적 분위기 덕분에 세계 각국에서 모여든 좌파 지식인과 활발한 학문적 교류를 체험할 수 있었다. 그는 칠레 대학의 사회경제연구센터에서 근무하며 오랜 친구인 두스 산투스와 밤비라를 만나 브라질에서 진행하던 공동연구를 지속할 수 있었고 프랑크, 마르타 하네케르, 레지스 드브레, 오를란도 카푸토, 하이메 오소리오 등과 함께 연구 활동을 진행할 수 있었다. 사회경제연구센터 연구진은 1973년 피노체트 군사 쿠데타가 발생하기 직전까지 마르크스주의 종속이론의 확립을 목표로 활발한 토론을 벌였다. 이 시기 마리니는 역작인 『종속의 변증법』을 출판하기도 했다. 이후 칠레에서 쿠데타가 발발하자 마리니를 비롯한 사회경제연구센터 연구진은 멕시코로 활동 무대를 옮겨 멕시코 국립자치대학 정치사회학대학 라틴아메리카연구센터에서 다시 마르크스주의 종속이론의 구체적 내용을 둘러싼 토론과 논쟁을 지속해 나갔다.

이처럼 마리니의 망명 생활은 개인적으로는 고통스럽고 외로웠겠지만, 라틴아메리카와 세계 각지에서 온 많은 연구자들이 한자리에 모여 라틴아메리카의 현안을 논의하고 비판적 이론을 구성할 수 있는 결정적 계기를 만들어 주었다. 마리니는 스스로 "비판적 사상은 세계와 라틴아메리카 문제에 대한 절대적 해답을 제공하는 것이 아니라 기존의 사상 속에서 최선의 것을 재발견하는 것"이라고 강조한 바 있다. 또한, 마리니는 "유럽과 미국에서 출현한 패권적 이론의 개입을 멀리하면서 라틴아메리카 종속자본주의의 본질에 다가가기 위해서는 개인 수준의 연구보다는 집단적 차원의 성찰이 필요하다"고 주장했다. 마리니가 폐쇄된 연구실에서 벗어나 수많은 학문적 동지들과의 오랜 논쟁과 토론을 통해 '최선의 것을 재발견'해 나갈 수 있었던 것은 망명 생활이 준 우연한 선물은 아니었을까?

2. 『종속의 변증법』에 대하여

마리니의 『종속의 변증법』은 1973년 멕시코의 에라출판사에서 출판되었다. 이 책은 두 개의 장(1장 「종속의 변증법」, 2장 「종속의 변증법에 관하여」)으로 구성되어 있으며, 1장은 여섯 개의 절(1절 '세계시장으로의 통합', 2절 '부등가교환의 비밀', 3절 '노동초과착취', 4절 '종속경제의 자본회전', 5절 '산업화과정', 6절 '새로운 악순환의 고리')로, 그리고 2장은 두 개의 절(1절 '국제경제에서 두 시기', 2절 '자본주의발전과 노동초과착취')로 나뉘어 있다. 이 책의 저술 목표는 마르크스 『자본론』의 일반 이론을 통해 라틴아메리카 종속자본주의의 재생산 과정에서 나타나는 특수한 법칙을 찾아내고, 이를 통해 라틴아메리카에 적합한 새로운 추상적 이론을 구축하는 것이다. 마르크스 이론 외에도 레닌과 로자 룩셈부르크의 제국주의론, 레닌의 불균등결합발전론, 프랑크의 라틴아메리카 자본주의이행론, 폴 바란과 폴 스위지의 독점자본론과 저발전이론 등이 마리니의 이론에 영향을 주었다.

마리니는 『종속의 변증법』 서두에서 마르크스주의 일반 이론을 라틴아메리카라는 구체적 현실에 적용할 때 흔히 저지르는 두 가지 편향을 지적하고 있다. 하나는 스탈린주의에 강하게 영향을 받은 라틴아메리카 공산당의 교조주의적 편향이다. 이 편향은 추상적인 것과 구체적인 것을 동일시하거나 혼동할 때 나타난다. 즉, 경험적 현실에 대한 깊은 성찰 없이 추상적 일반 이론을 그대로 수용했을 때 교조주의적 편향이 나타난다. 다른 하나는 주로 사회학적 연구 방법에서 나타나는 절충주의적 편향이다. 이 편향은 추상적 일반 이론을 통해 경험적 현실을 분석하기 어렵다는 문제에 직면해 방법론적·개념적 엄밀성을 포기하는 경우 발생한다. 다시 말하면 방법론적·개념적 엄밀성에 대한 지나친 강조가 교조주의적 편향이라면 방법론적·개념적 엄밀성의 결여는 절충주의적 편향으로 나타나는 것이다.

따라서 마리니의 『종속의 변증법』은 교조주의와 절충주의라는 두 개의 편향과 거리를 두면서 추상적인 것과 구체적인 것, 일반적 이론과 경험적 현실 간의 변증법적 결합을 모색한 책이라 할 수 있다. 『종속의 변증법』 1장 1절 '세계시장으로의 통합'에서 마리니는 "저발전은 발전의 또 다른 모습이다"라는 마르크스주의 종속이론의 추론 방식을 포기하고 라틴아메리카가 어떠한 조건하에서 세계시장에 통합되었는지를 구체적으로 분석했다. 그 결과 마리니는 "식민지의 상황과 종속의 상황은 동일하다"라는 프랑크 주장의 문제점을 발견할 수 있었고, "두 상황은 연속성이 있지만 동일한 것은 아니다"라는 새로운 결론을 도출했다.

이론적 추론 방식을 탈피하고 경험 현실에 대한 구체적 분석을 시도하려는 마리니의 역사주의적 관점은 『종속의 변증법』 1장 5절에서도 나타난다. 이 절에서 마리니는 유엔라틴아메리카경제위원회^{CEPAL}의 발전주의 이론과 수입대체 산업화 개념을 비판했다. 유엔라틴아메리카경제위원회는 라틴아메리카 국가가 수입대체 산업화를 추진하고 기술 발전을 위해 재투자하고 국내 시장을 확대하면 완전한 경제적 '자율성'에 도달할 수 있다고 주장했다. 마리니는 유엔라틴아메리카경제위원회가 1차 상품 수출경제 기반 위에서 확립된 라틴아메리카의 '산업화'라는 역사적 경로와, 라틴아메리카의 수입대체 산업화가 중심부 국가의 자본재 수입에 의존한다는 외부 규정성을 과소평가한다고 강조했다.

『종속의 변증법』뿐 아니라 마리니의 모든 연구를 관통하는 핵심 개념은 노동초과착취이다. 마리니는 세계 자본주의는 위계적이고 독점적이며 불평등한 체계로 구성되어 있으며, 종속된 지역(국가)에서 중심부 지역(국가)으로의 가치이전은 구조화되어 있다고 주장했다. 이에 따라 중심부 자본주의 생산 양식은 기술 발전을 통해 상대적 잉여가치를 강화하는 방향으로 전개되는 반면, 종속 국가의 자본축적 패턴은 노동초과착취를 통해 달성된다는 것이다. 즉, 마리니는 노동초과착취가 종속자본주의 축적의 고유한 특징이라고 본다.

마리니의 노동초과착취 개념은 마르크스의 『자본론』에서 분석한 바 있는 상대적 잉여가치와 절대적 잉여가치 개념을 라틴아메리카에 적용하는 과정 속에서 형성되었다. 마리니는 우선 상대적 잉여가치를 노동생산성 향상을 통해 실현된 착취형태로, 절대적 잉여가치를 노동자에 대한 더 많은 착취형태로 정의한다. 두 번째의 착취형태는 다시 노동 시간 연장, 상응하는 임금 인상 없는 노동 강도의 증가, 노동자의 소비자금 축소(노동자 소비를 한계 수준 이하로 줄이는 것)라는 세 형태로 구분한다. 마리니의 노동초과착취 개념은 노동력 가격이 노동자의 신체적 및 정신적 재생산을 위해 필요한 가치 이하로 하락하는 것을 의미한다.

마리니는 종속 국가의 세계 자본주의 체제 편입이 중심부 국가에게는 절대적 잉여가치 생산에서 상대적 잉여가치로의 이행이라는 질적 발전을 가져왔지만, 라틴아메리카 국가는 노동초과착취를 통해 가까스로 자국의 생산능력을 유지할 수 있었다고 주장한다. 그러나 마리니의 노동초과착취개념이 종속자본주의의 '과학기술적 정체'를 의미한다는 평가는 잘못된 것이다. 종속자본주의 저발전은 발전의 부재를 의미하는 것이 아니라, 세계적으로 팽창하는 자본주의 생산 양식의 산물이라는 고유한 특징을 갖는다는 것이다.

『종속의 변증법』에서 제기한 노동초과착취 개념은 비판과 반비판을 거듭하며 후속 연구에서 하나의 이론으로 완성되어갔다. 마리니의 대표 연구로는 아류제국주의에 대해 분석한 1969년의 『저발전과 혁명』, 칠레 망명 생활 경험을 회고한 1976년의 『개혁주의와 반혁명. 칠레에 대한 연구』, 『종속의 변증법』의 후속 논문인 1979년의 「종속경제의 자본 회전」과 「특별잉여가치와 자본축적」, 1982년의 「칠레의 자본 재생산 패턴」, 1993의 저서 『라틴아메리카: 민주주의와 통합』 등이 있다.

3. 마리니의 생애와 사상

마리니는 브라질 출신의 정치경제학자이자 사회학자이며 국제적으로는 마르크스주의 종속이론의 창시자 중 한명으로 알려져 있다. 마리니는 대학 졸업 후인 1958년 프랑스 정부의 장학금을 받아 파리 정치대학에서 마르크스주의 이론에 대한 체계적 교육을 받았다. 또한, 프랑스 유학 생활 중 마리니는 유럽의 식민지 반대운동과 제3세계주의자의 정치적 저항에 대해 관찰할 수 있었다.

귀국 후, 마리니는 1961년 마르크스주의 혁명단체인 '노동자정치'에 참여했다. 노동자정치는 브라질공산당의 노선에 반대하는 대표적인 신좌파 조직이다. 신좌파에 따르면, 브라질공산당이 주장하는 부르주아 민주주의 혁명은 부르주아지의 취약성으로 인해 실제 라틴아메리카 현실에 적용된 바 없으며, 민중투쟁은 사회주의 건설을 목표로 삼아야 한다. 신좌파는 라틴아메리카가 봉건제의 지속이 아니라 제국주의 침투와 취약한 부르주아지 때문에 고통을 받는다는 점을 강조했다. 이러한 신좌파의 주장은 1920년대 페루의 마르크스주의자 호세 카를로스 마리아테기의 영향을 받았다.

마리아테기는 제국주의 침투에 대응하는 데 있어서 부르주아지의 취약성과 무능력을 오래전에 지적했다. 라틴아메리카 부르주아지는 제국주의 세력과 긴밀히 연결되어 있어 산업화와 민주주의혁명을 주도할 수 없기 때문에, 라틴아메리카의 산업화와 민주주의는 사회주의혁명을 통해서만 완수할 수 있다는 것이 마리아테기의 주장이다. 신좌파의 사상은 1960년대와 1970년대 마르크스주의 종속이론으로 발전했으며, 마리니 사상에도 지대한 영향을 미쳤다.

1962년 마리니는 새로 설립된 브라질리아 대학에서 교수를 역임하며 연구 활동을 시작했다. 이 대학에서 두스 산투스와 밤비라를 만났고, 이들과 라틴아메리카 정치, 경제, 사회에 대한 과학적 분석을 목표로 마르크스의 『자본론』 강독 세미나를 진행했다. 이는 후에 마르크스주의 종속이론의 형성에 기여했다. 그러나 브라질리아 대학은 1964년 브라질 군사 쿠데타 직후 폐쇄되었고, 마리니와 동료들은 해군정보부에 체포되어 고문을 받기도 했다. 이듬해 마리니는 연방법원 판결로 석방되었으나, 다시 체포될 위기를 맞아 멕시코 대사관으로 피신해 멕시코 망명을 신청했다.

멕시코로 망명한 마리니는 멕시코국립대학원 대학^{Colegio de México}의 국제연구센터에서 1969년까지 연구 활동을 수행했다. 마리니는 1968년 틀라텔롤코 학살사건 발생 직후 브라질 학생운동에 대한 글을 발표하면서 멕시코 정부의 압력을 받아 이듬해 칠레로 망명했다.

칠레에서 마리니는 '좌파혁명운동'^{MIR}의 당원으로 정치 활동을 시작했다. 1972년에는 좌파혁명운동 중앙위원회 위원이 되었고, 기관지인 『마르크스주의와 혁명』 발행에 참여했다. 또한 1973년 아옌데 정권이 붕괴되기 직전까지 칠레 대학 사회경제연구센터 소속 연구원으로 일했다. 이 시기 『종속의 변증법』, 러시아·중국·베트남 혁명에 대한 논문, 라틴아메리카 역사적 특징에 관한 논문을 발표했으나, 이런 연구 성과는 쿠데타 직후 군부 세력이 폐기해 버렸다.

피노체트 쿠데타가 발발하자 마리니는 파나마를 거쳐 멕시코로 다시 망명해 멕시코 국립자치대학에 자리를 잡았다. 대부분의 논문과 저서는 이 대학의 라틴아메리카연구센터에서 연구하면서 만들어졌다. 1974년에 마리니는 『정치일지』라는 잡지를 창간했고, 1977년 라틴아메리카노동운동정보·문서·분석센터를 창립해 1982년까지 이끌었다.

1979년 브라질 정부의 정치적 사면과 함께 마리니는 브라질과 멕시코를 오가며 연구 활동을 진행했고, 암으로 사망하기 1년 전인 1996년이 되어서야 브라질로 영구 귀국했다. 그러나 브라질 학계의 분위기는 쿠데타 이전 및 1960년대와 1970년대 라틴아메리카 좌파의 활발한 논쟁의 시기와는 사뭇 달랐다. 신자유주의의 영향이 지배적인 대학의 학문 풍토, 언론 매체의 독점, 군사 권위주의 체제의 더딘 후퇴 등은 마리니의 연구 활동 공간을 더욱 협소하게 만들었다.

4. 모국에서 환영받지 못한 연구자, 마리니

마리니의 『종속의 변증법』은 브라질보다 멕시코 및 다른 라틴아메리카 국가들에서 더 높은 인지도를 보이고 있다. 마리니는 자신의 책과 논문 대부분을 포르투갈어보다 에스파냐어로 저술했고, 모국보다는 외국에서 더 많은 업적을 남겼다. 그 첫 번째 이유는 1964년 쿠데타로 집권한 브라질 군사 정권이 1979년 마리니의 사면 이후에도 계속해서 연구 활동을 제약했기 때문이다. 마리니는 1986년 이후에야 브라질 학계에서 본격적으로 활동할 수 있었다.

두 번째 이유는 1970년대 라틴아메리카 혁명운동이 진압된 후 라틴아메리카 정치, 경제, 사회, 문화 등 전 영역에서 진행된 신자유주의의 공세 때문이다. 신자유주의의 경제적·사회적·이념적 영향이 대학, 연구소 등 학문 세계까지 미치면서 마르크스주의 종속이론은 한때 유행하던 이론으로 취급하는 경향이 있었다. 신자유주의의 공세에 자율성이 심하게 훼손된 국공립대학에서는 비판적 이론과 사회과학의 재구축이 더욱 어려워졌다.

마리니 이론이 브라질에서 인지도가 낮은 세 번째 이유는 재민주화라는 정치 상황 속에서 새롭게 합의된 이념이 부르주아지 주도로 추구되었기 때문이다. 이와 관련해 브라질 연구에 대한 포드재단의 역할을 주목할 필요가 있다. 이 재단은 재민주화의 상황에서 새로운 경제 기반 확립을 위해 새로운 학문공동체를 구축하고자 했다. 1950년대부터 1970년대까지 라틴아메리카 사상의 주된 접근 방법이던 학제적 관점을 진부한 것으로 취급하고, 사회과학을 독립적인 개별학문 분야로 분리했다. 경제학, 정치학, 사회학, 역사학, 인류학, 국제관계학 등 특수 분야가 개별적으로 연구됨에 따라 지식 대상인 현실에 대한 이해가 분절되었다. 이와 함께 사회 전반에 대한 학문공동체의 개입도 어려워졌다.

특히 카르도주는 포드재단이 브라질과 라틴아메리카에서 수행하고자 하는 새로운 역할에 깊숙이 간여했다. 일례로 포드재단의 재정 지원을 받는 브라질분석기획센터는 기관지 창간호에 카르도주와 세하의 마리니 비판을 담은 1978년의 「종속의 변증법의 불행」이라는 20년 전의 논문을 다시 실었다. 카르도주와 세하의 『종속의 변증법』 비판은 마리니 주장을 잘못 이해하고 왜곡하는 경향이 강했다. 그럼에도 불구하고 이에 대한 마리니의 답변인 「신발전주의의 이유들」이라는 논문은 게재하지 않았다. 마리니 이론에 대한 카르도주와 세하의 일방적 비판은 브라질 지식인뿐 아니라 라틴아메리카와 미국의 학자에게도 잘 알려져 있다. 로널드 H. 칠코트의 『발전과 저발전의 이론』을 비롯한 여러 외국 학자의 연구에도 카르도주와 세하의 의견만이 그대로 소개되고 있다.

5. 『종속의 변증법』의 현재적 의의

『종속의 변증법』은 마리니의 가장 유명한 저서이며, 종속의 정치경제학의 이론적 기반을 확립한 책이다. 이 책은 라틴아메리카를 비롯한 세계의 정치경제학자 및 사회학자 사이에서 큰 논쟁을 불러일으켰지만, 이는 오히려 이 책에서 소개된 이론의 심화와 개념의 정교화에 기여했다. 아드리안 소텔로 발렌시아는 『후이 마우루 마리니의 마르크스 사상과 종속이론의 현재성』이라는 저서에서 마리니가 마르크스 이론을 방법론적·이론적 도구로 활용했듯이 마리니의 이론도 방법론적·이론적 도구로 사용해야 한다고 강조한다. 마리니가 마르크스주의에 대한 교조주의적 편향을 경계했듯이, 마리니의 『종속의 변증법』에 나타난 제반 이론도 교조주의 방식으로 이해하면 안 된다는 것이다.

　마리니 자신도 1990년대 이후 세계화된 자본주의를 분석하며, 『종속의 변증법』을 저술할 당시 종속자본주의에서 작동하던 노동초과착취가 최근에는 점차 세계체제의 중심부로 확대되고 있다는 점을 주장했다. 마리니는 세계화된 자본주의하에서 특별잉여가치가 과학에 대한 독점, 지식 생산에서 고강도 노동의 독점이라는 두 개의 새로운 형태의 독점을 통해 획득된다고 지적했다. 세계적 차원에서 이와 같은 새로운 독점의 창출은 국제 노동분업을 재조직화함으로써 중심부 국가 내부의 부르주아지 간 비대칭을 강화한다. 과학기술의 역동성을 통해 이윤율을 확립할 수 없는 중심부 국가의 부르주아지는 이제 자국 내에서 노동초과착취를 이용하게 되었다는 것이다. 이렇듯 마리니는『종속의 변증법』을 방법론적·이론적 도구로서 사용하되 새로운 공간과 시간에 적용해 봄으로써 지속적인 수정 및 보완 작업을 수행했다.

다른 한편, 소텔로 발렌시아, 카를로스 에두아르도 마르틴스 등은 마리니 이론을 계승한 신진 연구자로 1980년대 이후 라틴아메리카의 경제상황이나 2001년 아르헨티나 외환위기 및 새로운 정치경제적 현실 등을 분석하기 위해『종속의 변증법』을 방법론적·이론적 도구로 활용하고 있다.

추천문헌

José Serra and Fernando Enrique Cardoso, "Las desventuras de la dialéctica de la dependencia", *Revista Mexicana de Socilogia*, vol.40, 1978, pp.9~55.

Ruy Mauro Marini, *América Latina: democracia e integración*, Caracas: Nueva Sociedad, 1993.

Theotonio Dos Santos, *Imperialismo y dependencia*, Ciudad de México: Era, 1978.

Theotonio Dos Santos, *La teoría de la dependencia: balance y perspectiva*, Madrid: Plaza & Janés, 2002.

Vânia Bambirra, *Capitalismo dependiente latinoamericano*, Ciudad de México: Siglo XXI, 1974.

라울 프레비시 다시 읽기

스테파니 그리피스존스·오스발도 순켈의
『라틴아메리카 외채와 발전의 위기: 환상의 끝』

곽재성

1. 왜 칠레는 다를까

오늘날 칠레의 경제 발전은 누가 봐도 눈부시다. 그러나 피노체트의 오랜 독재를 마감하고 민주화의 길로 들어선 1990년대 초까지만 해도 산티아고의 '강남 좌파'를 중심으로 한 아옌데 부활론, 피노체트가 망친 경제론, 엄청난 빈부격차로 인한 사회불안론 등이 득세하곤 했다.

　그 시절 동서로 가로놓인 산티아고 지하철 1호선을 타고 동쪽(부촌)에서 시내를 거쳐 서쪽(빈촌)으로 가다 보면 승객의 피부색이 달라짐을 느낄 수 있었다. 우리의 한강 격이지만 규모와 수질 면에서 비교 불가한 마포초강에 아무 거리낌 없이 쓰레기를 투척하는 시민들의 모습도 심심치 않게 목격할 수 있었다. 겨울이 되면 극심한 스모그로 학교가 휴교하고 어린이와 노인들이 집단 입원하는 사태에 이르기까지, 모두 추억 속에 아련한 저개발의 기억이었다.

---

* Stephany Griffith-Jones and Osvaldo Sunkel, *Debt and Development Crises in Latin America: The End of an Illusion*, New York: Clarendon Press, 1986.

당시만 해도 이 나라가 20년 만에 300억 달러의 외환 보유고를 자랑하는 OECD 회원국이 되어 국민소득 2만 달러 시대를 열 수 있을 것이라고 예측한 사람은 많지 않았다. 어떻게 칠레는 이 상황을 탈출했고, 다른 국가는 왜 이런 신화를 만들어 내지 못하며, 그 원인은 무엇인가? 이 질문에 대한 종합적인 설명은 어렵기도 하고 또한 위험하기도 하다. 그러나 이 책을 통해 최소한 정책 차원의 해답은 건질 수 있다는 사실은 그나마 다행스런 일이다.

2. 외채와 발전의 위기

칠레의 경제학자인 스테파니 그리피스존스Stephany Griffith-Jones(1947~)와 오스발도 순켈Osvaldo Sunkel(1929~)이 공동 저술한 『라틴아메리카 외채와 발전의 위기: 환상의 끝』은 20세기 라틴아메리카 정치경제에 있어 가장 중요한 사건인 1980년도의 외채위기를 중심 주제로 종속이론에 대한 현실적인 해석과 대안을 내놓은 국제정치경제 연구서이다. 1986년에 출판된 저술답게 당시 라틴아메리카를 덮친 외채위기의 기원과 발전 패러다임의 위기에 대해 심층적으로 분석한다. 핵심 논지는 외채와 발전의 위기는 같은 뿌리를 가지고 있고, 외채 문제의 기원은 국제금융 체제의 모순에서 찾을 수 있으며, 이를 해결하기 위해 선진국 정책, 국제금융 시스템, 개도국 개발 정책 등에서 근본적 변화가 필요하다는 것이다.

기본적으로, 라틴아메리카 외채위기의 원인을 다루는 연구는 내부 요인을 강조하여 수입대체의 실패를 주된 원인으로 보는 쪽과 외부 요인을 강조하여 국제금융 시스템의 문제점을 강조하는 쪽으로 나누어져 있다. 순켈과 그리피스존스의 저서는 후자에 속한다. 따라서 외채위기는 중요하지만 라틴아메리카 경제의 모든 문제점을 외채로 돌리는 건 무리라는 것이 이 책과 다른 연구의 근본적인 차이점이다. 자연스럽게 외채의 원인을 수입대체의 실패에서 찾는 연구에 비해 산업화에 대한 서술이 상대적으로 짧다. 대신 국제금융 시스템의 전개 과정과 문제점, 모순에 관한 내용이 비교적 상세히 서술되어 있다. 공저자 중 그리피스 존스의 빛나는 공헌이다.[1]

수입대체 산업화는 1929년 대공황을 기점으로 시작되었는데, 선진국이 구매력을 상실하자 라틴아메리카를 비롯한 개도국은 하루아침에 수출시장을 상실하였다. 그럼에도 선진국에서 공산품을 계속 수입할 필요가 있어 외환보유고 소진을 통해 수입을 계속했고, 이후 평가절하를 통해 수입을 지속하였다. 이쯤 되면 수입품의 단가가 너무 올라가 국내 생산 필요성이 발생하여 수입대체가 자연스럽게 시작된다. 또한 높은 관세를 위시해 국내 산업에 대한 각종 보호 조치를 시행하는 정책이 전통으로 자리 잡았다. 이러한 정책은 라틴아메리카 산업의 경쟁력을 저하시켜 결과적으로 진정한 산업화를 저해하고 수입대체의 실패를 낳았다는 분석이다. 스스로 혁신을 이룩하여, 국제 경쟁력을 제고할 인센티브가 별로 없는 게 가장 큰 문제였을 것이다.

이상은 '수입대체가 외채위기의 원인'이라는 기존의 해석에서 크게 벗어나지 않는다. 그러나 저자들은 분석의 수준을 높여 이와 같은 정책이 핵심 부품을 생산하거나 시장 지배적인 위치에 있는 다국적기업

---

1) 라틴아메리카 산업화의 실패 스토리 및 그 파장에 관심이 있는 독자는 끄리스또발 까이·로버트 N. 그윈, 『변화하는 라틴아메리카: 세계화와 근대성』, 박구병 옮김, 창비, 2012를 읽어보기 바란다.

에게 절대적으로 유리한 결과를 낳았다고 지적한다. 자동차를 생산하는 경우, 수입한 부품과 디자인에 의존하여 조립부터 시작하는데, 이 과정에서 생산 설비와 같은 자본재, 소재나 부품, 디자인의 국산화가 제대로 이루어지지 않으면서 결국 다국적 기업의 조립기지로 전락하게 되었고, 국민의 세금으로 지불하는 보조금이 다국적 기업의 배만 불린 결과를 낳았다는 것이다. 아예 국내 생산을 포기하고 원래대로 공산품을 수입했으면 어렵게 조성한 보조금이 해외로 흘러가지 않았을 것이란 지적은 국제금융 전문가들이 놓치지 않는 부분이다.

또한 저자들은 1950년대 이후 국제금융 시스템에서 민간은행이 차지하는 역할과 힘이 강해졌음을 강조한다. 공공부문이나 국제기구가 적절한 안전장치를 마련할 사이도 없이 거대한 공룡으로 성장해 버린 금융자본에게 1970년대의 오일쇼크는 날개를 달아 준 셈이고 선진국 정부는 7말 8초, 즉 1970년대 말부터 밀어닥친 불경기에 금융자본에 대한 통제나 개도국의 위기를 선제적으로 막아 주기는커녕 자기 몸을 추스르기도 힘든 지경이었다. 결국 1980년대의 외채위기는 지구촌이 공공과 민간, 선진국과 개도국의 상황이 만들어 낸 일종의 시장 실패란 점을 강하게 시사한다.

그리고 이 책의 핵심 부분인 9장을 통해 선진국에서는 1980년대 중반에 위기가 해소되었지만 라틴아메리카는 여전히 수렁에서 벗어나지 못했다고 분석하며, 결론적으로 새로운 국제경제 질서가 필요한데, 이는 곧 자본이동의 위험에 대비할 수 있는 적절한 규제와 사전 대비책을 수립하는 것이라고 강조한다. 나아가 채무국은 "1) 다수를 위한 슬기로운 재원 활용, 2) 고용 창출, 3) 선택적 수출 확대, 4) 선택적 수입대체 등 네 가지 방향성으로 발전 정책을 다시 수립해야 한다"고 강조한다.

그러나 현실은 그렇지 못했다. 외채위기가 심화되고 상환 압력이 높아지는 것에 비례하여 채무국의 협상력도 높아진다. 즉 채무불이행 사태를 피하고자 채권국은 웬만하면 채무국의 뜻에 따른다. 개인도 마찬가지다. 5천만 원 빚이 있으면 채권자로부터 심한 상환압력이 들어오지만 5억 원의 빚을 지고 있으면 오히려 채무자가 큰소리치는 것과 같은 논리다. 그리피스존스와 순켈은 이때 개도국 정부의 대내외적 협상력이 강화되어 개혁을 추진할 수 있는 매우 중요한 —— 어쩌면 유일한 —— 기회라고 강조한다. 그리고 이 기회를 활용해 새로운 파이낸스에 접근할 수 있는 여지도 있었다고 한다. 그러나 이후 전개된 상황을 보면 안타깝게도 대부분의 국가는 이를 제대로 활용하지 못했다. 약한 거버넌스 구조, 사회적 통합과 합의의 부재, 채무주식화$^{debt-equity=swap}$ 과정인 브래디 플랜의 시행 중에 너무 빨리 해외 자본과 결탁해버린 엘리트의 무책임 등이 원인이다. 왜일까?

저자들은 인플레가 가중되었을 때, 정치가 개입하면서 문제를 더 심화시켰다고 강조한다. 특히 1959년의 쿠바혁명과 좌파 혁명의 확산, 1970년대 아옌데 집권과 피노체트 군사 쿠데타, 그리고 라틴아메리카 전역으로 확산된 권위주의 군사 정권의 등장 등도 외채위기의 심화와 확산에 원인을 제공했다고 주장한다.

이와 같은 배경이 있었기 때문에 외채 문제가 촉발되었을 때 국가 중심에서 시장중심으로의 해결, 즉 고채무 국가의 국가중심 경제운영을 시장중심 운영으로 바꾸는 워싱턴 컨센서스를 해결책으로 제시하기는 매우 수월하였다. 즉 원인은 차치하고라도 문제 해결에서 선진국의 정부, 국제자본, 국제기구의 연합군이 여전히 주도권을 행사한 반면, 라틴아메리카 국가들이 헤게모니를 상실했기 때문에 잃어버린 10년과 개혁

실패라는 돌이키기 힘든 결과가 온 것이다.

3. 경제학자와 경제학자

제1저자인 스테파니 그리피스존스는 1947년생으로 국제금융과 개발경제학자로서 현재 컬럼비아 대학 부설 '정책 대화를 위한 이니셔티브'의 금융시장개혁 디렉터이며, 칠레 중앙은행, 바클레이스 은행, 영국 서섹스 대학, 유엔라틴아메리카경제위원회, 유엔경제사회국 등에서 일한 바있다. 또한 세계은행, 미주개발은행, 유럽연합기구, 유엔아동기금, 유엔개발프로그램, 유엔무역개발회의에서 컨설턴트로 각종 프로젝트를 수행한 바 있다.

그리피스존스는 국내 경제와 국제금융 시스템의 안정적 운영을 꾸준히 천착했다. 1980년에 발간한 논문「다국적 은행의 성장과 유로머니 시장 확대가 개도국에 주는 영향」The Growth of Multinational Banking, the Euro-currency Market and Their Effects on Developing Countries은 이 책의 예고편 격으로 외국 은행이 개도국에 너무 많은 여신을 제공하고 있다고 경고했고, 이는 그대로 외채위기로 나타났다.

공저자인 오스발도 순켈은 1929년생으로 칠레의 싱크탱크인 발전연구소CINDE: Corporación de Investigaciones del Desarrollo의 소장을 최근까지 역임했고 칠레 대학 교수. 영국 서섹스 대학 교수, 텍사스 주립대학 교수, 플로리다 대학 교수 등을 역임했다. 순켈은 종속이론의 산실이었던 유엔라틴아메리카경제위원회의 전형적인 경제학자이다. 1955년부터 1968년까지 20, 30대의 대부분은 이곳에서 일하며 발전과 저발전, 경제사, 국제금융 등의 분야에 뛰어난 기여를 하였다. 말년에는 환경 및 국가의 역할 등 다양한 분야로 연구의 지평을 넓힌 바 있다.

그리피스존스 혼자 이 책을 저술했다면 주로 외채위기에 대한 국제 금융 체제의 책임론이 주된 내용이었을 것이다. 그러나 좀 더 입체적 학제적 분석과 지속가능한 정책 시스템의 도입까지 커버가 가능했던 것은 순켈의 덕분이다. 순켈은 인플레이션, 경제 발전, 산업, 정치경제, 국제관계에서 지속가능한 발전에 이르기까지 매우 광범위한 주제에 대한 학술활동을 통하여 종속이론의 관점에서 라틴아메리카의 발전과 저발전의 문제를 이론화하려 힘썼다. 라울 프레비시의 제자로서 종속이론가 중 산업화, 외채, 민영화, 시장경제에서 환경문제에 이르기까지 비교적 최신의 어젠다를 많이 다룬 덕분에 유연성을 갖춘 학자로도 유명하다. 종속이론은 이제는 과거의 이론으로 종종 치부되지만 오늘의 이슈를 설명하는 기제로서 여전히 유용함을 순켈을 통해 알 수 있다.

순켈은 자원 이득의 주체적 활용Capturing Resources을 강조한다. 직접 과세 또는 환율 등을 통한 간접징수를 통해 국가가 수출하는 자원 부문에 대한 통제권을 확보하여 재정 수입을 극대화시켜 공공 정책에 투입해야 한다는 것이다. 예를 들면 아르헨티나의 페론 재임 시 농산물을 국가가 수매하여 이를 비싼 가격으로 유럽에 수출하였고, 국가는 그 차액을 흡수하여 기간인프라 건설과 산업화에 투자한 바 있다. 그러나 아르헨티나의 문제는 투자가 이루어졌지만 단기적 이익실현에 급급했고, 무엇보다 혁신에 이르지 못했다.

돌이켜 보면 이 책이 주장하는 네 개의 정책 패러다임인 다수를 위한 슬기로운 재원 활용, 고용창출, 선택적 수출 확대, 선택적 수입대체를 실현한 국가는 칠레이다. 칠레는 광물 수출로 조성된 재원을 나라 안(인프라)과 밖(국부펀드)의 투자에 적절하게 배분했고, 서비스 산업을 키워

고용을 확대했으며, 분야와 업종, 제품에 이르기까지 선택적 수출 경쟁력 제고전략을 구사하였다. 무역자유화를 본격적으로 추진하기 위해 일방적 수입자유화도 일찍이 시행하고 있는데, 국내 산업이 일부 분야에 특화되어 있어서 이해관계의 충돌 여지가 거의 없기 때문이다. 물론 광업, 농수산물 등 칠레의 주력 산품에서는 어떤 수입품도 경쟁상대가 되기 힘들다.

4. 마치며

지금은 해묵은 논쟁이 되었고, 또한 금융 정책과 재정 정책이 각각 나름의 역할이 있다는 점에서 큰 이견이 없지만 당시만 해도 케인즈주의자와 통화주의자는 각을 세우고 대립하던 상황이었다. 우선 대공황 탈출의 1등 공신으로 추앙받으며 힘을 얻은 케인즈주의자는 재정 정책이야말로 경제활성화의 특효약이라는 논리로 통화주의자를 누르며 20세기 중반 내내 승승장구해 왔다. 그런데 케인즈주의자의 논리대로 정부 지출을 늘리려면 세금을 더 거두거나, 국채를 발행하여 돈을 빌려야 한다. 세금이 인상되면 국민의 가처분 소득이 줄고, 정부가 공채를 발행하면 정부와 민간기업이 경쟁하게 되어 기업이 자금에 접근하기가 상대적으로 어려워진다. 결국 세금 인상은 민간소비를 줄이는 효과를, 공채 발행은 민간투자 감소를 유발한다. 이것이 구축효과$^{crowding out}$이다. 케인즈주의자들도 구축효과의 존재는 인정한다. 문제의 핵심은 얼마나 치명적이냐는 것인데, 순켈의 논리에 따르면 수입대체 산업화의 실패에 이어 구축효과까지 발생하여 외채위기로 전이된 것이다.

　외채위기가 닥치자 라틴아메리카를 주시하고 있던 통화주의자 진영에서는 신속하게 패러다임 전환을 시행하였다. 화폐유통의 장기적 효과를 크게 중요시하지 않던 케인즈주의자와는 달리 프리드먼은 모든 불경기나 인플레의 배후에는 반드시 통화량 조절 실패가 있다고 보았고, 1960년대가 무르익어 감에 따라 통화주의자들은 힘을 얻기 시작한다. 화폐의 유통 속도가 꾸준히 유지되어 1948년 이후 30년간 매년 3%씩 꾸준히 증가함으로써 하늘은 프리드먼을 돕고 있는 듯 했다. 1970년대 이후 오일머니 유입으로 인한 라틴아메리카의 통화량 팽창, 그로 인한 경제위기도 통화주의자를 돕는 악재이자 호재였던 것이다.

그 이후로부터 30여 년이 흐른 2012년, 미국 연방준비제도이사회가 오늘의 문제를 다음 세대로 미루는 것과 다름없는 제3차 양적완화 정책을 발표한 시점에서 보면 격세지감을 느끼게 하는 대목이다. 시류에 떠밀리는 오늘보다 1980년대는 그래도 치열한 이론적 논쟁과 담론의 생산이 가능한 낭만주의 시대였다.

이 글을 마치기 전에 유엔라틴아메리카경제위원회에 대해 언급하지 않을 수 없다. 제2차 세계대전 후 유엔은 아프리카, 아시아, 유럽 등 각 지역의 경제 재건 및 발전을 목적으로 한 경제위원회를 만들었다. 라틴아메리카의 경우 전쟁으로 인한 직접적인 피해는 없었지만 1929년 대공황으로 인한 수출시장의 붕괴 및 전쟁으로 인한 가격 통제 등으로 인해 간접적인 피해를 입은 건 사실이었다. 이에 1948년에 유엔라틴아메리카경제위원회가 칠레 산티아고에 세워졌다. 당시 라틴아메리카에는 국제기구를 설치할 만큼 민주적 거버넌스 체제를 갖추고 있는 국가가 거의 없었기 때문에 칠레는 자연스런 선택이었고, 지금은 부촌의 핵심 지역이 되었지만 당시로는 안데스 산맥의 산들이 가까이 보이는 도시 외곽의 한적한 위치에 유엔 기구를 설립하기에 이르렀다. 그 이후 라틴아메리카경제위원회는 라틴아메리카 각국의 사회경제 분야에 대한 정보를 제공하고 심층 연구를 수행하며 각국에 정책을 권고하는 역할을 하게 되었다.

유엔라틴아메리카경제위원회의 방향성 설정에서 라울 프레비시만큼 큰 역할을 한 사람은 없다. 초대 사무총장은 아니었지만 워낙 프레비시의 족적이 크기 때문에 그는 위원회의 기초를 다진 인물로 널리 알려지게 된다.

하지만 제도의 운영 측면에서 프레비시의 이상이 제대로 전달되지 않았다. 프레비시는 민간부문의 발전을 저해하는 고관세 정책에 비판적이었고, 이로 인한 각국의 인플레 압력에도 불편한 심기를 감추지 않았다. 그리고 각국의 산물을 좀 더 활발히 교환하여 무역을 통한 발전을 이룩할 수 있도록 라틴아메리카 지역의 경제통합을 적극 주장하였다. 종속이론가였던 프레비시의 주장은 일면 자유주의와 상통하는 면이 있었던 것이다. 이 책의 저자들 특히 순켈은 프레비시의 생각을 가장 잘 읽고 그의 이상을 계승한 학자로 알려져 있다. 이 책의 부제가 '환상의 끝'이 아니라 '프레비시 다시 읽기'로 바뀌어도 하나도 어색하지 않은 이유이다.

추천문헌

끄리스또발 까이·로버트 N. 그윈, 『변화하는 라틴아메리카: 세계화와 근대성』, 박구병 옮김, 창비, 2012.

4부

/

정치와 사회를 보는 눈

라틴아메리카 정치 연구의 이정표

루스 버린스 컬리어·데이비드 컬리어의『정치적 장의 형성』

이상현

1. 라틴아메리카 연구: 무엇을 어떻게 연구할 것인가?

1990년대 라틴아메리카 연구, 특히 정치와 경제에 관심이 많아 대학원에 진학한 필자는 20개가 넘는 라틴아메리카 각국의 역사와 함께 수많은 개념과 이론에 직면하였다. 종속이론, 근대화론, 수입대체 산업화, 국가, 노동, 포퓰리즘, 페론주의, 관료적 권위주의론, 민주주의론, 민주화 이론, 혁명 등……. 한편 이러한 개념과 이론의 홍수 속에서 막 공부를 시작한 대학원생의 머릿속에는 단순한 의문이 끝없이 전개되었다. 무엇을 연구하지? 지역연구자는 해당 지역의 모든 것을 알아야 하나? 이론? 나는 이론을 공부하는 사람인가, 아니면 이론을 만드는 사람인가? 지역연구자도 이론을 생산해야 하나? 방법론? 어떤 방법론을 어떻게 써야 하지? 지역연구자도 방법론을 알아야 하나? 의문은 끝이 없었다.

---

* Ruth Berins Collier and David Collier, *Shaping the Political Arena: Critical Junctures, the Labor Movement, and Regime Dynamics in Latin America*, Princeton: Princeton University Press, 1991.

돌이켜 보면 이 모든 문제를 관통하는 것은 '무엇을 연구할 것인가?'와 '어떻게 연구할 것인가?'라는 질문이었다. 무엇을 어떻게 연구할지가 이미 정해져 있던 전통 학문 영역의 연구자들과는 달리, 다학문적 특징을 지닌 지역연구자는 늘 무엇을 어떻게 해야 할지를 고민하고 논쟁한다. 물론 기존 틀에 얽매이지 않고 연구 대상과 방법을 자유로이 넘나들며 현실을 능동적으로 이해하는 것이 지역연구의 매력이기도 하지만 올바른 대상과 방법의 선정은 지역연구자의 영원한 숙제이기도 하다. 석사논문을 쓰면서도 이러한 기초적인 고민은 지속되었다. 석사를 마치고 박사과정에 입학한 필자는 후일 박사논문의 지도교수가 된 라울 마드리드$^{Raúl\ Madrid}$ 교수의 '라틴아메리카 정치에 대한 이론적 접근'이란 수업에서 루스 버린스 컬리어$^{Ruth\ Berins\ Collier(1942\sim)}$와 데이비드 컬리어 $^{David\ Collier(1942\sim)}$가 쓴 이 책『정치적 장의 형성』을 만났다.

이 책에 대한 첫 번째 느낌은 경이로움 그 자체였다. 20세기 라틴아메리카 주요 8개국(아르헨티나, 브라질, 칠레, 콜롬비아, 페루, 멕시코, 우루과이, 베네수엘라)의 국가와 노동관계를 중심으로 하여 정치체제의 변화를 설명하고 이를 이론화한『정치적 장의 형성』을 펼쳐 든 필자는 우선 그 분량에 놀랐고, 8개국의 수십 년에 달하는 연구 범위에 놀랐으며, 이러한 복잡한 상황을 하나의 이론과 모델로 담아낸 대담함에 놀랐으며, 그렇게 만든 이론의 창의성과 정교함에 놀랐다. 본문 774쪽에 부록을 합쳐 877쪽에 달하는 이 책은 라틴아메리카 주요 8개국을 비교연구하고 주요 이론을 창출함으로써, 왜 라틴아메리카 지역을 연구해야 하는지를 잘 보여 주고 있다. 또한 이 연구는 기본적으로 질적 방법론을 이용하면서도 정교하게 고안된 개념에 기반을 두어 연구 모델을 창출하였으며, 연구 대상 국가의 역사적 사실에 기반을 두어 모델이 제시하는 다양한 주장을 뒷받침하고 있다. 지역에 대한 이해를 필요로 하는 지역연구의 목적과 이론 창출이라는 사회과학 연구의 과제를 동시에 해결하는 루스 버린스 컬리어와 데이비드 컬리어의 연구는 질적 방법론이 보여 줄 수 있는 한계를 정교한 개념과 치밀한 모델로 극복함으로써 방법론적인 숙제도 해결해 주었다. 학기 중에 수업 준비를 위해 바쁘게 읽으면서도 이 책을 통하여 오랜 고민이 해소되는 것 같았다. 한마디로 눈이 번쩍 뜨였다. 라틴아메리카 연구자 특히 사회과학 연구자가 무엇을 어떻게 연구해야 할지에 대한 정답을 찾은 것 같았다. 학부 또는 대학원의 비교정치학 수업에서 쓰이는 대표적인 교과서이기도 한 이 책은 라틴아메리카 연금 개혁을 연구한 마드리드 교수의『국가의 은퇴: 라틴아메리카와 세계의 연금 민영화의 정치학』*Retiring the State: The Politics of Pension Privatization in Latin America and Beyond*과 함께 향후 필자의 박사논문과 후속 연구를 위한 교본이 되었다. 이에 이 책을 라틴아메리카 정치학을 대표하는 명저의 하나로 추천한다.

2. 루스 버린스 컬리어와 데이비드 컬리어

『정치적 장의 형성』의 공저자인 루스 버린스 컬리어와 데이비드 컬리어는 동료이자 부부로 지금까지도 캘리포니아 대학 버클리 캠퍼스 정치학과에 함께 재직하고 있다. 시카고 대학에서 박사학위를 획득한 컬리어 부부는 라틴아메리카 정치와 관련하여 여러 연구물을 남겼다. 우선 부인 루스 버린스 컬리어는 아프리카 정치를 연구한 경험으로 데이비드 컬리어와 함께『정치적 장의 형성』을 함께 쓰게 되었다. 데이비드 컬리어에 따르면,『정치적 장의 형성』에서 브라질, 칠레, 멕시코, 베네수엘라 사례에 집중한 루스 컬리어는 『정치적 장의 형성』 이후 라틴아메리카의 노동 및 시민 참여와 관련한 연구에 집중한다.

한편 데이비드 컬리어는 『정치적 장의 형성』을 쓰기 전에 이미 주요한 라틴아메리카 정치 연구자의 한 명이었다. 아버지가 라틴아메리카를 연구하는 인류학자이자 고고학자였던 데이비드 컬리어는 가족 중 여러 명이 라틴아메리카 연구자였다. 즉 데이비드 컬리어는 아버지를 비롯하여 할아버지, 두 삼촌 그리고 사촌들까지 모두 라틴아메리카를 연구하는 라틴아메리카 연구자 집안의 일원이었다. 이러한 연유로 어린 시절부터 자연스럽게 라틴아메리카 지역에 대한 관심을 가지고 있던 데이비드 컬리어는 1960년대 말 시카고 대학 정치학 박사논문의 주제로 페루를 선택하였다. 당시 군사 쿠데타로 집권한 벨라스코 군사 정권이 들어선 페루에서 15개월의 현지조사를 수행한 데이비드 컬리어는 페루의 토지 무단점유 정착의 정치적 의미에 관한 연구로 박사논문을 썼다. 데이비드 컬리어의 라틴아메리카에 대한 관심은 이후에도 지속되었다.

데이비드 컬리어는 후속 연구로 큰 반향을 불러일으킨 『라틴아메리카의 새로운 권위주의』*The New Authoritarianism in Latin America*를 1979년 발간하였는데, 여러 저자의 연구를 묶은 이 편저는 당시 라틴아메리카 연구에서 가장 중요한 주제의 하나인 오도넬의 『근대화와 관료적 권위주의』*Modernization and Bureaucratic Authoritarianism*의 문제를 비판적으로 검토한 것이다. 『라틴아메리카의 새로운 권위주의』가 발간된 지 12년 만에 출판된 『정치적 장의 형성』은 『라틴아메리카의 새로운 권위주의』의 후속 연구이자 속편으로 20세기 후반부에 라틴아메리카 주요국에서 각기 다른 형태로 보이는 정치체제의 역사적 기원을 규명하는 것을 목적으로 한다. 페루에서 극과 극의 정치체제 변화를 경험한 데이비드 컬리어가 라틴아메리카 지역, 특히 라틴아메리카 지역에서도 상대적으로 경제가 발전한 국가인 아르헨티나, 칠레, 우루과이, 브라질 등에서 1960년대와 70년대 발생한 군사 정권의 원인과 성격을 비교하여 시도한『라틴아메리카의 새로운 권위주의』연구를 더 큰 역사적 그림 속에서 설명을 시도한 것이『정치적 장의 형성』이다. 즉『정치적 장의 형성』은 데이비드 컬리어의 연구가 단계적으로 확장된 결과의 산물로서, 20세기 후반부 라틴아메리카 주요국에서 나타난 각기 다른 정치체제의 원인과 기원을 역사적 틀을 통하여 이론화한 연구이다.

데이비드 컬리어는『정치적 장의 형성』이후 라틴아메리카 지역연구보다는 개념과 방법론 연구에 매진한다. 데이비드 컬리어는『정치적 장의 형성』을 집필하며 고민한 방법론적 문제의 해결에 본격적으로 뛰어들게 된 것이다. 데이비드 컬리어의 방법론 연구는 2009년 존 게링 John Gerring과 함께 쓴『사회과학의 개념과 방법』*Concepts and Method in Social Science*과 2010년『사회조사 다시 생각하기』*Rethinking Social Inquiry* 등으로 결실을 맺었다. 이 외에도 데이비드 컬리어는 사회과학 방법론에 관한 중요한 논문을 저술하였다.

3. 국가-노동관계, 결정적 국면, 정치체제 변동

『정치적 장의 형성』의 연구 목적은 19세기 후반부터 20세기 말까지 라틴아메리카의 정치 변동과 체제 변화를 설명하는 모델을 만드는 것이다. 물론 이러한 모델을 만드는 목적은 현대 라틴아메리카 정치를 이해하기 위함이다. 컬리어 부부는 19세기 후반부터 20세기 말까지 라틴아메리카의 정치 변동과 체제 변화를 결정짓는 가장 중요한 독립변수로 국가와 노동관계를 들었다. 라틴아메리카 각국에서 19세기 후반부터 축적된 사회경제적 변화는 20세기 전반부의 결정적 국면$^{critical\ juncture}$ 또는 역사적 전환기를 통해 각기 다른 정치체제로 이어진다는 것이 컬리어 부부의 주장하는 핵심 내용이다. 이들은 라틴아메리카에서 이러한 결정적 국면을 결정짓는 가장 중요한 동인으로 19세기 말부터 급격하게 영향력을 확대한 노동운동과 노동 계급을 국가 또는 체제가 어떻게 동원하거나 통제했는가라는 문제를 꼽으며, 국가별로 각기 다른 조직 노동자 포섭 형태는 이후 각기 다른 형태의 정치체제를 가져온다고 주장한다. 따라서 라틴아메리카 각국의 역사적 전개를 중심으로 전개되는 컬리어 부부의 모델은 포섭의 시기$^{incorporation\ period}$, 여파의 시기$^{aftermath\ period}$, 유산의 시기$^{heritage\ period}$로 구분된다. 포섭의 시기는 노동운동을 동원 또는 통제하려는 시기를 말하는데, 조직 노동자가 국가 구조에 포섭되는 시기는 이후 오랜 기간(여파의 시기와 유산의 시기) 동안 해당 국가의 정치문화를 결정하게 되는 역사의 '결정적 국면'이 된다.

　루스 버린스 컬리어와 데이비드 컬리어는 이를 주장하기 위하여 8개국 비교연구를 실시한다. 이들은 8개국을 포섭의 특징에 기반을 두어 각각 2국가씩 4개의 짝으로 만든다. 4개의 짝은 1개의 국가 포섭의 짝과 3개의 정당 포섭의 짝으로 구분된다. 즉 브라질(1930~1945)과 칠레(1920~1931)는 '국가 포섭 사례', 우루과이(1903~1916)와 콜롬비아(1930~1945)는 노동조합과 연계가 없는 '전통적 정당에 의한 노동 포섭 사례', 페루(1939~1945)와 아르헨티나(1943~1955)는 농민의 결합 없이 노동조합과 연계를 가진 정당 또는 정치운동에 의한 '노동 포퓰리즘 사례', 마지막으로 멕시코(1917~1940)와 베네수엘라(1935~1948)는 노동조합과 연계를 가진 정당에 의하며 농민까지 결합된 '급진 포퓰리즘 사

례'로 규정한다. 즉 국가 또는 정당으로 구분되는 노동운동 포섭의 주체
와 농민의 결합 유무에 따라 4개의 짝으로 구분되며, 각 국가는 결정적
국면으로 칭할 수 있는 역사적 시기를 경험하는데, 결정적 국면은 브라
질의 바르가스, 칠레의 이바녜스, 멕시코의 카르데나스를 포함하는 혁
명 후 제도혁명당 성립기, 아르헨티나의 페론 시기를 포괄한다.

한편 이러한 각기 다른 포섭의 시기와 이를 통해 형성된 정치체제
는 여파의 시기를 거쳐 유산의 시기에 이르기까지 각국의 정치체제 변
화에 영향을 끼친다. 브라질과 칠레로 대표되는 '국가 포섭 사례'의 경
우, 국가에 의해 관료화되고 통제됨으로서 노동 계급의 정치화라는 본
래의 목적을 이루지 못하게 되는데, 이러한 노동 포섭은 결국 유산의 시
기에 노동운동이 다시 정치화되고 급진화된다. 즉 이 경우 포섭의 시기
에 국가가 노동운동을 통제함으로써 노동운동과 연계를 가진 정당이 영
향력을 갖지 못하게 되어 다당제적 성격을 지닌 정치적 분열로 이어지
게 되고, 결국 유산의 시기에는 군부 쿠데타로 귀결된다. 한편 '국가 포
섭'과 가장 반대되는 멕시코와 베네수엘라의 '급진 포퓰리즘' 사례의 경
우, 포섭의 시기에 노동 통제를 주도한 정당은 여파의 시기에 주도적인
정당이 되며, 이는 갈등을 최소화하는 정치 전략의 고사로 이어진다. 실
용적으로 중도적 정치적 성향을 지니며 좌파 정당의 입지마저 차지하게
되는 주도 정당은 노동자와 농민의 지지를 바탕으로 유산의 시기에도
사회 갈등을 최소화하며 군부 쿠데타도 없는 정치문화를 형성한다.

앞서의 두 극단적 사례의 중간에 해당하는 사례 중 우루과이와 콜
롬비아로 대표되는 노동조합과 연계가 없는 '전통적 정당에 의한 노동
포섭 사례'의 경우, 포섭을 이끈 전통적 정당이 지속적으로 정치적 지위
를 유지하며 정치 갈등을 억제하는 데 성공한다. 그러나 포섭의 시기를

이끈 전통적 정당이 노동조합과의 연계가 없는 이유로, 유산의 시기에 정치적으로 독립적인 노동운동이 발전하는데, 이는 결국 사회적 갈등을 증폭시켜 군사 쿠데타(우루과이) 또는 지속적인 정치 폭력(콜롬비아)으로 귀결된다. 마지막으로 아르헨티나와 페루로 대표되는 '노동 포퓰리즘'의 경우, 포섭의 시기를 이끈 정당은 급격히 굴복하거나(페루 APRA의 경우) 무력에 의해 권력에서 축출된다(페론당의 경우). 중도의 길을 걷게 되는 이런 정당은 그럼에도 불구하고 노동조합의 지지 또는 관계를 유지한다. 결국 이 사례는 유산의 시기에 노동조합의 지지 또는 연계를 가진 정당에 반대하는 군부와의 갈등으로 인해 반복되는 군사 쿠데타로 귀결되며 끊임없는 정치체제의 변화에 시달린다.

결론적으로 라틴아메리카의 현대사에서 20세기 초 국가 또는 정치 엘리트가 강력한 정치 세력으로 성장하는 조직 노동자 세력을 어떻게 포섭 또는 통제하는가에 따라 각기 다른 정치체제가 형성되었으며 이는 지속적으로 해당국 정치체제 변화에 영향을 끼치게 된다.

4. 라틴아메리카의 역사, 정치 그리고 방법과 이론

800쪽이 넘는 방대한 분량의 『정치적 장의 형성』을 비판하는 것은 요약을 시도하는 행위만큼이나 어려운 작업이다. 하지만 비판이 목적이라면, 비교연구 특히 이처럼 많은 국가의 폭넓은 시기를 포괄하는 비교연구에 대한 비판은 쉬울 수도 있다. 연구의 목적이 이론의 창출인 비교연구는 특정 사례의 사실을 어떻게 통제하여 설명하는가에 따라 사실과 거짓을 넘나들 수 있기 때문이다. 또한 방대한 사실을 하나의 모델로 이론화한 경우, 단편적 비판은 더욱 쉬워진다. 창의성이 없는 연구, 논쟁이 없는 연구, 타인의 이론을 풀이한 연구, 당연한 사실을 나열한 연구일수록 논쟁은 의미가 없고 비판은 무기력해진다. 이런 측면에서 볼 때, 컬리어 부부의 연구는 무수한 찬사와 함께 지속적인 비판과 논쟁을 낳으며, 수많은 연구자에게 평생 연구할 과제를 산더미같이 제시한 연구이다. 이러한 연유로 본 글에서는 비판과 논쟁 대신에 컬리어 부부의 연구가 지역연구와 정치학에서 차지하는 의미를 중심으로 살펴보고자 한다.

우선 루스 버린스 컬리어와 데이비드 컬리어의 『정치적 장의 형성』은 라틴아메리카 정치사의 특수성에 대한 연구를 통해 일반화를 이끌어냈다는 점에서 의미를 지닌다. 많은 라틴아메리카 연구자들은 일찍이 20세기 초의 역사를 주목했다. 즉 멕시코혁명과 제도혁명당 체제의 성립, 페론주의, 바르가스주의 등의 포퓰리스트 정치 등 20세기 초의 다양한 정치적 결과들은 많은 연구자들에 의해 라틴아메리카 정치의 특수한 상황으로 인식되었으며, 다양한 연구 결과로 이어졌다. 종속이론, 코포라티즘, 포퓰리즘, 혁명과 체제 변동, 노동운동론 등 개별 연구와 이로 인해 산출된 다양한 이론은 이 시기의 중요성을 보여 주는 예이다. 무엇보다도 이 시기가 주목받은 이유는, 컬리어 부부도 주목했듯이, 이 시기에 일어난 정치 변동이 20세기 전체 시기의 라틴아메리카 정치를 결정하는 역할을 했기 때문이다. 이에 비추어 볼 때 루스 버린스 컬리어와 데이비드 컬리어 연구의 우수성은 라틴아메리카의 특수성으로 인식되어 온 수많은 논의와 쟁점을 하나의 모델로 묶어 일반화를 시도했다는 점이다. 즉 컬리어 부부의 연구는 국가와 노동관계의 형성이라는 결정 요인을 통해 라틴아메리카 각국이 직면했던 매우 실질적인 역사적 퍼즐뿐만 아니라, 국가와 노동 그리고 정치체제 간의 관계 전체를 포괄하는 이론적 퍼즐에 대한 해답까지 제시하고 있다.

한편 루스 버린스 컬리어와 데이비드 컬리어의 연구는 무엇보다도 지역연구자가 사회과학을 하는 이상적인 방법 가운데 하나를 제시하고 있다는 점에서 가치를 지닌다. 엄밀한 개념과 모델의 창출에 기반을 둔 이론화를 추구하며 비교역사적 분석^{comparative historical analysis[1]}의 방법을 통하여 증명을 시도한 컬리어의 방법은 지역에 대한 이해와 이론의 창출이라는 두 가지 목적을 하나의 연구에서 완벽하게 구현하고 있다. 즉 수십 년간 회자되며 논쟁이 될 이론을 제시함은 물론, 사례국의 19세기 말부터 20세기 정치사를 이론적 목적 기반 위에서 적절한 통제하에 살펴본 사례 연구는 그 자체로도 훌륭한 자료집이자 역사서이다.

또한 루스 버린스 컬리어와 데이비드 컬리어의 연구는 비교연구의 전형을 보여 주고 있다. 즉 각기 다른 4개의 사례에 그치는 것이 아니라, 유사성을 지닌 2개의 사례를 묶은 4개의 짝을 보여 줌으로써, 유사성과 상이성을 모두 살펴보아야 하는 비교연구의 본래 목적을 모델의 구성을 통해 보여 주고 있다. 결론적으로 컬리어의 연구는 정치학은 물론 사회학과 역사학과 지역연구를 훌륭하게 접목하며 학제 간 연구가 하나의 연구에서 실현될 수 있음을 보여 주고 있다.

이상에서 살펴본 바와 같이 루스 버린스 컬리어와 데이비드 컬리어의 『정치적 장의 형성』은 많은 장점을 넘어 이정표의 성격을 지닌 명저이다. 라틴아메리카에 관심을 가진 독자는 물론 지역연구와 비교정치

---

1) 대표적인 비교역사 연구들로는 Barrington Moore Jr., *Social Origins of Dictatorship and Democracy: Lord and Peasant in the Making of the Modern World*, Boston: Beacon Press, 1966; Theda Skocpol, *States and Social Revolutions: A Comparative Analysis of France, Russia, and China*, Cambridge: Cambridge University Press, 1979; Fernando Henrique Cardoso and Enzo Faletto, *Dependency and Development in Latin América*, Berkeley: University of California Press, 1967 등을 들 수 있다.

그리고 사회과학 연구방법론에 관심을 가지고 있는 모든 독자들이 반드시 접해야 할 필독서라고 사료된다.

마지막으로, 지금까지 소개한 컬리어 부부의『정치적 장의 형성』은 1970년대 말 라틴아메리카 군부 정권의 등장을 넓고 큰 역사적 맥락에서 설명하기 위해 시작하여 1991년 부록을 합쳐 800쪽이 넘는 책으로 출판되었다. 연구와 출판을 합쳐 무려 10년의 시간이 필요했으며, 책으로 빛을 보기까지 논문으로도 거의 출판되지 않은『정치적 장의 형성』은 그야말로 긴 호흡을 가진 연구의 결과물이다. 짧은 기간에 많은 수의 연구를 끊임없이 요구하는 우리의 연구 환경에서는 그야말로 부러운 일이다. 아무쪼록 한국 학계에서도 이런 어려움을 딛고『정치적 장의 형성』을 뛰어넘는 연구를 기대해 본다.

추천문헌

David Collier ed., *The New Authoritarianism in Latin America*, Princeton: Princeton University Press, 1979.

David Collier and Henry E. Brady eds., *Rethinking Social Inquiry: Diverse Tools, Shared Standards*, Lanham: Rowman & Littlefield, 2010.

David Collier and John Gerring eds., *Concepts and Method in Social Science: The Tradition of Giovanni Sartori*, New York: Routledge, 2009.

Guillermo A. O'Donnell, *Modernization and Bureaucratic-Authoritarianism: Studies in South American Politics*, Berkely: University of California, 1973.

Raúl L. Madrid, *Retiring the State: The Politics of Pension Privatization in Latin America and Beyond*, Stanford: Stanford University Press, 2003.

노동과 도시를 통해서 본 라틴아메리카

브라이언 R. 로버츠의 『시민은 어떻게 형성되는가』

박윤주

1. 사회학적 관점에서 바라본 라틴아메리카 읽기

필자는 브라이언 R. 로버츠^{Bryan R. Roberts(1939~)}의 『시민은 어떻게 형성되는가』를 석사과정 첫 수업이었던 '라틴아메리카사회학 개론'의 교과서 중 한 권으로 만났다. 지금도 누군가 라틴아메리카를 사회학자로서 연구하게 된 계기를 묻는다면 이 책과 이 책의 저자이며 이후 나의 지도교수이자 멘토가 된 브라이언 R. 로버츠 교수와의 만남이라고 대답할 수 있다.

연구 대상이라는 측면에서 볼 때 사회학은 국제 문제보다는 국내 문제를 더 많이 다루는 학문이다. 상당히 국제화되어 있는 다른 학문영역, 즉 정치학, 인류학, 역사학 등과는 달리 사회학은 학자들이 속한 국가의 경계선 안에 머물러 있는 경우가 많다. 오죽하면 한국사회학회가 한국의 사회학회가 아니라 한국 사회를 연구하는 학회라는 말이 농담

---

* Bryan R. Roberts, *The Making of Citizens: Cities of Peasants Revisited*, London: Edward Arnold, 1995.

반 진담 반 통용되고 있을까? 그리고 이러한 현상은 비단 한국만의 일이 아니다. 미국 사회학회 또한 미국의 사회학회라기보다는 미국 사회를 연구하는 학회의 성격이 강하다. 매년 열리는 미국사회학회 연례 학술대회에서 발표되는 수많은 논문 중 미국 사회가 아닌 '외국'의 사례를 연구하거나 다양한 사회를 비교연구하는 경우는 소수에 불과하다.

그러나 역설적이게도 사회학적 관점, 즉 한 사회를 구성하는 여러 변인을 구조로 파악하고 이를 통해 다시 개개인과 사회의 변화를 분석하는 관점은 다양한 사회를 비교분석하기에는 최적의 도구일 것이다. 따라서 전체 사회학계에서는 비록 소수이지만 다양한 사회를 비교분석하려는 사회학자들의 노력은 사회학 발전을 위해서 유의미할 뿐만 아니라 해외 지역학의 발전을 위하여 필수적이다. 이를 매우 잘 보여 주는 연구서가 바로 『시민은 어떻게 형성되는가』이다.

사회학의 연구 대상은 권력관계를 분석하는 정치학, 역사를 고찰하는 역사학, 경제현상을 연구하는 경제학과는 달리 특정한 사회현상이 아니라 '사회'이다. 즉 사회 그 자체 또는 우리가 사회라고 부르는 다양한 사회 구조이다. 사회학은 이러한 다양한 구조의 구성과 변화 그리고 이러한 구조들이 다시 개인과 집단에 끼치는 영향을 연구한다. 따라서 사회학은 본시 매우 거시적인 학문으로 출발하였으며, 사회학의 고전적 이론가로 마르크스, 뒤르켕, 베버 등이 꼽히는 것은 우연이 아니다. 개인과 집단의 행태에 영향을 끼치는 사회 구조들을 연구하면서 사회학자들은 역설적으로 사회 구조에 대해 가장 비판적인 사람으로 거듭나곤 한다. 물론 20세기 말 불어 닥친 포스트모더니즘의 허물기 열풍 속에서 구조와 개인의 경계는 모호해지고, 개인들의 행위[action]와 집단들의 관계를 연구하는 좀 더 미시적인 접근들이 선보이고는 있다. 하지만 짧다면 짧고, 길다면 긴 사회학의 역사 속에서 거시적 접근과 구조주의적 방법론이 사회학의 토대가 되어온 사실을 부정하기는 쉽지 않을 것이다.

그런 의미에서 로버츠의 『시민은 어떻게 형성되는가』는 가장 고전적인 사회학적 관점에서 라틴아메리카 사회를 분석한 연구물이다. 『시민은 어떻게 형성되는가』를 통해 저자가 밝혀낸 라틴아메리카 사회의 발전 전략과 한계는 매우 흥미롭고 유의미하다. 하지만 이러한 학문적 성과뿐 아니라 이 연구에 사용된 사회학적 연구방법론 또한 이 책의 가치를 높여 주고 있다. 즉 라틴아메리카 사회의 변화 ── 이 글에서는 도시화 ── 를 라틴아메리카의 정치·경제 구조의 변화 속에서 분석하는 저자의 노력은 유럽의 정치·역사·경제 구조의 변화를 이해함으로써 근대사회의 탄생을 이해하고자 했던 고전적 사회학자들의 그것과 닮아 있다. 그 결과 이 책은 라틴아메리카의 사회 발전을 면밀히 고찰한 발전사회학 $^{Sociology\ of\ Development}$의 주요 저서이자 고전적 사회학 방법론을 교과서처럼 적용한 우수한 사회학 연구서이다. 이처럼 다양한 장점을 갖고 있기에 이 책은 1978년 전신인 『농민들의 도시』$^{Cities\ of\ Peasants:\ The\ Political\ Economy\ of\ Urbanization\ in\ the\ Third\ World}$로부터 1995년 개정판인 『시민은 어떻게 형성되는가』를 거쳐 오늘날까지 라틴아메리카 사회학을 대표하는 명저로 소개되고 있다. 이에 필자는 이 책을 라틴아메리카 사회학을 대표하는 명저의 하나로 추천한다.

2. 브라이언 R. 로버츠

『시민은 어떻게 형성되는가』의 저자인 브라이언 R. 로버츠는 텍사스 대학 오스틴 캠퍼스 사회학과에 재직하던 시절 이 책을 저술하였다. 영국의 옥스퍼드 대학에서 역사학을 전공한 그의 말에 따르면, 그는 '새로운 학문 분야'가 미국에서 생겨났다는 소문을 듣고 당시 사회학의 메카로 불리던 시카고 대학에 유학하였고, 사회학 석·박사학위를 3년 만에 취득하였다. 어떻게 그리 빨리 학위를 취득할 수 있었느냐는 질문에 그는 시카고의 날씨가 너무나도 나빠서 하루라도 빨리 시카고를 벗어나고 싶었다고 농담처럼 이야기하곤 했다. 시카고의 날씨가 너무나 싫어 학위를 일찍 끝낸 로버츠가 라틴아메리카를 평생 연구할 지역으로 선택한 것은 매우 자연스러워 보인다.

로버츠의 박사논문 주제는 라틴아메리카와 관련된 것이 아니었다. 그에 따르면 그의 박사논문은 "특별히 내세울 것도 없고 지루한", 당시 사회학계의 유행을 반영한 교육사회학 논문이었다. 학위를 받고 그는 고국인 영국으로 돌아가 맨체스터 대학에서 1964년부터 1986년까지 교편을 잡았다. 영국으로 돌아간 그는 처제 부부와 함께 여행한 페루의 매력에 매료되어 라틴아메리카 연구를 시작하게 된다. "이렇게 아름답고 멋진 곳을 계속 올 수 있는 방법은 무엇일까?"라는 매우 개인적인 사심에서 라틴아메리카 연구를 시작하게 되었다는 농담은 실은 필자를 비롯한 많은 라틴아메리카 연구자들이 공감하는 연구 동기(?)가 아닐까 싶다.

로버츠가 스스로 밝힌 라틴아메리카 연구의 동기는 매우 사소하고 겸손하지만, 그의 연구는 결코 사소하지 않았다. 1978년 그는 이 글에서 소개하는 『시민은 어떻게 형성되는가』의 전신인 『농민들의 도시』를 발표하는데, 이 책에서 그는 라틴아메리카의 도시화와 발전의 문제를 고찰하여 제3세계의 도시화와 발전의 문제를 자본주의의 팽창과 계급사회의 변화 속에서 이해해야 한다는 것을 밝혀내었다. 당시 도시와 도시화에 대한 연구의 주제가 인구의 이동, 도시의 경제적 효과 혹은 지리적 의미의 도시 성장에 머물고 있었다는 점을 고려한다면, 그의 도시화에 대한 접근은 당시 학계에 신선한 충격이었다. 『농민들의 도시』의 성공 이후 그는 본격적으로 라틴아메리카의 도시화와 발전 문제를 연구하기 시작하였다. 오랜 세월 연구 파트너였던 인류학자 노먼 롱Norman Long과의 협업을 통해 그는 1984년 『광부, 농민 그리고 사업가들: 페루 중부의 지역 발전』Miners, Peasants and Entrepreneurs: Regional Development in Central Peru 이라는 책을 공동 집필하는데, 이 책에서 그는 『농민들의 도시』에서 얻었던 이론적 성과를 페루에 적용·확장시켰다. 즉 라틴아메리카의 발전과 이에 따른 계급의 형성 과정이 어떻게 페루 중부에서 나타났는지 보여 줌과 동시에 서로 다른 계급의 형성을 추동한 사회적 동인을 밝히고 이들 계급의 사회적 행동들social actions을 분석하였다. 거시적인 연구의 결과물을 다시 개인과 집단의 사회적 행동과 연결하려는 노력이 이미 1984년부터 시작된 것이다.

라틴아메리카 지역에 대한 연구뿐만 아니라 그는 사회학자로서 발전사회학의 성장에 큰 기여를 하였다. 그가 에두아르도 P. 알체티Eduardo P. Archetti 그리고 폴 캐맥Paul Cammack과 함께 1987년에 공저한 『발전사회학』The Sociology of Development은 이 분야의 교과서이다.

『농민들의 도시』의 성공과 함께 라틴아메리카를 연구하는 대표적 사회학자의 한 명으로 자리매김한 로버츠는 1986년 텍사스 대학의 사회학과로 자리를 옮긴다. 왜 텍사스 대학으로의 이직을 결정했느냐는 질문에 대해 로버츠는 오스틴의 날씨가 좋았고, 모든 것을 팔아치우는 당시 영국 수상이었던 대처를 참을 수 없었기 때문이라고 대답하였다. 물론 이 두 가지 이유가 모두 어느 정도 사실이지만, 이직의 이유를 설명하기에는 다시 한 번 너무나 겸손한 대답이다. 로버츠에게 1960년대 말 첫 번째 교환교수의 기회를 주었던 텍사스 대학은 이미 그 당시부터 라틴아메리카 연구의 중심이라고 불릴 만큼 라틴아메리카 연구에 대한 많은 지원이 있었다. 한편, 텍사스 대학 사회학과는 인구학 연구센터를 통해 인구학 연구의 세계화를 진행하며 라틴아메리카 연구자에 대한 강력한 관심을 피력하고 있었다. 사회학과와 대학의 수요를 모두 충족시키는 후보로서 초빙된 로버츠는 부임과 동시에 미국 내 라틴아메리카 연구자들에게 부여되는 가장 명예로운 석좌교수인 C. B. 스미스 교수(미국-멕시코 관계 분야)로 선정되었다.

텍사스 대학에 부임한 이래 그는 라틴아메리카의 도시화, 이주, 노동시장을 분석하는 다양한 연구 활동에 매진하였다. 그의 학문 영역에서 눈에 띄는 점은 그가 인류학자, 역사학자, 정치학자 등 다양한 학문 영역의 학자들과의 협업을 통해 사회학의 범위와 라틴아메리카 연구의 지평을 넓혀 왔다는 점이다. 무엇보다도 라틴아메리카 현지 학자들과의 왕성한 공동 연구는 그의 연구가 단순히 영어권에서만 소비되는 것이 아니라 라틴아메리카 현지에서 평가받고 소비되며 나아가 재해석되는 기회를 제공하였다. 특히 최근에 로버츠는 1968년 자신이 처음으로 연구했던 과테말라시티로 돌아가 그 당시 연구 대상이었던 가족들을 다시 연구하는 프로젝트를 진행 중이다. 2014년 은퇴를 준비하며 최초의 연구로 돌아가 그동안 라틴아메리카 사회에 일어난 변화와 그럼에도 불구하고 변화하지 않은 것들을 다시 한 번 분석하는 그의 노력을 보며 학자의 삶이 어떠해야 하는지 또한 배워 본다.

3. 도시화를 통해서 바라본 라틴아메리카의 자본주의 발달사

도시화는 사회학자들 특히 발전사회학자들에게는 매우 매력적인 주제이다. 한때 도시화 자체가 발전의 척도로 여겨지던 시절이 있었다. 우리나라 역시 초가집을 없애고 기와집을 올리면 발전이 온다고 믿었던 시절이 있었고, 아직도 신도시는 발전과 동의어처럼 사용된다. 그렇게 대한민국은 영토의 97%가 도시화된 나라로 탈바꿈했다. 라틴아메리카에서도 근대화와 함께 도시화의 진행, 특히 거대도시들의 등장은 각국의 발전을 의미하는 듯했다. 지금도 멕시코시티, 부에노스아이레스, 리우데자네이루 등의 거대도시들이 라틴아메리카의 발전을 그리는 이미지 한가운데에 위치하고 있다.

『시민은 어떻게 형성되는가』는 도시화는 단순히 발전의 척도가 아니라고 주장한다. 오히려 도시화는 라틴아메리카 사회에서 일어나고 있는 자본주의의 팽창과 이를 둘러싼 계급갈등의 산물로 분석했다.[1] 로버츠에 따르면, 특정 산업 정책의 채택, 그에 따른 노동의 이동, 해외 자본의 유입, 농촌의 붕괴와 도시의 탄생이라는 도시화와 관계된 모든 사회현상은 각 사회의 계급들이 그들이 속한 사회 구조 속에서 상호작용하면서 만들어 낸 사회적 결과물이다. 따라서 각 사회가 보여 주는 서로 다른 도시화의 양상은 각 사회의 서로 다른 발전의 정도를 보여 주는 것이 아니라 특정 사회의 계급적 구성과 갈등을 함축적으로 반영하고 있는 것이다. 즉 로버츠가 『시민은 어떻게 형성되는가』에서 소개한 분석의 틀에 의하면, 초가집을 없애고 기와집을 짓는 것은 단순히 한국 사회가

---

1) Roberts, *The Making of Citizens*, p.27.

가난을 벗어났다는 것을 뜻하는 것이 아니라 초가집을 없애고 기와집을 짓게 만든 사회의 계급 구성과 갈등이 반영된 결과물이다.

　도시화라는 현상을 둘러싼 라틴아메리카의 계급갈등과 자본 팽창을 분석함으로써 로버츠는 불평등하고 불균등한 라틴아메리카의 도시화를 낳은 사회적·경제적 요인을 파악하였다.[2] 그에 따르면, 라틴아메리카가 경험한 빠른 도시화는 자본집약적인 산업에 의해 주도되었으며, 그 결과 선진국들에 대한 라틴아메리카의 종속은 심화되었다. 자기 자본이 풍부하지 않은 라틴아메리카에서 자본집약적인 산업화를 추진했다는 것은 라틴아메리카가 산업화 초기부터 세계 주요 국가들과 불평등한 관계를 설정하며 세계 경제로 통합되었다는 뜻이기 때문이다. 이후 라틴아메리카와 세계 경제 간의 불평등한 관계는 다시 라틴아메리카 각 사회에 투영되어 오늘날 라틴아메리카의 고질적 사회문제인 불평등을 가져왔다.[3]

　그에 따르면 라틴아메리카의 노동관계를 규정하는 세 가지 요소는 국가, 거대 산업 부문, 소외된 비공식 부문이다.[4] 이 세 가지 요소가 노동 계급의 구성과 상호작용을 규정하는 강력한 구조적 조건으로 작용하기 때문에 "노동자 개개인을 분석함으로써 저발전국의 도시에서 일어나는 고용과 노동관계를 이해하는 것"은 무의미하다고 주장하였다. 즉 어떠한 노동자 개인이 혹은 이러한 개인들로 이루어진 집단이 왜 유독 빈곤한 삶을 누리게 되었는가에 대한 대답은 그 개인과 집단에 대한 연구를

---

2) *Ibid.,* p.156.

3) *Ibid.,* p.80.

4) *Ibid.,* p.113.

통해서 얻을 수 있는 것이 아니라 그들을 그러한 상황에 놓이게 한 구조적 요소들의 상호작용 속에서 이해해야 한다는 것이다. 그는 라틴아메리카에서 빈곤과 계급관계는 경제 구조에 의해서 규정되었다고 주장하며, 이 과정에서 거대 산업 부문과 소외된 비공식 부문 간의 관계가 어떠한 역할을 하고 있는지를 이해하는 것이 중요하다고 주장하였다. 로버츠는 이를 통해 라틴아메리카 사회를 이해하기 위한 결정적인 힌트를 제공하였다. 즉 라틴아메리카 사회에서 표피적으로 부각되는 거대 산업 부문과 소외된 비공식 부문 간의 알력 및 갈등이 라틴아메리카의 빈곤과 불평등의 근본 원인인 지배 계급의 잘못된 고용 행태와 국가 정책의 오류들을 모두 가려 버린다는 것이다.[5]

이 지점은 우리가 라틴아메리카 사회에 대해 갖는 중요한 의문점들을 해결할 수 있는 단초를 제공한다. 라틴아메리카의 노동운동은 왜 관료화되었는가? 거대한 산업 노조들이 활발한 로비를 펼치는 멕시코 사회는 왜 노동자의 권리가 강화되는 방향으로 발전하기보다는 그 반대의 길을 걷고 있을까? 아르헨티나 제1의 공공노조였던 아르헨티나국영석유회사[YPF]의 노조는 왜 그토록 속절없이 아르헨티나국영석유회사의 민영화에 찬성해 주었을까? 라틴아메리카의 변혁을 위해 라틴아메리카 사회의 갈등을 초래하는 진정한 원인인 종속적인 경제 발전과 자본의 무분별한 팽창이 부각되지 않는 중요한 이유는 무엇일까? 이러한 질문들에 대한 답을 로버츠는 거대 산업 부문과 소외된 비공식 부문 간의 관계에서 찾고 있다. 거대 산업 부문의 일정한 성장과 비공식 부문의 팽창은 거대 산업 부문의 이해와 비공식 부문의 이해가 대립하게 만드는 혹

---

5) Roberts, *The Making of Citizens*, p.133.

은 대립하는 듯 보이는 구조를 만들어 냈다. 그 속에서 거대 산업 부문과 비공식 부문이 서로 갈등하며, 정작 모순의 원인이 된 산업화 정책의 실패와 국가 및 자본의 횡포는 은폐된다. 이러한 현상은 수입대체 산업화 정책을 펴던 시절에도, 1980년대 외채위기 이후 도래한 신자유주의 시기에도 유지된다. 결국 라틴아메리카 자본주의 팽창의 기본 논리는 변하지 않고 유지되고 있다는 것이다.

1장부터 6장을 통해 로버츠는 라틴아메리카의 도시화 과정을 분석함으로써 라틴아메리카의 대표적 사회문제인 불평등, 종속 그리고 정치 불안의 원인을 고찰하였다. 이 책을 읽으면, 로버츠가 혹시 도시화를 사례로 라틴아메리카 자본주의의 발달사 혹은 라틴아메리카판 『자본론』을 쓰고 싶었던 것은 아닌가 하는 의문을 품게 된다. 그리고 이러한 의문에 대해 늘 마르크스가 가장 위대한 사회학자 중 한 명이라고 주장하던 로버츠는 "물론"이라고 간단히 답변해 주었다.

4. 노동자는 어떻게 시민이 되는가?: 시민권의 확장과 민주주의에 대하여

『시민은 어떻게 형성되는가』를 1장부터 6장까지 읽으며 『자본론』을 떠올리게 되는 중요한 이유 중 하나는 경제적·사회적 구조가 라틴아메리카 사회의 발전에 갖는 강력한 영향력 때문이다. 이미 앞서 언급했듯이 브라이언 R. 로버츠는 라틴아메리카 구조적 모순을 가져온 원인은 개별 노동자 혹은 노동자 단체의 행동이 아니라고 보았다. 종속적이고 파편화된 산업화 및 자본주의 발달의 과정이 가져온 거대한 사회 구조들의 상호작용이 라틴아메리카의 도시에서 볼 수 있는 빈곤과 불평등의 원인이기에 개별 빈민 혹은 도시 노동자가 이러한 구조에 대해 갖는 힘은 미미한 것이 아닌가라는 생각마저 하게 된다. 라틴아메리카의 탄탄한 구조가 변화할 수 있는 기회는 어디 있을까?

이에 대한 로버츠의 답변에 해당하는 부분이 7장과 8장이다. 이 부분을 통해 로버츠는 "구조적 요인들에 대한 분석 과정에서 소외되었던 개인과 집단들을"을 소환한다. 그는 구조의 결과물로 빈곤과 불평등이라는 조건을 부여받았으나 "구조의 꼭두각시가 아닌 사건들을 유발하고 구조를 변화시키는 행위자로서",[6] 구조에 도전하거나 구조를 수정하는 도시 빈민들의 삶을 다시 조망하였다. 과연 도시의 가난한 노동자들은 그들에게 끊임없이 적대적이었던 라틴아메리카의 자본 팽창에 어떻게 대응했을까? 결론부터 말하자면 그들은 결코 수동적인 피해자가 아니라 능동적이고 적극적인 때로는 창의적이기까지 한 행위자였다.

급격한 도시화의 물결을 타고 농촌에서 도시로 유입된 도시 빈민들은 무기력하고 소외되어 있지 않았다. 그들은 사회적으로 그리고 정치적으로 공동체를 형성하였고, 때로는 정당 활동으로 때로는 주민회의 활동으로 때로는 가족 단위로 그들에게 놓인 사회 구조적 조건을 극복하려고 노력한다. 이러한 브라이언 R. 로버츠의 시각은 그의 제자이자 멕시코 국립대학원대학의 사회학자인 메르세데스 곤살레스 데 라 로차Mercedes González de la Rocha가 1994년 출판한 『빈곤의 자원: 멕시코시티에서의 여성과 그 생존 전략』Resources of Poverty: Women and Survival in a Mexico City에서 깊은 영향을 받은 듯하다. 그 결과 로버츠는 7장에서 자신들이 갖고 있는 제한된 자원을 매우 창의적으로 활용하여 도시에서 살아남는 전략을 발견해 내는 라틴아메리카 빈민들의 능동적인 행위와 그 의미를

---

6) Roberts, *The Making of Citizens*, p.157.

강조하였다. 그 조그마한 자원은 혈연이 될 수도 있고, 같은 지역 출신이라는 지연이 될 수도 있다. 라틴아메리카 대도시를 둘러싼 거대한 빈민촌을 로버츠와 곤살레스 데 라 로차의 시각으로 다시 바라본다면 이는 불행한 도시화의 희생자들이 도시 외곽으로 떠밀려 살아가는 거대한 수용소가 아니라 도시 빈민들의 생존을 가능케 하는 거대하고 유기적인 공동체이다. 이곳에서 농민^{peasants}들은 도시 빈민이 되고, 노동자가 되고, 종국에는 로버츠가 기대하듯이 시민이 된다.

이렇듯 도시 빈민을 수동적인 희생자들이 아닌 능동적이고 창의적인 사회주체로 바라보는 시각은 오늘날 도시화 혹은 도시 빈민 연구에 지대한 영향을 끼친 시각이다. 2014년 출판된 라틴아메리카 도시화 관련 도서인 『맨손으로 만든 도시: 라틴아메리카 도시의 빈곤과 비공식성』*Cities from Scratch: Poverty and Informality in Urban Latin America*을 소개하며 듀크 대학 출판부는 다음과 같이 적는다. "라틴아메리카 대도시 주변 빈민촌이 마약과 폭력의 희생양이라는 시각은 잘못된 것이다. 이 책을 통해 저자들은 라틴아메리카의 빈민촌이 실은 라틴아메리카 도시의 핵심적인 부분이며 경제 구조의 변화, 민주화, 정체성 운동 등 다양한 사회변혁의 중심으로 작용하고 있음을 보여 준다."[7] 수십 년이 지나도 변하지 않고 유지되는 이론적 발견과 분석틀을 제시하는 글인 까닭에 『시민은 어떻게 형성되는가』는 출판된 지 19년을 맞이하는 지금도 유의미한 명저가 될 수 있다.

이 책에서 가장 느슨한 연결고리는 7장에서 8장으로의 전환이라고

---

7) 듀크 대학 출판부의 도서 소개 웹페이지. https://www.dukeupress.edu/Cities-From-Scratch(Search Date: 6 December 2017).

생각한다. 라틴아메리카의 농민이 도시 빈민이 되고 이들이 다시 라틴아메리카 산업화를 담당하는 노동자가 된다는 것 그리고 이러한 변화 속에서 라틴아메리카의 빈민들은 매우 능동적이고 심지어는 창의적이기까지 하다는 것은 그가 진행한 다년간의 라틴아메리카 연구로 사실상 증명된 주장이다. 즉 1장부터 7장을 관통하는 로버츠의 주장들을 뒷받침할 수 있는 많은 증거를 우리는 이 책에서 무수히 만날 수 있다. 하지만 노동자들의 시민으로의 전환은 어떻게 설명할 수 있을까?

이에 대한 답을 찾기 위해서는 우선 로버츠가 『시민은 어떻게 형성되는가』를 출간한 1990년대 초를 기억해 볼 필요가 있다. 1990년대 초 라틴아메리카는 정치적으로나 경제적으로 상당한 변화를 경험하였다. 1980년대 초부터 거의 모든 라틴아메리카 국가들을 강타한 경제위기의 끝에서 수입대체 산업화 정책은 폐기되고 신자유주의 시대가 왔다. 라틴아메리카의 맏형으로 행세하던 멕시코는 미국, 캐나다와 체결한 북미자유무역협정을 통해 미국 주도의 신자유주의적 세계화에 적극 동참하는 나라로 변신하였다. 이뿐만이 아니었다. 국가 주도의 산업화를 포기한 많은 라틴아메리카 국가에게 국가의 약화는 아이러니하게도 많은 라틴아메리카 사회에 민주화를 앞당기는 결과를 가져왔다. 1980년대 중반부터 일어난 민주화 물결은 70년이 넘는 기간 동안 제도혁명당 1당 체제를 유지해 온 멕시코에서 PAN^Partido Acción Nacional 으로의 정권 교체가 이루어지면서 정점을 찍는 듯 보였고, 라틴아메리카 각국에서 활발하게 일어났던 원주민운동은 노동운동 중심의 라틴아메리카 사회운동이 진화하는 것을 예고하는 듯 했다. 이는 노동 계급의 형성과 계급갈등의 역사에 집중하던 로버츠가 라틴아메리카 시민사회의 중요성 및 그 한계에 주목하게 된 계기가 되었다. 또한 동구권의 붕괴와 함께 이념의 종언이 공공연히 선언되던 당시, 로버츠는 라틴아메리카의 변혁을 여전히 견인해 낼 수 있는 대안적 전략을 모색하고 싶었던 듯하다.

라틴아메리카의 도시 빈민과 노동자들이 보여 주는 놀라울 정도로 강력한 능동성은 아쉽게도 정치적 민주화를 견인하는 동력으로 성장하지 못했다는 것이 로버츠의 결론이다. 그리고 그 원인을 국가를 견제하고, 시민권을 보장하는 것에 대한 동의를 이끌어낼 수 있는 강력한 시민사회의 부재에서 찾고 있다. 허약한 시민사회는 라틴아메리카 사회의 정치적 동의의 부재를 의미하며, 이는 라틴아메리카의 빈민과 노동자들의 삶에도 악영향을 끼치고 있을 뿐 아니라 정부와 지배 계급에게서 가장 효과적인 지지의 바탕이 될 수 있는 '정당성'을 박탈하는 결과를 가져왔다는 것이다.[8] 그렇다면 라틴아메리카의 허약한 시민사회는 어떻게 강력해질 수 있을까?

기예르모 오도넬Guillermo O'Donnell은 1980년대 중반부터 라틴아메리카에서 일어난 정치 참여의 확대가 결국 '위임민주주의'Delegative Democracy로 귀결되었다고 주장하였다. 라틴아메리카에서 확장된 정치 참여의 열기는 견고한 정치제도의 부재로 인해 결국 진정한 의미의 자유주의적 민주주의의 성장으로 연결되지 못했다는 것이다. 따라서 강력한 지도자에게 의사결정권을 위임하는 '위임민주주의'가 도래했다는 것이다. 오도넬의 이러한 비관적인 분석에 많은 정치학자가 동의하였다. 하지만 로버츠는 이러한 주장과는 다른 견해를 피력하였다. 그는 민주주의의 발전에 있어서 정치제도가 갖는 중요성을 부정할 수는 없지만 라틴아메리카 사회 변화에 막강한 영향력을 행사하는 사회적·경제적

---

8) Roberts, *The Making of Citizens*, p.183.

구조가 지난 40여 년간 경험한 변화 또한 주목해야 한다고 역설하였다. 이러한 변화는 라틴아메리카의 정치 참여가 시민권의 확장을 가져올 수 있는, 특히 사회적 시민권의 확장을 가져올 수 있는 많은 통로를 열었다는 것이다. 나아가 보편적 복지에 대한 시민으로서의 권리를 의미하는 사회적 시민권을 확장하고자하는 서로 다른 연령·성·인종 그룹들의 소통과 정치 참여는 갈수록 활발해질 것이며, 이러한 소통은 라틴아메리카 사회에서 다양한 방식으로 확장될 것이라고 예측하였다.[9]

『시민은 어떻게 형성되는가』가 출간되었을 때 학자들은 로버츠가 예측한 낙관적인 시나리오에 대하여 의구심을 표출하였다. 한 학자는 1장부터 7장까지는 완벽한데 8장은 로버츠의 희망 섞인 당위라고 평가하였다. 즉 냉정한 과학적 분석이라기보다는 그래야 한다는 다소 주관적인 전망이라는 것이다. 이에 대해 로버츠의 답변은 인상적이었다. 그는 오히려 당위적인 것이 왜 나쁜 것인가 반문하였다. 그는 더 나아가 학자로서 사회 발전의 방향이 어떠해야 한다는 당위적 주장을 펴는 것은 소위 과학의 이름으로 배척되어야 할 것이 아니라 책임감 있는 학자의 중요한 역할이라고 강조하였다. 이 지점에서 필자는 1장에서 8장까지의 연결고리를 찾을 수 있었다. 1장부터 7장까지가 연구 결과물이라면, 8장은 그 결과물에 바탕을 둔 라틴아메리카 사회 발전의 대안인 것이다. 물론 그 대안에 찬성할 것인가 반대할 것인가는 올곧이 독자의 몫이지만 19년이 지나 다시 읽어 본 그의 시민권 확장에 대한 주장은 아직도 큰 설득과 울림을 준다. 특히 교육과 의료에 대한 시민으로서의 보편적 권리를 주장하는 사회운동이 다양한 연령 그룹, 인종 그룹, 성 그룹 별로

---

9) Roberts, *The Making of Citizens*, p.211.

확산되고 있는 오늘날 라틴아메리카를 보면서 그의 19년 전 당위적 주장이 현실이 된 것은 아닌지 조심스럽게 판단해 본다.

5. 서평을 마치며

앞서 밝혔듯이 『시민은 어떻게 형성되는가』는 필자의 짧은 학문 인생에 가장 큰 영향을 끼친 도서 중 하나이다. 사회적 구조의 존재와 그 구조가 개개인과 집단에 끼치는 영향을 고찰하는 학문 영역으로서의 사회학적 방법론의 장점을 살려 로버츠는 라틴아메리카 도시화의 사례를 통해 라틴아메리카의 정치적·경제적 구조를 파악하였고, 그 구조들에 도전하고 변화시키는 주체로서의 사회구성원들 그리고 집단들을 연구하였다. 이를 통해 『시민은 어떻게 형성되는가』는 우리에게 라틴아메리카의 불평등과 빈곤을 가져온 구조적 요인을 자본주의 확장과 계급관계 속에서 찾아야 한다는 점을 역설했으며, 동시에 이러한 구조적 요인을 변화시킬 대안으로서의 시민권 확장을 주장한다. 라틴아메리카판 『자본론』이라고 평가할 수 있을 만큼의 연구와 분석을 담고 있는 이 책은 나날이 가벼워지고 트렌디해지는 학문 풍토 또한 반성해 볼 수 있는 기회를 제공한다.

추천문헌

Bryan R. Roberts, Eduardo Archetti and Paul Cammack, *The Sociology of Development in Latin America*, London: Macmillan, 1987.

Bryan R. Roberts and Norman Long, *Miners, Peasants and Entrepreneurs:*

Regional Development in Central Peru, Cambridge and London: University of Cambridge Press, 1984.

Bryan R. Roberts, Robert Cushing and Charles Wood, *The Sociology of Development*, 2 vols., Cheltenham: Edward Elgar, 1995.

Guillermo O'Donnell, "Delegative Democracy?" Working Paper no.172, Helen Kellogg Institute for International Studies, University of Notre Dame, Notre Dame, Indiana, 1992.

Mercedes González de la Rocha, *The Resource of Poverty: Women and Survival in a Mexican City*, Oxford: Basil Blackwell, 1994.

페루 근대 민족국가의 발전의 역설

훌리오 코틀러의 『페루의 계급, 국가 그리고 민족』

서지현

1. 페루: 근대 민족국가 '발전의 역설'

2011년 존 크랩트리^{John Crabtree}가 편찬한 『분열된 정치: 페루 민주주의의 과거와 현재』^{Fractured Politics: Peruvian Democracy Past and Present}라는 책은 오늘날 페루가 직면하고 있는 정치·경제·사회 문제에 대한 종합적인 분석 시도이자 1978년 처음으로 출판된 훌리오 코틀러^{Julio Cotler(1932~)}의 『페루의 계급, 국가 그리고 민족』이 페루 사회에 던지는 현재적 의의를 살펴보고, 재성찰해 보기 위한 여러 페루 전공 학자의 노력을 모은 결과물이다. 이는 많은 학자가 이 책이 출간된 지 30여 년이 지난 현재에도 여전히 페루를 이해하는 데 중요한 출발점이 되는 책으로 인식하고 있음을 반증한다. 1978년 책에서 군부가 주도하는 '페루식 개혁주의'가 등장하게 된 가장 주된 요인으로 식민 유산에 따른 이중적 사회 구조와 전통적인 정치 엘리트들의 통치 정당성의 위기를 들고 있는데, 코틀러의 이러한 장기적인 역사적 관점에서의 사회 비판은 2011년 책에서도 여

---

*Julio Cotler, *Clases, estado y nación en el Perú*, Lima: IEP, 1978.

전히 지속되고 있다. 2011년의 책에서 코틀러는 2000년대 이후 역사상 유례없는 경제 성장을 기록한 페루가 마주하고 있는 현실은 경제 성장률과 비례하여 증가하고 있는 사회적 소요와 민주주의 제도의 허약성에 따른 정치사회적 불안정성의 증가라고 지적한다. 코틀러는 이를 '발전의 역설'이라고 불렀는데, 이는 경제 성장 방식을 둘러싸고 페루가 정치사회적으로 양분되어 있기 때문에 경제 성장에도 불구하고 이러한 경제 성장 방식에 찬성하지 않는 다수가 존재하고, 발전의 방식에 대한 차이를 조율할 수 있는 정치제도의 발전이 미약한 상황에서는 더욱더 지속적으로 정치사회적 불안정성을 노출할 수밖에 없다는 것이다. 발전의 방식에 대한 차이는 한편으로는 부의 사회적 분배를 위해 민족주의적 nationalist이고 대중적popular인 사회 개혁을 주장하며 신자유주의 정책의 이행을 반대하는 세력과, 또 다른 한편으로는 전자와 같은 '민중주의' populist적인 정책을 비판하고 민간 투자를 활성화하기 위한 시장주의 정책의 필요성을 강조하는 세력으로 양분된다.

특히 코틀러는 페루 사회에서 오늘날 관찰되는 발전의 역설은 페루가 통합된 (민족)국가로서의 질서national order와 시민적 권리나 법치, 민주주의적 권위에 기반하며 전 국민을 아우를 수 있는 공통의 정체성 collective identity 형성에 성공하지 못했기 때문이라고 지적하고 있다. 이를 코틀러는 1978년 책에서 식민지 시대의 유산이라고 볼 수 있는 이중적 사회 구조가 지속적으로 영향을 미치고 있기 때문이라고 지적했다. 특히, 독립 이후 다수의 대중들을 배제하며 소수의 과두지배 세력이 지배해 온 전통적인 사회 질서는 1930년대 이후 다양한 세력에 의해 비판되어 왔고 20세기 중반 이후 군사 정권이 개혁주의에 의해 일부 개선되기도 하였다. 하지만 그 양분된 사회 구조가 제대로 개혁되기는커녕 이후 페루 자본주의 발전 과정과 민주주의 제도 발전의 허약성으로 오히려 심화되는 경향을 보였다. 즉, 이 과정에서 경제 성장은 '국가' 혹은 '국민'을 위한 발전이라기보다는 지배 세력과 일부의 대중 세력들에게만 혜택을 주게 되었다. 그리고 이 과정에서 배제 혹은 소외된 다수의 대중은 끊임없는 사회적 분쟁과 정치적 위기의 주된 요인으로 지적되어 왔다. 코틀러에 의하면, 이전의 역사적 단계에서의 페루 발전 모델과 마찬가지로 1990년 후지모리 정권하에서 본격화된 시장주도 발전 모델에서도 민간 투자의 증대와 수출 증가에 따른 경제 성장이 페루 역사상 유례없는 거시 경제의 성장을 가져다주었지만, 한편으로 이러한 경제 성장의 혜택이 상당수의 페루 국민들에 의해 공유되지 않으면서 경제 성장에 따른 사회적 분쟁 또한 증가하였다는 것이다.

이렇게 사회적 분쟁이 증가하게 된 것은 2000년 후지모리의 권위주의 정권이 붕괴한 이후 대중들의 정치 참여 기회가 늘어나게 되었기 때문이기도 하지만 한편으로는 민주주의 공고화를 위해 사회 각 부분에 민주주의 제도 개혁이 시도되었음에도 불구하고 개혁의 성과가 한계에 부딪히면서 정치적 제도권 내에서 다양한 이해관계의 조율이 이뤄지지 않았기 때문이기도 하다. 즉, 코틀러에 따르면 2000년대 이후 페루 사회가 목격하고 있는 발전의 역설은 근본적으로는 경제 성장이 식민지 시대의 유산이라고 볼 수 있는 이중적 사회 구조를 보다 심화시켰기 때문이라고 볼 수 있다. 이러한 이중적 사회 구조는 이를 정치사회적으로 조율할 수 있는 제도적·사회적 장치가 제대로 발전하지 못한 상황에서 보다 심화되었다. 이러한 점에서 코틀러가 페루 사회의 이해를 위해 30여 년 전 강조했던 장기적인 역사적 관점에서의 이해는 여전히 유효한 것이라고 볼 수 있겠다. 2011년 책을 편집했던 크랩트리가 지적하듯, "페루는 여전히 식민 유산과 그에 따른 뿌리 깊은 불평등의 패턴으로 인해 제도적 발전에 어려움을 겪고 있으며, 이는 독립 이후에도 개선되지 않았다."[1] 또한 페루는 "통합, 응집, 소속감 혹은 (근대 민족국가의) 시민권"으로 규정될 수 있는 '민족'을 형성한 적이 없다. 다시 말해, 독립을 달성하였음에도 불구하고 "역사적 단절"corte histórico을 완벽하게 경험하지 못한 페루에서는 그 식민적 전통의 지속이라고 할 수 있는 과두지배 세력에 의한 지배가 지속되었으며, 새로운 사회 세력이 독립된 공화국의 '시민'이 제대로 형성될 기회를 갖지 못했다는 것이다. 결과적으로 현재 페루 사회가 경험하고 있는 '발전의 역설'을 이해함에 있어 장기적인 관점에서의 역사적 이해가 선행되어야 할 필요성이 있다는 것이다.

2. '페루식 개혁주의' : 장기적 관점의 역사 이해의 필요성

코틀러의 『페루의 계급, 국가 그리고 민족』이 처음으로 출간된 1978년은 1968년 벨라스코 장군의 군사 쿠데타가 일어난 이후 12년간의 군부주도 '페루식 개혁주의' 실험이 마무리되어 가고 민주주의 이행에 대한 요구가 증가하던 시기였다. 첫 번째 벨라운데 정권(1963~1968)에 반대한 군부의 쿠데타가 발생했던 1968년부터 1980년 민주주의 정권으로의 이행 과정에서 또다시 정권을 잡게 되는 벨라운데 제2정권(1980~1985)의 등장까지의 12년간의 군사 정권 시기는 '페루식 개혁주의', '국가 자본주의의 제3의 길', '페루식 실험', '위로부터의 개혁' 등 다양한 수식어

---

1) John Crabtree ed., *Fractured Politics: Peruvian Democracy Past and Present*, London: Institute for the Study of the Americas, 2011, p.xvii.

로 많은 분석이 이루어진 시기이다. 코틀러가 『페루의 계급, 국가 그리고 민족』의 서론에서 밝히고 있듯 이 책을 집필하게 된 원래 목적은 에스파냐의 식민 지배에서 독립한 라틴아메리카의 다른 국가들과 비교할 때 비교적 늦은 시기 이러한 개혁주의의 시도가, 그것도 군부의 주도로 이뤄지게 된 원인, 즉 벨라스코 군사 정권이 등장하게 된 정치사회적 배경을 밝히기 위함이었다.

하지만 코틀러는 "군사 정권의 특수성과 그 정치 프로젝트의 성격을 제대로 이해하기 위해서는 단순히 1950년대부터 시작된 과두지배 세력의 통치 위기에 대해 분석하고, 이러한 통치 위기로 인해 이후의 군사 정권이 성격이 몇 단계로 다르게 형성되었다고 설명하기에는 부족한 바가 있다"[2]라고 지적했다. 코틀러에게 1960년대 말부터 등장하게 된 '위로부터의 개혁'이라는 특수한 페루 사회의 발전 국면을 이해하는 방식은 보다 장기적인 역사적 관점을 요구하는 것이었다. 그리하여, 애초에 군사 정권 등장의 원인에 대한 분석을 위해 시작되었던 코틀러의 프로젝트는 독립 이후 페루 사회에 지속적인 영향을 미쳐 온 식민 유산에 대한 비판, 즉 자본주의 발전의 종속성, 그로 인한 이중적 사회 구조와 그 구조의 지속성에 대한 비판으로까지 확장되었다. 코틀러에 따르면, 군사 정권 시기 '페루식 개혁주의'는 일부 식민 유산에 의해 지속적으로 유지되어 온 사회 구조에 변화를 형성하기 시작하였다. 하지만 여전히 페루가 통합된 하나의 국가로 발전하지 못하고 끊임없는 정치사회적 불안정성, 주기적 경제 위기를 겪는 것은 그 영향력이 지속적임을 반증하는 것이다.

---

2) Cotler, *Clases, estado y nación en el Perú*, p.46.

코틀러는 페루 사회의 특수성은 페루가 독립한 이후에도 지속적으로 유지된 식민 유산과 그 구조적 개혁의 한계에 따라 그 발전의 새로운 사회적 조건을 마련하지 못한 점에 기인한다고 지적했다. 그 식민 유산은 크게 두 부분으로 나눌 수 있는데 한 측면은 자본주의 발전과 그 종속적 사회 구조이고 또 다른 측면은 원주민 인구에 대한 식민적 착취의 지속성이다. 먼저 첫 번째 측면을 살펴보면, 식민지 시대와 유사하게 독립 이후에도 페루 사회는 북반구의 자본주의 발전에 종속되는 특징을 보였다. 페루의 발전 과정을 역사적으로 살펴보면, 식민지 시대 에스파냐의 식민주의적 중상주의의 영향하에서 착취적 형태의 원자재 수출 형태는 독립 이후 19세기 유럽 국가들의 상업적 경쟁하에서 지속되었다. 20세기 이후에는 그 착취의 주체가 미국 자본으로 전환되어, 이들이 주도하는 독점적 자본주의 발전이 확대되어 인클레이브enclave식 원자재 개발과 수출이 이뤄졌다. 이후 이러한 원자재 개발과 수출에서 산업생산과 도시 서비스업으로 경제 활동이 다변화되기는 했지만, 이러한 경제 활동 역시 자본주의 발전의 국제 노동분업 구조가 일부 다변화되면서 가능해진 것이었다. 결국 이러한 페루 자본주의 발전의 종속적 사회 구조와 관련하여 코틀러가 지적하고 있는 점은 페루 사회의 변화가 중심부 국가들의 자본주의 발전에 종속되어 있었는데, 페루의 경우 그 종속 정도가 다른 라틴아메리카 국가들과 비교할 때 아주 높았기 때문에 국내 민족자본이 일부 생산 수단을 통제하는 등의 자율성을 발휘할 수 있는 여지가 낮았다는 점이다. 그리고 이러한 자본주의 발전의 종속성이 페루의 정치사회적 이중적 구조의 형성에 영향을 미쳤다는 점이다.

또 다른 식민 유산에 따른 페루 사회의 특수성은 원주민에 대한 식민적 착취 관계가 유지되고 있다는 점이다. 주지하다시피 정복 이후 페루 원주민 인구는 경제적 이윤을 강탈하기 위한 대지주들을 중심으로 한 식민주의자들의 전자본주의적 관계에 기반한 착취적 관계에 놓여있었으며, 이러한 원주민 인구에 대한 식민주의적이고 전자본주의적인 착취 관계는 사회문화적, 즉 인종적 특징을 배태하고 있었다. 이러한 식민 유산에서 비롯된 페루에서의 지배-종속의 사회적 관계는 인종적 특징을 가지게 된 것이다. 이는 이후 민족국가 형성을 위한 지배층의 노력에서도 인종적 측면이 지속적으로 배제되고 계급적이고 대중적인 측면만 강조되게 되는 점에 영향을 미치게 되었다. 이상에서 코틀러가 지적한 두 가지 측면의 식민 유산은 독립 이후 페루 사회의 발전 과정에서 서로 혼합되거나 강화되어 나타났다. 코틀러가 지적하듯이 이러한 식민 유산 —— 중심부 국가들의 자본주의 발전에 종속적인 발전과 그에 따른 이중적 사회 구조의 형성과 착취의 인종적 특징 —— 으로 인해 페루는 하나의 사회 혹은 국가로 발전하지 못했으며, 이로 인해 페루 내에서 외국 자본의 지배가 더욱 용이해졌고, 식민적인 정치적 통제가 지속되었고, 이중적 사회 구조 역시 유지되는 경향을 보이게 되었다는 것이다.

더욱이 이러한 이중적 사회 구조하에서 국내 지배 엘리트 세력들의 통치 헤게모니가 안정적이지 못했으며, 지배 세력들은 이러한 사회 구조에 대한 대중 세력들의 개혁이나 변화 요구가 제기되거나 정치적·사회적 위기가 노정될 때마다 정치적인 해결책보다는 폭력적이고 강압적인 해결책에 의존할 수밖에 없었다는 것이다. 이러한 과정에서 사회 구조 개혁을 위한 대중적 대안을 제시하고자 했던 시도들은 번번이 실패하였는데, 그 대표적인 사례가 1930년대 초 부정 선거에 대한 비판으로 트루히요 지역에서 폭동을 일으킨 APRA당을 불법화하고 군부가 지속적으로 억압한 사례를 들 수 있다. 다시 말해, 페루에서는 사회 전체가 정치적으로 공통의 정체성하에 통합되어 국가가 통치 정당성을 안정적으로 유지하는 상태에서 중앙집권적으로 통치하며 발전을 추구할 수 있는 여건이 마련되지 않았던 것이다. 대신, 국가는 억압적인 사회 통제의 방식이 아닐 경우에는 전형적인 후원-수혜의 정치사회적 관계에 기반하고 있었으며, 이를 통해 정치사회적 불안정성을 극복하고자 했던 것이다. 결과적으로, 페루의 지배 엘리트 세력은 민주주의 제도에 기반한 자유민주주의적 정치를 발전시키고 하나의 공통된 정체성에 기반한 근대 민족국가를 발전시킬 수 있는 능력이 부족했으며, 이중적인 사회 구조하에서 각 사회 영역 간의 반목과 충돌을 조정할 능력을 제대로 발전시키지 못했다.

특히 이러한 국가의 통치성 위기는 자본주의 발전의 생산 구조가 변화하고 그에 따른 사회 구조가 변동하기 시작한 1940년대 말부터 1950년대 사이에 노출되기 시작하였다. 특히 1950년대부터 사회 각 부문에서 나타나기 시작한 정치사회적 운동과 대중 부문의 이데올로기적 논쟁은 기존의 후원-수혜 관계로 유지되어 오던 통치 정당성에 본격적으로 비판을 제기하였다. 1960년대에는 정치권 내에서 일부 개혁 시도가 있었으나 그 개혁 시도가 기존 엘리트 세력의 방해로 한계에 마주하면서, 1968년 등장한 '진보적인' 군부 세력에 의해 본격적으로 시도될 수밖에 없게 된 것이다. 코틀러가 지적하고 있듯이, '위로부터의 개혁'을 시도했던 군부는 통치 정당성을 다시 세우기 위해 새로운 사회 세력들을 요구하는 개혁의 일부를 수용해야 했으며, 페루의 자본주의 발전을 지속적으로 추진하기 위해 국가의 역할을 보다 심화하고자 했다. 하지만, 제한적인 개혁을 시도하고자 했던 정권의 의도와 달리 사회의 변화 요구는 '페루식 개혁주의'가 의도한 범위보다 훨씬 많은 요구를 하게 되었으며, 결국 이 실험은 토지분배같이 부분적인 사회 구조 개혁을 이루는 데는 성공하였으나, 보다 광범위한 사회 구조 개혁을 진행하는 데는 한계를 보였다.

3. 훌리오 코틀러, 페루 사회에 대한 살아 있는 비판가

앞서 살펴보았듯이 페루 사회를 이해하는 장기적 관점의 통찰력을 보여 준 훌리오 코틀러는 현 페루 사회를 이해하고 지속적으로 비판을 제기하는 주요 사회학자 중 한명이다. 여전히 오늘날 페루가 당면한 정치·사회·경제 문제의 근본적인 원인에 대한 탁월한 분석력을 보여 주고 있다. 초기의 저작에서는 프랑스의 역사사회학과 구조적 기능주의의 영향을 많이 받았다. 1978년 『페루의 계급, 국가 그리고 민족』이 출간되기 10년 전인 1968년 출간된 『페루의 전통 지배 메커니즘과 사회 변화』 *La mecánica de la dominación tradicional y del cambio social en el Perú*에서 이미 페루 정치 체계에 대한 종합적인 평가를 시도했으며, 이것이 『페루의 계급, 국가 그리고 민족』 저술의 출발점이 된다. 특히 이 두 저작에서의 벨라스코 정권의 코포라티즘적 성격에 대한 비판으로 인해 코틀러는 1973년에서 1976년 사이 멕시코로 망명을 가게 되면서 라틴아메리카와 미국의 다양한 학자들과 교류를 쌓게 되는 계기가 되었다.

　1980년대 민주주의로의 이행에도 불구하고 민주주의 제도 발전의 허약성으로 인해 코틀러는 민주주의 정당 제도의 허약성의 요인에 대한 통찰력 있는 분석을 시도하기도 하였다. 특히 이전의 군사 정부 개혁 시기 후반기에 발전하여 1980년 민주주의 이행을 이끌었던 사회 운동과 사회 조직들을 비롯하여 이들의 지지를 정치적 기반으로 하고 있었던 다양한 좌파 정당 세력들과 전통적인 정당들의 보수적인 엘리트 지배 세력 간의 격차로 인해 건실한 정당 체제가 발전되지 않을 것임을 예견하기도 했다. 이후 후지모리 권위주의 정권 때는 권위주의 정권에 대한 지속적인 비판을 제기하면서 페루의 지성으로 역할을 했다. 이러한 페루 사회에 대한 날렵하고 통찰력 있는 비판은 2000년 후지모리 정권이 붕괴한 이후 정권들의 여러 가지 민주주의 제도 개혁이 시도되고 있는 가운데도 지속적으로 이뤄지고 있다.

4. 변화는 불가능한가?

『페루의 계급, 국가 그리고 민족』에서 코틀러가 지속적으로 지적하고 있는 바는 페루 자본주의 발전의 종속적인 성격과 그에 따른 이중적인 사회 구조로 인해 페루 사회는 지속적인 경제 위기와 정치사회적 불안정성에 노출되어 있는데, 이러한 문제는 식민 유산에 기인한 바가 크다. 또한, 식민 유산으로 인해 페루 사회를 통치하는 엘리트 계층의 통치 정당성이 매우 약하며, 이들이 근대 민족국가 발전을 위한 프로젝트를 발전시키지 못했다는 것이다. 2011년 '발전의 역설'을 통해 밝히고 있듯이 물론 벨라스코 정권의 개혁으로 인해 기존의 과두 지배 계급에 의한 정치적·경제적·사회적 지배가 역사적 단절을 경험하였으나, 이후 통치 엘리트들의 국가 발전 프로젝트를 발전시키지 못하면서 정치경제적 발전으로 이어지지 못했고 그 결과 이중적 사회 구조가 심화되었음을 지적하였다. 즉 경제 성장에 따른 혜택이 소수에게 집중되면서 배제적 성격의 발전 모델이 지속되었고, 이해관계가 다른 각 세력 간의 정치적 제도권 내에서의 조율이 이뤄지지 못하면서 주기적인 정치사회적 불안정성을 노정하게 되었다는 것이다. 다시 말해, 정치적 엘리트들의 허약한 통치 정당성과 국가 발전 프로젝트의 부재로 인해 식민 유산의 영향을 받은 이중적인 사회적 관계가 지속적으로 유지되고 있다는 것이다. 물론 이러한 지적이 현재적인 분석력을 가지고 있지 않다고 볼 수는 없지만, 자칫 식민 유산의 지속적 영향력으로 인해 페루의 자본주의적 발전과 사회 변동이 이뤄지기 불가능할 것이라는 숙명론적 결론으로 이어지게 될 위험성을 가지고 있다고도 볼 수 있겠다.

물론 코틀러가 페루 자본주의 발전 과정에서의 사회적 변화와 그 중요성을 간과하고 있는 것은 아니지만 코틀러는 이러한 사회적 변화와 변화 요구가 이후 실질적인 변화로 공고화되지 못했던 이유를 보다 중점적으로 분석하고자 했던 것이다. 즉, 식민 유산이라고 볼 수 있는 자본주의적 발전의 종속성과 그에 따른 과두지배 세력들의 사회 배제적인 통치는 벨라스코의 개혁을 거치면서 지배 엘리트 통치의 물적 기반이 흔들리게 되면서 역사적 단절을 경험하기는 하였지만, 이러한 역사적 단절 이후의 사회 통합과 발전을 이루고자 하는 시도나 정치적 엘리트의 역할 부재를 보다 강조하고자 한 것이다. 같은 맥락에서 2000년대 후지모리 권위주의 정권이 붕괴하고 정당 제도 개혁이나 지방자치제 법의 시행과 같이 새롭게 민주주의 제도 강화나 대중들의 정치 참여 공간 확대를 위한 정치제도적인 노력이 이루어져 왔지만 여전히 그 결과가 한정적인 측면에만 집중되어 있는 점도 코틀러의 이러한 인식을 뒷받침하는 중요한 요인이라고 볼 수 있겠다. 특히 다른 라틴아메리카 국가들, 그 중에서도 지난 2000년 이후 라틴아메리카 좌파 정권들의 등장을 주도한 세력들의 원주민 운동이나 농촌 사회 운동임을 상기해 볼 때, 페루에서 이러한 사회적 움직임이 상대적으로 분절적이고 간헐적으로 등장한 사실이 이를 반증한다고 볼 수 있다. 특히 2000년대 이후 페루에서 신자유주의 정책에 대한 비판으로 지속적으로 정치사회적 불안정성이 노정되었음에도 불구하고 정치사회적 비판 세력이 현실정치에서 유의미한 대안을 제시하지 못한 요인과도 결부지어 생각해 볼 수 있을 것이다.

추천문헌

Carlos Iván Degregori ed., *No hay país más diverso: compedio de antropología peruana*, Lima: IEP, 2000.

Hernando De Soto, *El otro sendero: una respuesta económica a la violencia*, Lima: Grupo Editorial Norma, 2009.

John Crabtree ed., *Fractured Politics: Peruvian Democracy Past and Present*, London: Institute for the Study of the Americas, 2011.

John Crabtree ed., *Making Institutions Work in Peru: Democracy, Development and Inequality since 1980*, London: Institute for the Study of the Americas, 2006.

Julio Cotler, *Política y sociedad en el Perú: cambios y continuidades*, Lima: IEP, 1994.

5부

/

다른 세상을 상상하다

바로크로 근대성을 투사하기

볼리바르 에체베리아의 『바로크의 근대성』

1. 들어가며

에콰도르 출신으로 멕시코 국립자치대학에서 왕성하게 활동하던 볼리바르 에체베리아[Bolívar Echeverría(1941~2010)]는 예술사조가 아닌 비판적 삶의 양식으로 바로크를 재개념화하여, 이러한 바로크를 자본주의의 진화와 과정에서의 근대성과 연관을 지어 근대의 속성의 일부로 보았다. 그는 바로크를 에우헤니오 도르스나 알레호 카르펜티에르처럼 보편적 문예사조나 라틴아메리카의 문화적 상수로 본다거나 칠레의 사회학자인 페드로 모란데처럼 문화사적 관점에서 전근대적이거나 근대에 반동적인 현상으로 보지 않고, 근대성의 매개변수들 중 하나로 보았다는 점에서 기존의 바로크 이론가들과는 차별화된다. 위의 세 이론가들의 바로크 이론은 남유럽 혹은 라틴아메리카의 관점에서 북유럽이나 앵글로색슨 문화에 대한 차별화되는 정체성을 강조하는 문화담론이라고 볼 수 있다. 에체베리아의 바로크 에토스 개념도 일정 부분 라틴아메리카라는

---

* Bolívar Echeverría, *La modernidad de lo barroco*, México D.F.: Ediciones Era, 1998.

지역이 지니는 문화적 혼혈에 기대어 지역적으로 차별화되는 정체성의 정치학을 드러내고 있다. 그럼에도 불구하고 기존의 이론가들과의 차별점은 근대성에 대한 전 지구적 관점으로부터 비롯된다. 에체베리아는 막스 베버의 자본주의적 혹은 청교도적 근대성에 대한 도그마를 비판하는 것으로부터 시작하여 역사적으로 자본주의적 근대성의 진입을 의미하고 추상적 사회가치를 내포하는 카를 마르크스의 교환가치 개념을 빌려서 자본주의를 비판하고, 탈역사적이고 인간 공동체와 연관된 자연 상태를 의미하는 사용가치를 지향하는 바로크 에토스를 설정하는 등 종래의 문예이론, 문화연구에서 검토되던 바로크에 대한 연구를 사회과학 연구와 융합시키고 있다.

에체베리아는 바로크 에토스에 대한 자신의 이론적 가설을 확장해 1998년 『바로크의 근대성』을 출간한다. 이 책은 기존의 바로크 에토스에 대한 글을 체계적으로 확장한 「바로크 에토스에 관하여」와 문화의 근대적 조건을 성찰하고, 바로크를 근대의 역사적·문화적 복수성의 단초로 본 「문화사에 있어서의 바로크」로 나뉘어 있다.

2. 바로크와 바로크 에토스

우선 바로크라는 개념은 주지하다시피 문학과 예술사조로부터 유래하였으며 문화적 역사의 범주로 확립된 개념으로 17~18세기의 문화적 경향이 일관성 있게 정돈되고 난 후 그 시대에서 스스로 생겨날 수 있었던 총체적 역사의 결과로서 특이성과 자주성을 지닌 것으로 인정받게 된다. 그런데 18세기부터 점점 근대적 삶과 문명화된 삶의 특징을 분리해 내는 것이 불가능하게 되었다. 인간 문명의 한 양식에 불과했던 근대성이 문명의 본질적인 한 부분을 구성하게 되면서 근대성 없는 문명은 모순적인 상황에 빠지게 되었다. 따라서 근대성의 위기는 곧 문명의 위기가 되었다. 막스 베버가 『청교도 윤리와 자본주의 정신』을 통해 자본주의가 어떻게 북유럽의 프로테스탄티즘과 상응하여 계몽과 합리의 이름으로 근대의 주도적인 가치가 되었는가를 드러내었다면, 에체베리아는 근대의 위기는 곧 문명의 위기이고 이는 곧 전 지구적인 자본주의의 위기임을 베버의 논리의 선분을 역으로 추적하며 근대성 담론의 비판의 도구로 삼고 있다. 이러한 현대 문명의 위기에 대한 우려로 인해 에체베리아는 자본주의적 근대성의 문명을 구성하는 기초를 복합적으로 탐구하고자 하며, 청교도적 정신과는 이질적인 바로크 에토스가 근대에 역사적 유효성과 사회적 일관성을 가지고 있음을 주장한다. 만일 예술적·사회적 양식으로서의 바로크주의가 그 뿌리를 바로크 에토스에 두고 있고 자본주의적 근대성과 맞물린다면, 청교도적 자본주의가 대안이 없을 만큼 완벽하다는 자기긍정이 모순에 빠진다는 것이다.

에체베리아는 막스 베버가 모든 직업이 하나님의 거룩한 부름에 의한 거룩한 직업이고 이에 대한 정당한 노력으로 생기는 부의 축적을 옹호함으로써 일종의 청교도 윤리와 자본주의 윤리 사이에 상응관계를 형성시켰다고 주장한다. 베버는 마르크스의 입장처럼 자본주의가 유물론적이라고 보지 않고 소유관계, 지식, 기술만으로는 설명할 수 없는 종교적 이상과 관념으로부터 비롯되었다고 주장한 것이다. 에체베리아는 현재 자본주의 체계가 문명화된 삶의 구조 저변에서의 필수적인 조건임을 인정하면서도 종교적 신념이 아닌 가치체계나 관습을 의미하고 존재론적 방법의 개념을 내포하는, 한마디로 삶과 세상에 대해 인식하는 양상이라 할 수 있는 에토스라는 개념을 대안적으로 내세운다. 에토스라는 개념은 마르크스가 자본주의적 근대성에 대한 분석을 한 것으로부터 유래된다. 마르크스는 『자본론』에서 자본주의 사회에서의 부는 상품의 축적에서 비롯되는 것으로 상품의 가치는 상품의 사용으로 인해 얻어지는 사용가치와 상품을 화폐로 바꾸기 위해 지니는 가치인 교환가치로 나누어지며, 시장에서의 거래는 교환가치로 거래된다고 보았다. 근대성으로의 역사적 진입은 사용가치에서 교환가치로 변이되고 자본의 축적이 추상적 가치로 인해 가능해질 때 가능했다. 앞서 언급했듯이 에체베리아는 마르크스처럼 역사를 추월하여 인간과 자연이 연합된 상태인 사용가치를 추구하고 인간을 추상적 사회관계 속에 매이게 하는 교환가치를 비판하고 극복의 대상으로 삼았다. 자본주의적 근대성이 낳은 역사적 변이의 결과는 가치체계에 있어서의 모순을 야기했다. 에체베리아는 이를 극복하기 위한 방안으로 네 개의 역사적 에토스를 제안한다. 역사적 에토스란 사회 구조적 접근과정이 가미된 에토스로, 현재화되어 있지 않은 유토피아적인 양식을 현재화하겠다는 태도를 의미한다. 에체베리아가 보기에 자본주의적 현실은 피할 수 없는 역사적 현실로, 이러한 현실 내에서 세계가 생존하는 방법으로 사실주의·낭만주의·고전주의·바로크라는 네 가지 에토스가 제시된다고 보았다. 사실주의 에토스는 자본의 축적을 긍정하고 이에 반대하는 모든 것은 허망하다고 보는 반면, 낭만주의 에토스는 사회주의 혁명처럼 자본주의의 모순을 강조하고 반박하는 것만이 긍정적이라고 본다. 고전주의 에토스는 자본주의의 모순과 소외를 드러내지만 바꿀 수 없는 것으로 간주한다. 이에 비해 바로크 에토스는 체제적 모순을 인지하고 감내하면서도 주어진 사회적 관습에 저항하는 태도로 설명된다. 에체베리아는 자본주의적 생산 양태가 초래한 질적인 것의 파괴 속에서의 삶을 또 다른 상상적인 양태로 이끄는 근대적 생활 방식을 바로크적이라 본다. 즉 바로크는 사용가치가 교환가치로 변환되는 과정에서 훼손되고 물화되는 인간 본유의 가치와 생활 세계를 다시 복원하는 전략으로, 가치를 상대화하거나 무가치화시키고 초월적인 상상을 통해 자본주의의 모순을 간접적으로 비판하는 전략을 취한다. 바로크 에토스는 사실주의 에토스가 그러하듯이 자본주의적 근대성 속의 삶의 모순을 숨기려 하지 않고 낭만주의 에토스처럼 전면 부정하지 않으면서 고전주의 에토스처럼 그러한 모순을 불가피한 것으로 인정하나 고전주의와는 달리 그것을 받아들임에 있어서 저항적 자세를 취한다.

에체베리아가 이처럼 바로크를 자본주의적 근대성이 낳은 모순을 극복할 수 있는 잠재적 에토스로 명명한 이유는 현재의 자본주의적 근대성의 토대인 북유럽적이고 청교도적 근대 세계체제의 이전에 존재했던 자본주의적 삶의 또 다른 양식이 바로크이고, 바로크 예술은 삶에 대한 환멸과 초월을 긍정하며 기존 생활의 불충분함에 대한 회의를 표상하고 있기 때문이다. 상이한 두 가지 것을 동시적으로 표현하며, 과장을 통해 극단으로 몰고 가서는 간접적인 방법으로 우회하여 반대쪽으로 교묘히 전환하는 하는 방식을 통해 강한 긍정 속의 부정을 꾀한다고 바로크의 미학적 특징을 진단한 에체베리아는 한 사회의 가치체계 연구를 통해 문제를 제기함에 있어서 다른 체계를 만들어 기존의 가치에 반하는 가치를 포함하는 것을 바로크 에토스라 진단한다. 이는 바로크가 지니는 도발적이고 장식적이고 비생산적인 미학적 특징에서 기인한 에체베리아의 상상체제로 보인다.

바로크 에토스가 출현한 역사적 맥락을 설명함에 있어서 에체베리아는 예수회의 프로젝트를 그 대표적인 예로 든다. 가톨릭을 국가의 이념으로 천명했던 에스파냐는 종교개혁에 맞서서 펠리페 2세 때 기존의 가톨릭을 재규정해야 할 필요를 느끼게 된다. 이 때 예수회는 이데올로기적 대안이 된다. 신대륙의 오지에까지 복음을 전파했던 예수회는 레둑시온^{reducción}이라고 하는 원주민 보호구역에 치외법권적인 새로운 자치 공동체를 만든다. 에체베리아는 이러한 레둑시온이 근대적 유토피아의 또 다른 표본이고, 이러한 라틴아메리카의 바로크가 본질적으로 근대적 과업임을 증명하는 것이라고 평가한다. 17세기 신대륙의 현실은 유럽 모델의 연장선상에서 사회문화적 개조를 하는 것도 힘들었을 뿐 아니라 정복 이전의 토착 문화를 재구성하여 정치적 삶과 문화적 양식을 변형시킨 아메리카 양식을 추구하는 것도 불가능한 문명 존속의 위기 속에 놓이게 되었다. 이러한 상황에서 유럽적인 것은 재창출되어야 했고, 이미 와해되기 시작한 원주민 문명의 혈통을 가진 원주민들은 생존을 위해 자신의 코드를 깨뜨려야 했다. 이질적인 두 코드가 융합되는 바로크 문화는 신대륙에서 더욱 생동감 있게 발전하는데, 이는 다른 인종간의 혼혈의 출산 과정과 크리오요이던 원주민이던 이주한 흑인이던 자신이 지니고 있었던 문화적 코드를 깨뜨려야 하는 역사적 맥락과 깊게 연관된다. 정복자의 후손은 그들 자신의 유럽적 정체성을 변화시키면서 그들의 행동에 몰락한 원주민 문화를 통합해야만 했고, 원주민들은 문화적 파괴와 피지배의 적대적 환경에서 살아남기 위해서 유럽적 코드를 채택해서 자신의 문화적 양식을 재생산해야만 했다. 레둑시온은 가톨릭 종교와 이질적인 원천을 중재하고 변화시키는 바로크 에토스 속에서 재발견하는 중요한 범례라고 에체베리아는 주장하며 라틴아메리카의 첫 번째 근대성의 대안이라 칭한다.

3. 새로운 근대적 기획으로서의 예수회의 활동

볼리바르 에체베리아는 근대성과 바로크의 개념으로 설명되는 이 책의 주제들에 접근하기 위하여 두 종류의 역사를 비교한다. 첫 번째 역사는 포괄적 역사로 17세기 신대륙 문화의 특수성이 형성되는 과정에 관한 것이며 두 번째 역사는 한정적 역사인 예수회 초기의 역사, 그리고 예수회의 근대적이면서도 역설적으로 가톨릭적인 문명화 활동의 역사이다. 이 두 역사들은 상호작용하며 밀접한 연관성을 가진다.

이 두 역사들은 공간적·시간적으로 같은 배경을 갖는다. 1588년 무적함대의 패배로부터 시작하여 1764년 마드리드 조약과 함께 대략적으로 막을 내리는 이 시기는 에스파냐 제국의 쇠락의 명백한 징후로 시작하여 부르봉 왕조의 에스파냐가 예수회에서 세운 과라니족 공동체를 파괴하던 시기, 에스파냐 제국이 멸망의 조짐을 보임으로써 끝나는 시기이다. 동시에 이 시기는 에스파냐 제국이 '재근대화'remodernización를 주장하며 신대륙에 잔존해 있던 원주민 문명을 파괴한 때이며 16세기 중반부터 18세기 말까지 활동한 예수회 초기 역사의 가장 중요한 시기이기도 하다. 이러한 상황은 예수회가 유럽에서보다 더 많은 성공을 거둔 아시아와 아메리카 대륙에서 발생했다. 신대륙의 사회는 유럽의 생활양식을 적용시키고 시행하는 과정에서 일어난 저항으로 인해 변형된 모습을 가지게 되었고 보다 복잡하고 독특한 형태를 가지게 되었다. 이것은 17세기 라틴아메리카 사회생활에 주요한 방식의 영감이 되었던 이 문명화 프로젝트가 유럽의 역사를 연장시키는 것이 아니라 새롭게 시작하는 것이었기 때문이다.

17세기 아메리카는 16세기와 매우 다른 양상을 보였다. 인구통계학적 변화가 그 첫 번째 변화이다. 아메리카대륙 내의 인디오와 에스파냐에서 파견된 페닌술라르의 인구는 감소했으며 메스티소 인구가 급증해 주요 인종 그룹이 되었다. 비슷한 변화가 경제 분야에서도 발생하였다. 16세기 말부터 라틴아메리카의 탯줄이라고 할 수 있었던 에스파냐 본국과의 교역이 감소하기 시작하였다. 16세기 라틴아메리카 경제는 대륙 내 광물 착취가 주였으나 17세기에는 수공예품, 농산품을 생산하여 아메리카 대륙 내에서 소비하는 경제 체제로 변화되었다. 더하여, 인디오·메스티소 계층의 잉여노동이 발생하여 봉건적 노동력 착취 시스템인 엔코미엔다 체제에서 노동력의 매매를 기반으로 하는 아시엔다 체제로의 변화가 이행되었다.

전통적인 역사 서술에서 크리오요 프로젝트라고 불리는 이 프로젝트는 기술과 사용가치의 창조, 사회적 부의 재생산 사이클 조직, 지역 경제의 통합, 정치-종교적인 힘의 행사, 일상적인 삶의 양식을 개발하는 데 효과적이었다. 이러한 프로젝트는 유럽 문명의 재창조 과정이었으며 유럽 대륙 밖에서 유럽을 다시 시작하는 과정이었다. 예수회의 역사에서도 재건의 과정이 존재한다. 프랑스 계몽주의는 트리엔트공의회 이후의 가톨릭교회와 예수회에 대해 시대 역행적이고 전근대적인 이미지를 씌우려 했으나 이러한 이미지들은 재검토될 필요가 있다. 트리엔트공의회 이후 가톨릭교회의 활동은 완전히 보수적이거나 과거로 돌아가려고 하는 전근대적인 것이 아니다. 가톨릭교회의 반종교개혁 활동은 나름의 방식대로 근대성을 확립시키며 새롭게 변화시켜야 한다는 사명을 가지고 있었는데, 이는 예수회의 신학적 주장을 살펴볼 때 더욱 명확해진다.

예수회의 신학은 도미니크회에서는 이단이라고 할 정도로 개혁적이었으며 마니교의 영향을 받은 것이었다. 이들은 신의 창조는 과정 중에 있으며 세계는 빛과 어두움 사이에서 선택하는 것의 연속이며 끝나지 않은 싸움 가운데 있다고 주장했다. 그래서 인간의 목표는 '가능한 가장 좋은 세상'을 만드는 것이며 이러한 점에서 인간의 자유의지가 중요성을 띤다. 예수회의 관점에서는 세계는 죄악이 가득한 '눈물의 계곡'이기만 한 것이 아니라 구원의 기회를 제공하는 공간이었으며 참 그리스도교인의 행동은 세상을 잃어버린 영토로 여기며 관계를 끊는 것이 아니라 세상 속에서 세상을 악마와 악, 어둠 가운데서 구하기 위해 싸우는 것이었다.

이전에는 트리엔트공의회 이후의 가톨릭교회와 예수회의 활동이 단순히 종교개혁에 반하여 나타난 반종교개혁 활동으로 인식되어왔으나 반종교개혁이라는 용어는 트리엔트공의회에서 잉태된 모든 활동의 내용을 포함하지 못한다. 그들의 계획은 발전이나 계몽을 막고, 종교개혁을 흐름을 막는 댐의 역할을 하는 것이 아니라 종교개혁을 뛰어넘는 것을 추구하는 것이었다.

트리엔트공의회에서 핵심적으로 제시된 것 중 한 가지는 세속과 성스러운 것의 중재였다. 예수회의 관점에서 이 중재의 부재는 종교개혁이라는 야만적이며 잔혹한 결과를 초래했으며, 교황이 중심이 되는 신비로운 공간이 지상의 세계와 천상의 세계를 연결하는 역할을 수행했어야 했으나 그것을 하지 못했기에 개신교가 교황 자체를 거부하는 현상이 나타난 것이었다. 트리엔트에서의 가톨릭교회는 중재자로서의 필요성을 회복하려고 노력하였으며 교회가 사회화 기관 혹은 연결자의 역할을 가진다고 주장했다.

그러나 교회가 유럽 역사에서 주요한 사회화 기관이나 연결자의 역할을 수행해 왔음에도 불구하고, 그 역할의 타당성에 대한 경험주의적 입증의 요구와 함께 교회가 수행하는 중재의 필요성 자체가 흐려졌다. 교회의 역할에 대한 가장 큰 도전은 일상적인 실생활 속의 자본으로부터 왔다. 교환의 도구가 아니라 자본의 역할을 수행하는 '화폐'의 등장과 함께 개인의 사회화와 인간관계는 시장에서 그리고 돈이 더 많은 돈으로 돌아오는 과정 가운데에서 이루어지기 시작했다. 이러한 변화 속에서 교회는 세상을 단순히 지나쳐가는 고통스러운 공간으로 보는 관점을 넘어서 풍요로움의 형태를 통해 신의 선의가 드러나는 공간으로 보기 시작했다. 이러한 역사적인 현상들은 교회가 사회화 기관으로서의 필요성과, 시장중심의 세계 속에서 무엇이 중요한 가치를 지니는지 결정하는 역할을 잃게 만들었다.

예수회의 근대적인 활동은 이러한 배경에서 수행되었다. 유럽 궁정에서의 권력 싸움에서 엘리트들에게 밀려 아시아, 아메리카 대륙에 이르렀던 예수회는 세속을 초월하는 초기 그리스도교적인 공동체를 세워 그들이 주장하는 나름의 풍요로움 속에서 살았다. 이러한 활동의 수행을 위해 예수회는 문화적 차이를 고려하며 다른 종파의 신도들로부터 이단이라고 낙인찍힐 수도 있을만한 방식들을 사용해가며 타 문화를 받아들였다. 예를 들어 그들은 자신들이 가지고 있던 신의 개념에 의문을 던지며 검토하여 동양적 규범에 맞게 변형시켰다. 이러한 모습은 근대적 보편성을 만들어 낸 유럽이 자기 자신의 사상에 대해 재정립을 하는 독특하고도 유연한 모델이었다.

라틴아메리카에서 예수회는 크리오요 엘리트 계층의 양성으로부터 과학 발전, 자본 흐름의 조절에 이르기까지 다양하고 넓은 활동 범위를 가졌으며 강한 영향력을 행사했다. 예수회 신부들은 과학을 발전시켰고, 많은 기술의 혁신을 이뤄냈으며 새로운 생산 과정의 조직 방식을 도입했다. 이미 완전히 지배적이었던 라틴아메리카에 대해서는 말할 것도 없고, 예수회의 경제 투자는 18세기 초 유럽에서의 자본의 흐름에 영향력을 행사하기도 하였다.

하지만 그들이 도시들에서 큰 중요성을 가지며 지대한 영향력을 행사했음에도 불구하고, 예수회의 주목적은 선교, 특히 식민 지배 경험이 없는, 다시 말해 '나쁜' 근대성으로 오염되지 않은 인디오들을 대상으로 하는 선교에 있었다. 그들의 프로젝트는 격렬하여 기진맥진하게 만드는 삶의 세계를 새롭게 건설하여 심미적이며 축제와 같은 즐거움의 세계로 만들고자 했다. 예수회는 계몽전제주의를 적으로 여기며 시장자본주의에 눈이 먼 근대성에 반하여 대안 근대성을 일으켜야 한다고 주장했다.

이러한 예수회의 주장은 결국 18세기말 과라니 공동체를 파괴하고, 예수회를 모든 가톨릭 국가에서 추방하고, 예수회의 모든 활동을 금지하라는 내용이 담긴 왕명과 교황의 예수회 폐지 결정을 통한 예수회 축출을 유발하였다. 이러한 예수회의 추방은 유토피아의 파괴인 동시에 자본주의적 근대성의 공고화를 의미했다. 예수회가 내세운 세속적이며 일상적인 신은 재화와 서비스의 생산과 소비가 침략해 왔을 때 대항할 수 없었다.

요약하자면 두 종류의 다른 역사, 즉 크리오요 프로젝트와 예수회 프로젝트는 새로운 재건설을 목표로 한 역사였다. 전자는 아메리카에 유럽 문명의 재창조를, 후자는 근대에 가톨릭 세계의 재건설을 추구했다. 예수회의 실패는 에스파냐 계몽전제주의의 식민지 경영 정책의 변화와 관련되어 있다. 예수회의 실패에도 불구하고 크리오요 프로젝트는 계속되어 유럽 문명적 모체를 유지하면서도 새로운 삶의 방식을 만들어냈다.

4. 베르니니의 바로크적 표현 양식과 예수회의 신학

이러한 일들이 어떠한 방식으로 일어났는지 설명하는 것이 바로 바로크이다. 이 바로크는 흔히 이야기 되는 바로크와는 조금 다르다. 사실 바로크를 특징짓기는 매우 어렵다. 하지만 예술사에는 바로크를 드러내는 훌륭한 범례가 있다. 이탈리아의 조각가 잔 로렌초 베르니니의 예가 바로 그것인데 그는 그리스·로마의 예술을 새롭게 재현하려 했다. 그의 방식은 그리스 전통 규범을 잇는 것이 아니라 스스로 그리스 시대의 조각가가 되어 그 당시에 존재하지 않았으나 존재했을 법한 새로운 형태를 만들어 내는 것이었다. 헬레니즘의 극적 요소에 나타나는 고전적 규범을 추구하는 과정에서 베르니니는 그리스도교적 극적임과 맞부딪혔다. 매우 종교적인 사람이었던 베르니니에게 신의 임재를 어떻게 그려 낼 것인가는 매우 큰 문제였다. 신 자체는 그려 낼 수 없는 존재이기에 베르니니는 신의 신비로운 임재가 인간의 몸과 그 주변 환경에 유발하는 동요를 그려 냄으로써 신을 드러내고자 했다.

베르니니의 예와 예수회의 연관성을 연결 짓기 위해서는 예수회의 신학에 대해서 조금 더 자세히 살펴보아야 한다. 구원에 관하여 구원받을 자가 이미 정해져 있고 유기된 자가 존재한다는 칼뱅과 청교도들의 예정론에 대항하여 예수회는 '충분한 은혜'la gracia suficiente와 '효과적 은혜'la gracia eficaz의 개념을 제시하며 반박한다. 구원받을 자와 구원받지 못할 자가 정해져 있다는 것은 신의 속성인 자비로움이나 선함과는 대치되는 것이기에 예수회 신부 루이스 데 몰리나는 신은 모든 영혼을 구원할 수 있는 '충분한 은혜'를 베풀지만 인간이 구원을 얻기 위해서는 인간이 자유의지를 가지고 그 은혜가 효력을 갖는 '효과적 은혜'가 되도록 동의하는 과정이 필요하다고 주장했다.

교황은 이러한 예수회의 신학이 그리스도교의 이념을 넘어설 가능성이 있는, 이단성이 감지되는 신학이기에 이의 인정을 거부했다. 예수회는 신을 이미 존재하는 존재로 설명하는 것이 아니라 존재가 완성되어 가고 있는 존재로 파악했기 때문이다. 예수회 신학자들과 베르니니가 한 일은 매우 유사하다. 그들은 신의 개념을 재건하려고 했다. 그러나 그 과정에서 수정을 가했고, 상당히 많이 변형하여 그들이 복원한 신은 중세 신학의 신과는 거의 닮지 않은 모습을 띠게 되었다. 베르니니는 고전적인 종교의 극적임을 추구했지만 전혀 다른 것, 즉 근대의 삶의 성스러운 경험에서 나오는 극적인 것을 만들어 냈다.

라틴아메리카 문화 혼합의 과정에서도 유사한 움직임의 방식이 나타난다. 문화의 형성은 상반된 문화적 코드들이 갈등을 일으키며 혼합하는 과정이다. 라틴아메리카의 특수한 문화가 형성되는 과정에는 16세기 말에 본국에서의 피드백이 거의 끊어진 덕에 닥친 이베로-유럽 문명의 위기와, 동시에 정복으로 인한 인디오 문명의 위기라는 두 상황이 존재했다. 낮은 계층의 크리오요들, 메스티소들과 물라토들은 무의식중에 베르니니가 고전 규범들에 대해 했던 것과 같은 것을 행했다. 그들은 유럽 문명을 복원시키고, 재생시키려고 했다. 그러나 그 과정에서 인디오 문화 코드의 잔해와 노예로 끌려온 이들의 아프리카 문화 코드가 혼합되어 그들이 세우려고 했던 것과는 다른 것을 세우게 되었다. 라틴아메리카는 전에 한 번도 존재한 적이 없었던, 다른 유럽이 되었다. 정리하자면, 바로크성$^{lo\ barroco}$은 재시도의 과정에서 환경의 영향에서 변형이 일어나 원래의 것과 다른 결과물이 생기는 방식을 의미하는 것이며, 17세기 라틴아메리카의 근대성은 이러한 바로크성을 통해 확립된 유럽적-

가톨릭적 근대성의 변형물이라고 할 수 있다.

5. 나가며

베르니니와 예수회 그리고 라틴아메리카 식민지시대의 문화적 혼종성을 통해 바로크를 규명하려 했던 에체베리아는 근대 철학에 있어서의 바로크적 자세를 마르틴 하이데거가 제시한 신학적 철학의 관점에서 파악하고자 한다. 하이데거는 『근거율』이라는 저서를 통해 근대철학의 논리적 난점은 '신'으로부터 벗어나는 것이 불가능하다는 점이라고 주장하였다. 근대철학의 논증이 이루어 놓은 모든 것의 저변에는 여전히 '신'이라는 개념이 자리 잡고 있다. '죽은 신'은 계속해서 영향력을 행사하고 신의 '시체' 혹은 '빈 왕좌'는 그대로 있다. 즉, 철학에 있어서 '신'은 원래의 막대한 힘을 잃었지만 여전히 그 밑바탕에서 영향을 주고 있다는 것이다. 사실, 새로운 철학의 경향은 논증의 주제와 방법을 급진적으로 변화시키는 것이었다. 그것은 고대 그리스에서 기원한 철학적 전통의 재검토를 통한 것이었다. 그러나 여전히 권위적인 신 중심 사회에서 이러한 변화는 이미 존재하고 있던 철학적 전통(스콜라 철학)의 비평을 통해야 했다.

문화사적 현상으로 봤을 때, 신학적 철학은 새로운 논증의 집합이 출현하게 된 주요한 요소 중 하나이다. 그것은 개인 이성의 자유로운 운동을 자극함과 동시에 개인 이성이 넘을 수 없는 한계를 만나도록 함으로써 이성을 사용하는 특유의 방식을 천천히 그리고 확실하게 준비하도록 이끌었다. 그리고 이는 훗날 전 세계의 유럽화에 큰 요소가 되었다. 하지만 신학적 철학은 자체적으로 봤을 때, 극히 깨지기 쉬운 것이었다.

왜냐하면 이것은 조화될 수 없는 두 가지 — 철학과 신학 — 의 이론적 목적을 조화시키려고 하기 때문이다. 신학적 철학은 완전히 다른 이질적인 두 가지를 관통하는 것을 추구하는 혼성의 논증이다.

르네 데카르트는 방법적 회의를 통해. 세상 모든 것은 의심할 수 있지만 지금 그 의심을 하고 있는 '나'라는 존재는 의심을 할 수가 없이 확실히 존재한다는 사실을 깨닫는다. '나는 생각한다 고로 존재한다'에서 내가 존재한다는 명제는 신이 아닌 이상 만들 수 없다. 신의 존재를 인정하지만 그 증거가 신의 말씀이나 교리가 아닌 '생각하는 나'에서 도출된다. 신학에서 이성으로 세계관을 재구성한 것이다. 프랜시스 베이컨은 자연과학 연구의 토대를 마련하여 실험에 기초를 둔 학문이 발달하고, 미지의 것을 수량으로 표현할 수 있는 방법론을 제시했다. 근대 휴머니즘의 전개는 생산과 기술의 발전을 가져왔고 '인식론'은 '최선'이고 '중심'이 되었다. 그런데 이에 역류하는 경향들을 바로크라 명명할 수 있다.

즉 이러한 철학사적 관점에서 근대 인식론이 만개하는 시대의 동시대적 문화사의 대표적 양식으로 성장한 바로크가 근대성과 지니는 긴장감 넘치는 역학관계를 볼리바르 에체바리아는 『바로크의 근대성』을 통해 풀어 나가고자 했다. 책의 제목으로 '바로크와 근대성'이 아닌 '바로크의 근대성'으로 명기함으로써 바로크적 에토스가 근대성에 대해 지니는 팽팽한 긍정과 부정의 길항관계와 자본주의와 근대적 삶의 양식에 대한 우회적 부정을 통해 미적이고 영성적인 삶의 가치를 새롭게 정초하는 과정을 17세기 신대륙의 문화적 혼혈, 신대륙의 첫 번째 근대적 기획이라 할 수 있는 예수회의 용의주도한 전략, 라이프니츠의 예정조화설, 베르니니의 도발적인 미학을 통해 그려 나간다.

추천문헌

송상기, 「중남미에서 나타나는 근대성의 대안으로서의 바로크적 에토스 연구」, 『스페인어문학』, 36권, 2005, 447~463쪽.

Bolívar Echeverría, *Modernidad, mestizaje cultural, Ethos Barroco*, México D.F.: UNAM / El Equilibrista, 1994.

Bolívar Echeverría and Horst Kurnitzky, *Conversaciones sobre lo Barroco*, México D.F.: UNAM, 1993.

Carlos Espinosa, "El barroco y Bolívar Echeverría: encuentros y desencuentros", *Iconos: Revista de Ciencias Sociales*, no.44, 2012, pp.65~80.

Cerbino Mauro and José Antonio Figueroa, "Barroco y modernidad alternativa: diálogo con Bolivar Echeverría", *Iconos: Revista de Ciencias Sociales*, no.17, 2003, pp.102~113.

Santiago Cevallos, "La crítica de Bolívar Echeverría del barroco y la modernidad capitalista", *Iconos: Revista de Ciencias Sociales*, no.44, 2012, pp.119~124.

Walter Moser, "Eulogy for Bolívar Echeverría", *Anales del Instituto de Investigaciones Estéticas*, vol.32, no.97, 2010, pp.195~203.

안데스의 체 게바라, 그 손에 쥔 단 한 권의 책

호세 카를로스 마리아테기의 『페루 현실의 이해를 위한 일곱 가지 소론』

최영균

1. 혁명가의 책

평소 지병을 앓았으며, 40세가 되기 전 요절하였고, 마오주의를 지지하고 스탈린주의에 반대한 20세기 라틴아메리카 사회주의 혁명의 상징적 인물은 누구일까? 체 게바라가 떠오르겠지만, 한 명이 더 있다. 영화 「모터사이클 다이어리」를 인상 깊게 본 당신이라면, 그가 침대에서 읽고 있던 책, 『페루 현실의 이해를 위한 일곱 가지 소론』을 기억할 것이다. 라틴아메리카 마르크스주의의 역사에서 가장 중요한 인물 중 하나인 호세 카를로스 마리아테기José Carlos Mariátegui(1894~1930)가 1928년에 펴

---

*José Carlos Mariátegui, "Siete ensayos de interpretación de la realidad peruana", *Amauta*, no.17, 1928. 서울대 라틴아메리카연구소 웹진 『트랜스라틴』 26호와 27호에 일부가 번역되어 있다. 「인디헤니스모 문학」, 김용호 옮김, 『트랜스라틴』 26호, http://translatin.snu.ac.kr/translatin/1403/pdf/Trans14032716.pdf; 「원주민 문제」, 김용호 옮김, 『트랜스라틴』 27호, http://translatin.snu.ac.kr/translatin/1312/pdf/Trans13122612.pdf(검색일: 2018년 1월 15일). 영어 완역본은 https://www.marxists.org/archive/mariateg/works/7-interpretive-essays/index.htm(Search Date: 15 January 2018)에서 읽어 볼 수 있으며, 에스파냐어 원문 또한 같은 웹사이트에서 찾아볼 수 있다. https://www.marxists.org/espanol/mariateg/1928/7ensayos/index.htm(Search Date: 15 January 2018).

낸 책이다. 영화의 시선은 미동도 않는 안데스 농민들의 무덤덤한 얼굴을 향하고, 그 사이로 한 목소리가 마리아테기의 사상을 설명한다. "그는 기본적으로 라틴아메리카의 인디오와 농민들의 혁명적 잠재력에 관해 말한다. 인디오의 문제는 토지의 문제이고, 혁명은 모방이나 복제가 아니라 라틴아메리카 민중의 영웅적 창조여야 함을 주장했다."[1] 이 장면과 문구가 삽입된 의도는 분명하다. 호기로운 여행자의 가벼운 발걸음이 안데스를 지나며 역사적 무게감을 싣게 되었음을 보여 주는 것이다. 인도아메리카[2]만의 사회주의 혁명을 쿠바에서 성공시킨 주인공 체 게바라의 전환점이 안데스에서 꽃핀 마리아테기의 사상임을 밝히는 것이다.[3]

마리아테기가 말한 "영웅적 창조"란 반反서구주의가 아니라 서구와 비서구의 경계를 넘는 사상적 종합을 의미한다. 비록 서구의 "모방이나 복제"가 되길 거부하며 라틴아메리카 고유의 현실과 관점을 강조했지만, 그에게 서구의 사상은 부정할 수 없는 지적 바탕이었다. 체 게바라의 전환점이 안데스였다면, 마리아테기에겐 유럽이었다. 그의 삶은 유럽으로 떠나기 전, 유럽에서의 체류 그리고 페루로 돌아와 본격적으로 사회주의 운동을 시작하는 시기로 나누어진다.

---

1) 1928년 발간된 『아마우타』 17호에 실린 원문은 다음과 같다. "진정으로 우리는 아메리카의 사회주의가 모방이나 복제가 되길 원하지 않는다. 그것은 영웅적 창조여야 한다. 우리 고유의 현실에 맞춰, 우리 고유의 언어로 인도아메리카의 사회주의에 생명을 불어넣어야 한다. 이것이 새로운 세대의 신성한 사명이다."
2) '라틴'은 아메리카를 식민 지배했던 유럽 국가(프랑스, 에스파냐)와의 연관성을 지시하지만, '인도'는 아메리카의 가장 오래된 주인으로서 원주민의 입지를 강조하기 위해 쓰인다.
3) 마리아테기는 중국과 러시아 등 소위 비서구권의 사회운동에도 많은 관심을 가졌다. 마오주의에 대한 체 게바라의 지지는 농민 중심의 혁명론을 주창했던 마리아테기의 영향이라 해도 지나치지 않다.

1894년 페루 남부의 모케구아에서 태어난 마리아테기는 9세 때 사고로 왼쪽 무릎에 강직증을 앓았다. 불안정한 건강상태로 인해 학교를 제대로 나갈 수 없었고, 결국 학업을 포기해야만 했다. 병원에 누워 대부분의 시간을 보내야 했던 그는 독서로 외로움을 달래며 많은 책을 접했다. 14세(1908년)에 들어 처음으로 맡게 된 일은 리마에 위치한 신문사 『라 프렌사』$^{La\ Prensa}$의 문서수발 업무였다. 그로부터 6년이 지난 20세(1914년)부터는 후안 크로니케르$^{Juan\ Croniquer}$라는 프랑스식 필명을 사용하기 시작했다. 각종 신문사에 글을 기고하고 "세기말적이고 퇴폐주의적인"[4] 시를 쓰며 리마의 살롱을 드나들던 소위 '힙스터'들과 어울렸다. 24세인 1918년 친구였던 호르헤 팔콘$^{Jorge\ Falcón}$과 함께 주간지 『당대』$^{Nuestra\ Época}$, 1년 후 일간지 『이성』$^{La\ Razón}$을 발간하여 대학 개혁과 노동자의 투쟁을 지지하는 언론 활동을 하지만, 1919년 독재자 레기아가 다시 집권하자 폐간된다. 이후 마리아테기와 팔콘은 유럽으로 추방된다.[5] 그렇게 이탈리아에 도착한 그는 2년간 유럽에서 체류한다. 그는 이때의 삶을 이렇게 회고한다. "이곳에서 아내 그리고 사상을 얻었다."[7] 이탈리아, 프랑스, 독일의 급진적 지식인들과 교류하고 1923년 페

---

4) 1927년에 쓴 편지에서 마리아테기 스스로 당시의 모습을 평가하며 했던 말이다. 원문의 인터넷 링크는 다음과 같다. https://www.marxists.org/espanol/mariateg/1927/ene/10.htm(Search Date: 15 January 2018).

5) 기예르모 로이욘(Guillermo Rouillon)이 쓴 『호세 카를로스 마리아테기의 영웅적 창조』(La creación heroica de José Carlos Mariátegui)에 자세한 정황이 나와 있다. 주된 비판의 대상이었던 레기아 정부를 홍보해야 한다는 모욕적인 임무를 받고 떠나긴 했지만, 당시의 상황을 볼 때 유럽에 갈 수 있다는 것은 대단한 특권이었다. 공교롭게도 레기아의 아내와 마리아테기는 먼 친척이었고, 그 사이에서 피에드라(Piedra)라는 또 다른 친척이 중재 역할을 하였다. 감옥에 갇힐 위기에 처한 두 청년은 사회주의의 발상지인 유럽에서 혁명에 대한 더 구체적인 상을 마련할 수 있을 것이라 기대하며, 페루를 떠나 후일을 도모한다.

루로 돌아온 마리아테기는 곤살레스 프라다 인민대학에서 글을 쓰고 세미나를 하며 전위주의, 마르크스주의 등 서구의 급진적 미학과 사회과학을 라틴아메리카의 관점에서 전유하고자 노력하였다. 1924년 지병으로 목숨을 잃을 뻔한 그는 왼쪽 다리를 포기해야만 했다. 병이 깊어졌음에도 불구하고 다시 활동을 재개한 그는 1926년 월간지 『아마우타』 *Amauta*를 발행하고, 1928년에는 페루사회주의당을 창당한다. 사회주의를 당의 이름으로 정한 것은 지배 엘리트와의 타협을 시도하는 민족주의 진영 그리고 소련의 지령에서 자유롭지 못한 공산주의 진영과 결별하겠다는 의지의 표현이었다.

2. 경계의 사색

정치공학적으로 말하자면, 마리아테기는 실패한 혁명가였다. 노동자 중심의 혁명노선을 주창했던 코민테른(제3인터내셔널), 국가정체성 담론을 중심으로 중산층 중심의 개혁을 외쳤던 민족주의 운동(APRA: 아메리카혁명인민동맹) 등 어떤 진영도 마리아테기의 사회주의 노선에 동조하지 않았다. 그는 한쪽에서는 유럽과 소련을 따르는 사대주의자 취급을 받고, 다른 한쪽에서는 지역의 특수성에 매몰된 토호세력이라고 비난받았다. 절대성과 보편성을 강조하는 교조주의를 비판하며 사상적 전선의 한복판에서 고뇌했던 그의 태도는 '서구냐 반反서구냐'라는 이분법에

---

6) 이는 「모터사이클 다이어리」에서 체 게바라의 목소리로 오마주된다. 그는 리마에 도착해서 이렇게 말한다. "우리는 [리마의 은인이었던 페스체 박사로부터] 음식, 옷과 돈 그리고 중요한 사상을 얻었다."

부합하는 명확하고 단순한 프로파간다를 필요로 했던 당대에 누구에게도 환영받지 못했다. 마리아테기를 떠나 민족주의 노선에 가담했던 시인 마그다 포르탈Magda Portal은 명확한 방향을 제시하곤 했던 아프라APRA의 빅토르 라울 아야 데 라 토레Víctor Raúl Haya de la Torre와는 달리 마리아테기와의 대화는 항상 해답이 없는 상태로 끝났다고 하기도 했다.

이러한 성향은 『페루 현실의 이해를 위한 일곱 가지 소론』에서 잘 드러난다. 애초에 한 권의 책으로 낼 계획이 없던 글들이 모였다. 그래서 구성이 성기다. 경제를 중심으로 전개되는 전반부는 봉건적 대토지 소유와 강제노동의 문제를 비판하는 내용이 각각의 장에 중복 서술되는 경향이 있고, 교육·종교·지리·문학을 다루는 후반부는 에스파냐의 식민 잔재를 비판한다는 공통점을 찾을 순 있지만 문학에 관한 마지막 장이 튄다는 느낌을 지우기는 어렵다. 문학비평을 하고 있기에 사회과학적 논평에 가까운 이전 장들과 서술 방식이 다르기 때문이다. 그래서 마리아테기의 정치경제학적 관점이 가장 잘 드러나는 전반부의 세 가지 소론 「페루 경제사 개요」, 「인디오 문제」, 「토지 문제」, 특히 그중에서 마지막 장만 읽어도 충분하다는 의견도 있다.

신문과 잡지에 기고된 글을 다듬지 않고 모은 것이기에 유기성이 떨어진다는 점은 저자 자신도 인정한 바이지만, "처음부터 명확한 의도를 갖고 쓰인 글을 읽고 싶지 않다"는 니체의 말을 인용하며 책의 서문을 시작하고 있다는 점도 고려할 필요가 있다. 현실로부터 해석을 끌어내는 것이 아니라 작가의 의도에 끼워 맞춰 현실을 왜곡하는 인위성을 경계하는 것이다. 안데스의 자연과 정서에 맞춰 살아온 인디오에 주목하는 것처럼, 마리아테기는 지식 또한 자생적으로 생겨나야 함을 강조한다. 이러한 입장에는 페루가 아닌 에스파냐의 문화를 전통으로 전제하여 설립된 제도교육에서 벗어나 독학으로 전방위에 걸친 지식을 습득한 개인사도 영향을 미쳤을 것이다.

　이분법보다는 종합을 추구하는 마리아테기의 사상을 일관성 있게 정리하기 어려운 것은 사실이다. 그는 서구의 과학이 봉건적인 페루사회에 필요한 요소라고 주장하면서도, 실증주의가 추구하는 객관성의 허구를 꼬집는다. 경제적 토대에 주목하는 유물론을 지지하면서 조르주 소렐Georges Sorel의 주의주의主意主義적 혁명론을 높이 평가한다. 그로 인해 마리아테기의 사상은 후대 지식인들의 입맛에 맞춰 민족주의, 유럽주의, 마르크스주의 유물론, 반反이성적 사회주의 신화론 등 다양한 이름으로 불렸다. 특히 소렐의 영향으로 종교와 신화의 유용성을 마리아테기 스스로 다수의 글에서 인정하였지만, "이 사실은 [합리적이고 과학적인] 라틴아메리카 마르크스주의의 사상적 바탕"이라는 명성에 흠을 내지 않기 위해 가려져 왔다.

　이처럼 그의 사상을 평가하고 정리함에 있어 왜곡되고 불분명한 부분들이 많은 것은 사실이다. 하지만 『페루 현실의 이해를 위한 일곱 가지 소론』만을 놓고 보자면, 분명하게 반복되는 한 문장을 꼽을 수 있다. "인디오 문제는 토지 문제다." 언뜻 대수롭지 않아 보이는 이 주장은, 인디오라는 '인종'이 아닌 토지라는 경제적 '토대'로 초점을 돌리는 거대한 전환이었다. 페루의 모든 인종이 함께해야 한다는 정치적 수사만을 반복할 뿐, 사회 구조 곳곳에 암약하는 식민주의의 구체적 내용을 지적하지 못했던 공허함과의 단절이었다. 마리아테기는 에스파냐의 잔재인 이 식민주의가 다양한 얼굴을 갖고 있음을 주장한다. 이는 경제에서는 봉건적 대토지 소유로, 교육에서는 수사학 위주의 비실용적-엘리트주의적 학풍으로, 지리에서는 식민통치를 위해 인위적으로 개발된 해안도시(리마)로, 문학에서는 과거(에스파냐의 황금세기)를 희구하고 이의 복원에 골몰하는 경향으로 나타난다.

3. 야만의 토대: 라티푼디오

에스파냐 식민통치자들은 인디오 공동체의 자생적 문화를 야만적인 것으로 치부하며 억압해 왔다. 하지만 마리아테기 입장에서는 문명이라는 허울 아래 페루를 침입한 에스파냐 정복자들이야말로 야만의 화신이었다. 그들에게 아메리카는 귀금속의 화수분이지, 새로운 문화가 싹트는 삶의 터전이 아니었다. 이 땅에서 마주친 인디오는 공생·공존할 인간이 아니라, 언제나 부릴 수 있는 가축과도 같았다. 개별 인디오 공동체가 운영하고 있던 토지를 빼앗은 에스파냐 정복자들은 그 땅을 귀족들에게 불하하였다. 땅을 빼앗긴 인디오들은 봉건영주나 다름없는 이들을 위해 토지를 경작해야만 했다. 이것이 '라티푼디오'라 불리는 대토지소유의 시작이다. 마리아테기는 라티푼디오야말로 페루의 발전을 가로막는 가장 큰 장벽이라고 주장한다. 대농장의 소유주들은 봉건주의와 자본주의의 차이와 의미를 이해하지 못했고, 노예들이 사탕수수와 면화농사를 통해 가져다주는 부에 만족했기 때문에 생산기술의 혁신 등 자본가 계급으로 나아가기 위한 노력을 하지 않았다. 라티푼디오로 인한 토지 집중은 자본주의적 경쟁이 일어날 수 있는 환경을 가로막는다. 집중된 토지가 분해되어 봉건적 농장주의 권력이 해체되고 농민들이 이로부터 자유로워져야만, 비로소 도시에 마련된 생산수단으로 이들을 끌어들일 수 있기 때문이다. 마리아테기는 인디오 공동체를 파괴하고 비효율적인 라티푼디오와 노예노동을 주입한 에스파냐 부왕령이야말로 야만이라며 다음과 같이 말한다. "[인디오 공동체의] 사회주의 경제의 폐허 위로, [에스파냐 정복자들은] 봉건경제의 기틀을 세웠다."

페루에 침입한 에스파냐 정복자들과 그의 후손들은 인디오를 통치의 대상으로 보지 않았다. 라티푼디오의 강제노동을 견디지 못하는 농민들이 죽어 나갔다. 일부는 첩첩산중으로, 일부는 도시로 탈출했다. 그들의 빈자리는 아프리카와 중국에서 데려온 노예들이 채웠다. 마리아테기는 이 노예들 또한 대토지에서 삶의 터전을 가꿔 나갈 수는 없었다고 설명한다. 최소한의 권리조차 보장받지 못한 존재들이 낯선 땅에서 할 수 있는 것은 극히 제한되어 있었기 때문이다. 이러한 점에서 마리아테기는 예수회 선교사들의 노력을 긍정적으로 평가한다. 비록 인디오를 "시혜를 필요로 하는 열등한 존재"로 간주했지만 적어도 자신과 같은 인간이라는 점은 인정했기 때문이다. 예수회는 또한, 인디오 공동체의 공산주의적 삶의 방식을 존중했고, 더 나은 물적 기반이 마련될 수 있도록 도왔다. 비록 부왕과 결탁한 세속교회와의 정치적 싸움에 밀려 페루 식민통치의 주류가 되지는 못했지만 말이다.

1821년, 식민통치의 총본산인 부왕령이 떠나간 자리에 독립된 공화국이 건설되지만, 에스파냐 정복자의 후손인 크리오요들이 공화국의 지배층을 차지했다. 에스파냐의 간섭으로부터는 상대적으로 자유로워졌지만, 부르주아지의 역할에 무지한 봉건적 사고관은 척결되지 않았다. 마리아테기는 공화국의 도래가 인디오들에게 토지분배에 대한 희망을 심어 주었지만, 변한 것은 없었다고 지적한다. 고된 노동을 인디오에게 강제로 부여하긴 했지만 귀족으로서의 품위를 지켰던 에스파냐인들과는 달리, 크리오요들은 최소한의 인간적 예의조차 없었다.

공화국의 엘리트들은 쉬운 길을 택했다. 각종 광물자원과 구아노,

초석 등의 수출이 가져다주는 막대한 이익에 취해 산업화의 의무를 저버렸다. 마리아테기는 말한다. 애초에 독립은 인디오를 위한 것이 아니었다고. 독립의 대의는 백인 정복자의 후손인 크리오요들의 지배를 정당화하기 위한 것이었다. 서구 자본주의를 지탱하는 자원창고로서 2중대의 역할에서 벗어난 라틴아메리카의 독립국은 없었다. 1차산업 생산물을 외국에 수출하는 것으로 연명하는 식민주의는 21세기에 들어서도 건재하다는 점에서, 봉건주의를 타파하고 산업 중심의 근대화를 효율적으로 추구할 필요가 있다는 마리아테기의 주장은 여전히 의미가 있다.

페루 경제를 분석한 전반부를 읽고 독자가 느끼게 될 것은 저자의 절망이다. 마리아테기는 봉건주의와 식민주의가 기묘하게 공존하는 이 땅에 진정한 의미의 자본가와 근대적 엘리트가 성장할 수 없음을 한탄하고 있다. 이렇게 이성으로 절망하는 마리아테기에게 의지로 낙관할 수 있는 계기를 제공한 것은 '아이유'라 불리는 인디오 농민 공동체였다. 경작과 소출의 분배를 공동으로 행하는 공산주의적 생산 양식이 현재까지도 살아남아 있다는 사실, 게다가 이 생산 양식의 효율성이 라티푼디오를 압도한다는 사실을 목도한 마리아테기는 자본주의를 거치지 않고도 근대적인 공산주의 사회로의 이행이 가능할 것이라는 희망을 품는다. 마리아테기는 "노동은 감정에 의존한다"는 소렐의 말을 근거로 생산성이 노동자의 감정과 상태에 달려 있음을 주장한다. 라티푼디오와 자본주의 생산 양식은 가족 등 공동체로부터 유리되어 반강제적으로 노동하는 상황이기에 생산성이 떨어지는 반면, 아이유 등 공동체와 함께하는 노동은 집단적이기에 그 생산성이 오히려 높을 수 있으므로 이를 바탕으로 사회주의 혁명과 근대화를 함께 수행할 수 있으리라는 희망이다. 이렇듯 마리아테기는 "나태하고 야만적인" 에스파냐의 봉건적 정신보다 인디오 공동체의 집단의식이 우월함을 주장한다. 페루의 토대를 갉아먹는 봉건성을 밝힌 전반부에 이어서, 교육과 종교, 문학의 영역에 창궐한 식민 유산의 문제가 서술된다.

4. 야만의 상부구조: 구름 위의 교육과 종교

마리아테기는 에스파냐 정복자들과 그 후손들이 만들어온 페루 정치경제의 봉건성은 토지분배 문제의 해결을 요원하게 하는 한편, 교육의 근대화 또한 가로막고 있었다고 말한다. 독립된 공화국의 지배층은 수사학을 중심으로 편성된 엘리트 교육이 아니라 과학적이고 실용적인 일반 공교육이 필요하다는 것을 인지하지 못했다. "단어만 오갈 뿐 실체는 건들지 못하는 편집증적 현학의 전통"[7]이 지배적인 교육 현실은 과학적 사고의 발현에 장애가 되었다. 마리아테기는 경제와 과학을 강조하는 미국의 실용적 국민교육제도를 도입함으로써 이를 극복할 수 있다고 생각했지만, 공화국 엘리트들은 에스파냐와 마찬가지로 문예교육 위주인 프랑스 모델을 따름으로써 문제를 악화시켰다.

　　마리아테기는 종교 문제 또한 같은 맥락에서 바라본다. 에스파냐의 종교인 가톨릭은 단순히 근대화의 발목만을 잡은 것이 아니라, 나아가 '반개혁'의 목소리를 높이며 과거로의 강압적 회귀를 시도했다. 독립이후에도 가톨릭의 영향은 건재했다. 반면 마리아테기는 개신교의 청교도적 정신을 자본주의에 부합하는 것으로 높이 평가하며 미국 개척사를

---

7) 당대의 명망 있는 교육자 마누엘 비센테 비야란(Manuel Vicente Villarán)이 했던 말로, 마리아테기가 자신의 실용주의 교육관을 강조하기 위해 인용하였다.

그 사례로 제시한다. 칼뱅이 주창한 예정설은 재산 축적이 곧 구원의 증명임을 설파함으로써 미국 자본주의의 성장을 정신적으로 뒷받침했다.

이 외에도, 많은 측면에서 북미와 라틴아메리카의 상황이 대비된다. 마리아테기는 북미에는 원주민과 그 문명이 거의 존재하지 않았음을 지적한다.[8] 따라서 이곳에 발을 디딘 모든 유럽인은 온전한 개인이 되어 오로지 자연과의 사투에만 힘을 쏟을 수 있었다. 타인의 것을 강탈하고 착취하는 것이 아닌, 자신의 힘만으로 땅을 일구어야 하는 상황은, 북미인들에게 자본가적 모험정신을 심어 주었고, 자연을 정복함에 있어 금욕적인 생활을 하지 않을 수 없는 상황은 칼뱅주의와도 쉽게 결합할 수 있었다.

반면, 라틴아메리카에는 이미 문명이 존재했다. 야망에 찬 에스파냐인들은 자연에 앞서 미지의 화려한 문명과의 조우에 있어 어떻게 대응해야 할지를 결정해야 했다. 에스파냐인들은 그들을 정복했고, 착취했다. 이러한 상황에서 종교는 그들 자신을 위한 것이 아니라, 인디오들을 지배하기 위한 도구로 변질되었다. 선교가 주목적이 된 가톨릭 종교는, 특유의 친화력을 발휘하여 인디오의 정신세계에 성공적으로 안착할 수 있었다. 하지만 이들의 종교는, 이미 종교 그 자체의 의미보다는 관료적 지배체제의 일부가 되었다. 식민 지배체제가 안정적으로 꾸려지자, 야망보다는 나태가 라틴아메리카를 지배하기 시작한다. 마리아테기는 페루의 자유주의자들이 가진 무능함과 봉건세력의 건재함을 근거로 정

---

8) 이는 사실이 아니다. 라틴아메리카와 마찬가지로 북미에도 다양한 종족들이 넓은 영역에서 삶의 터전을 구축해 오고 있었다. 20세기 초까지 원주민에 대한 말살 정책이 계속되었다는 점을 고려하면, 북미에 대한 백인의 지배를 정당화하기 위해 원주민의 역사와 그들에 대한 박해가 고의적으로 은폐되어 당시 외부인들은 이에 무지했을 수 있다.

교분리를 통한 근대적 요소의 도입이 어렵다며 다음과 같이 말한다. "페루 자유주의는 앙상한 정치경제의 바탕 위에서 종교가 지배하는 이 땅에 존재할 수 없었다."

　　마르크스주의자임을 자임했던 마리아테기는 친미주의자의 낙인을 감수하면서까지 미국의 실용주의를 긍정적으로 평가하고 에스파냐와 프랑스의 관념적 문화를 비판했다. 하지만 그가 생각했던 혁명의 모델이 미국이어서가 아니라, 그만큼 페루를 짓눌러왔던 봉건주의와 식민주의가 지독했기 때문이라고 생각해야 할 것이다. 앞서 말했듯, 페루는 지배층의 무능으로 혁명으로 나아가기 위한 물적 기반이 형성될 수 있는 최소한의 근대화도 이뤄내지 못하는 상황이었기 때문이다. 분명 그에게 미국은 라틴아메리카를 위협하는 새로운 제국이었다. 하지만 교조적으로 반미를 외치기보다는 미국에서 자본주의와 자유주의가 안착할 수 있었던 배경을 분석할 필요가 있었다.

　　마지막으로, 마리아테기는 인디오 공동체의 공산주의적 생산 양식에서 희망을 발견했던 것과 마찬가지로 잉카 종교의 세속성을 긍정적으로 평가한다. 현실의 문제를 방관하고 개인의 열반만을 추구하지 않고 사회규범으로서 공동체의 갈등을 조정하고 효율적인 집단노동을 조직하는 잉카의 종교는 공동체의 뿌리인 토지에 깊숙이 스며들어 있었다. 마리아테기는 공동체와 토지 그리고 모든 존재가 서로 연결되어 있다는 범신론적 사고관에서 사회주의 혁명을 위한 연대의 가능성을 발견한다.

5. 야만의 중심: 리마

지금껏 마리아테기는 에스파냐 식민통치의 부자연스러움에 대해 말해

왔다. 페루, 라틴아메리카의 현실을 고려하지 않은 식민 정책을 시행함으로써 이 땅에 인위적으로 주입된 봉건주의의 잔재를 남겼고, 이것이 자유주의, 자본주의 등 근대화 요소 도입에 장애가 되고 있다는 주장이다. 식민통치의 중심인 수도 리마 또한 이 문제에서 자유롭지 않다. 마리아테기가 보기에, 리마는 해안가에 위치했기 때문에 에스파냐 정복자 입장에서는 입지가 좋을 수 있으나, 한 국가의 수도로서는 적절하지 않다.

무엇보다 리마는 경제적 수도로서 기능할 수 없는 도시이기에 리마를 중심으로 철도망을 형성하는 것은 어리석은 일이다. 리마는 '자연스럽게' 모든 길이 모이는 도시가 아니다. 여기에서 리마와 부에노스아이레스의 근본적 차이가 있다. 마리아테기는 다음과 같이 말한다. "부에노스아이레스는 아르헨티나 목축과 농업의 시장이자 항구이다. 모든 무역로가 이곳으로 연결된다. 반면 리마는 페루 상품의 귀결점으로서 기능할 수 없다. 페루 해안을 따라 존재하는 항구를 통해서 남과 북으로 나가야만 한다."

부에노스아이레스는 라플라타강을 통해 모든 육로와 수로가 집결되는 지역이다. 하지만 리마는 그런 조건을 갖추고 있지 못하다. 연료공급이 쉬운 위치가 아니고, 공산품을 제조할 수 있는 시설도 없었다. 리마는 런던이나 부에노스아이레스와는 달랐다. 육로가 곳곳으로 뻗어 있지 않기 때문에, 오스트리아의 빈처럼 금융 중심지로 기능할 수도 없는 조건이었다. 마리아테기는 에스파냐 정복자에 의해 귀족들의 사교장으로 세워진 리마의 태생적 한계를 인정하고 다른 대안을 추구하지 않는다면, 페루의 경제적 근대화는 요원하다고 생각했다.

페루 공화정부의 관료들은 지형과 경제를 과학적으로 분석하지 못한 채로, 봉건세력과 타협하며 중앙 중심의 관성에서 벗어나지 못하고 있었다. 이러한 현실을 맞이한 페루의 정치가들, 특히 연방주의자들은 스스로 뜻을 실천할 기회를 저버렸다. 좌우를 막론하고, 중앙 중심과 지방분권 사이의 간극은 관심사가 아니었다.

마리아테기는 리마를 중심으로 설정하는 중앙집권의 인위성을 비판하는 지역주의자다. 하지만 그가 제안하는 지역주의는 연방주의와 다르다. 연방제는 국가를 세우기 위한 각 지역 간의 정치적 합의일 뿐이다. 따라서 지역 구분의 부자연스러움에는 관심을 두지 않는다. 마리아테기에게 식민 지배가 만들어 낸 페루의 기형적 구조는 구분선 그 자체에 있는 것이 아니다. 그는 모든 구분선을 없애고 지배자와 피지배자가 한데 어우러져, 도시와 지방의 구분도 사라진 대동세상을 그리고 있지 않다. '지역주의'란 말에 명백히 드러나듯, 그의 지향은 오히려 그 반대다. 하지만 무조건적인 분리를 주장하는 것 또한 아니라는 것을 잊지 말아야 한다. 다시 말해, 마리아테기는 해안과 산악 지역, 도시와 지방의 본원적인 차이를 인정하고, 평등한 교류를 함으로써 각 지역을 이롭게 할 수 있음을 주장하고 있다. 「중앙집권주의적 지방분권화」라는 6장 4절의 제목에 잘 드러나듯, 통합을 위한 분권을 요청하고 있는 것이다.

각자의 공간을 중시한다는 것은, 결국 쫓겨났던 인디오와 땅의 문제로 귀결된다. 그래서 마리아테기는 자신의 새로운 지역주의에 인디헤니스모indigenismo[9]라는 귀결점을 설정하며 다음과 같이 말한다. "지역주의는 중앙집권체제에 대한 단순한 반대가 아니다. 이는 안데스와 고산지대에 대한 이해를 요구하는 것이다. 새로운 지역주의는 무엇보다 인

---

9) 정치, 예술 등 모든 영역에서 인디오를 라틴아메리카의 주역으로 내세우는 사상이다.

디헤니스모를 따라야 한다. 과거의 낡은 지방분권주의와 혼동되어서는
안 된다."

6. 야만의 기록과 극복: 페루의 국민문학

다른 장들과 마찬가지의 관점으로, 마리아테기는 페루 문학에 남아 있
는 에스파냐의 잔재를 비판하고 이를 극복하기 위한 노력을 소개하는
데에 대부분의 지면을 할애한다. 라틴아메리카의 대표적인 '문자도시'
ciudad letrada 리마에 갇혀 에스파냐 황금세기 문학에 대한 향수를 표현하
는 과거 지상주의의 경향으로는 안데스 토착의 정서를 반영하는 진정
한 국민문학을 배출해 낼 수 없다는 것이 마리아테기의 주장이다. 리카
르도 팔마Ricardo Palma, 리바 아구에로Riva Agüero, 마누엘 곤살레스 프라다
Manuel González Prada, 마리아노 멜가르Mariano Meglar, 아브라함 발델로마르
Abraham Valdelomar 등 수많은 작가가 마리아테기의 법정에 올라 평가를 받
는다. 그는 이 과정을 통해서 자신이 생각하는 페루의 국민문학, 즉 '인
디헤나'indígena 문학의 개요를 그려 나간다.

　인디오의 언어를 차용하고, 에스파냐의 귀족문화를 비꼬거나 단호
하게 비판하는 등 기존 작가들의 수많은 노력이 있었지만, 마리아테기
의 눈에 아직 페루의 문학은 낭만적 엘리트 메스티소의 '인디헤니스타'
indigenista 문학이다. 토착민의 입말과 정서를 체화한 유기적 지식인으로
서의 인디오가 창조해 낸 인디헤나 문학이 등장하기까지, 인디헤니스타
문학은 그 과도기에 해당한다. 그는 이 과도기를 벗어날 수 있는 계기를
마련한 작가로 세사르 바예호César Vallejo를 꼽는다. 자신의 고통을 그대
로 끌어안고, 타인의 고통에 공감하는 인디오의 삶을 상징으로 노래하

는 바예호의 시는 인디오의 범신론, 애니미즘을 잘 표현하고 있다. 인디오를 이국적으로 바라보며 이상화하는 경향에서 벗어나 인디오뿐만이 아닌 전 인류의 비애를 화려하지 않은 언어로 그려 내고 있다.

바예호는 마리아테기와 마찬가지로 유럽에서 장기간 체류했던 경험을 지녔으며, 프랑스 전위주의 문학의 영향을 받았다. 안데스의 토착 정서를 상징주의라는 전위적 기법으로 표현해 낸 바예호의 시에서, 마리아테기는 자신의 숙원이었던 서구와 비서구의 종합이 미학적으로 실현되는 것을 목도하고 있다고 생각했을 것이다. 라틴아메리카라는 거대한 땅과 그곳에서 계속 살아왔던 인디오를 연결하는 언어가 바예호와 같은 작가의 노력으로 풍부해질 때, 페루의 진정한 국민문학이 탄생할 것이라고 마리아테기는 말한다.

7. 안녕, 돈키호테

라틴아메리카는 낭만의 이국이다. 체 게바라와 아옌데, 마르코스와 차베스, 최근에는 에보 모랄레스에 이르기까지, 독재와 신자유주의에 저항하는 돈키호테의 노래가 흘러나오는 곳이다. "동지는 간데없고 깃발만 나부끼는" 한국의 정치적 현실에 절망한 당신에게, 먼 타국으로부터 오래된 미래를 발견하는 것은 위안이 될지도 모른다. 우리는 그들의 용기에 대해 마음껏 이야기할 수 있다. 스타벅스 커피잔에 박제된 체 게바라의 얼굴처럼, 좌파 돈키호테의 모험서사는 더 이상 체제를 위협하지 않는다.

아직 번역조차 되지 않은 300쪽 분량의 '지루'한 책, 『페루 현실의 이해를 위한 일곱 가지 소론』을 이렇게 독자들에게 권하는 이유는, 어쩌면 지금 필요한 것은 술자리의 매콤한 모험서사를 게워내고, 독방에 앉아 쓸쓸한 사상으로 허기를 달래는 일일지도 모르기 때문이다. 현대 학문의 엄밀한 기준으로 본다면 통계자료 등 사실관계에 있어서 논란이 있는 책이지만, 우리가 읽어 내야 할 것은 경계를 두지 않고 다양한 관점과 현실을 종합해 내는 그의 태도이다.

추천문헌

니콜라 밀러·스티븐 하트, 『라틴아메리카의 근대를 말하다』, 서울대 라틴아메리카연구소 옮김, 그린비, 2008.

로버트 영, 『포스트식민주의 또는 트리컨티넨탈리즘』, 김택현 옮김, 박종철출판사, 2005.

미카엘 뢰비, 『신들의 전쟁: 라틴아메리카의 종교와 정치』, 김항섭 옮김, 그린비, 2012.

조르주 소렐, 『폭력에 대한 성찰』, 이용재 옮김, 나남, 2012.

프란츠 파농, 『대지의 저주받은 사람들』, 남경태 옮김, 그린비, 2010.

주변부 신학의 반란

구스타보 구티에레스의 『해방신학』

조영현

1. 지나간 유행?

해방신학의 물결이 가장 강렬했던 브라질 상파울루 교구에 새로 부임한 오질루 페두루 셰레르Odilo Pdero Scherer 대주교는 해방신학이 "지나간 유행"이 되었다고 선언했다. 그 근거로 제시한 것은 1980년대 후반 베를 린장벽의 붕괴와 소련 등 공산권의 몰락, 니카라과 산디니스타 민족해 방전선의 선거 패배였다. 게다가 교황청의 압력으로 진보 노선의 신학 대학와 신학교가 문을 닫고, 진보 주교가 은퇴한 교구에 보수 주교가 임 명된 것도 이런 논리를 뒷받침하는 근거로 작용했다. 서방의 주요 언론 은 레오나르도 보프Leonardo Boff와 혼 소브리노Jon Sobrino 등 주요 해방신 학자가 교황청 신앙교리성으로부터 징계를 받고, 해방신학을 억압한 교 황 요한 바오로 2세의 뒤를 이어 보수적 성향의 라칭거 추기경이 교황

---

* Gustavo Gutiérrez, *Teología de la liberación: Perspectivas*, Lima: Ediciones Sígueme, 1971. 국내에는 구스타보 구티에레스, 『해방신학』, 성염 옮김, 분도출판사, 1977로 번역되어 있다.

베네딕토 16세로 선출된 사실을 언급하면서 이제는 해방신학이 설자리를 잃었다고 논평했다. 한마디로 말하자면 해방신학에 대한 사형선고가 내려졌다는 것이다. 그러나 최근의 라틴아메리카의 현실은 이러한 평가가 잘못되었음을 보여 주고 있다. 미카엘 뢰비는 해방신학을 교회적 측면이나, 신학적 측면에만 바라보는 협소한 시각 때문에 '해방신학의 죽음'이라는 논리가 확산된다고 보았다. 뢰비에 따르면, 운동적 측면이 있는 해방신학은 단순히 가톨릭교회 영역에 속한 부속물이 아니며, 이미 신학이나 교회의 영역을 훨씬 벗어난 측면이 있다.

1980년대 중반 이후 라틴아메리카는 외채위기 극복을 위해 워싱턴 컨센서스의 지침인 신자유주의 프로그램을 적극적으로 수용했다. 이것은 미국식 시장경제체제를 확산하기 위해 제안된 프로그램이었다. 그러나 결과는 부정적이다 못해 참혹했다. 양극화가 심화되고, 빈곤층이 증가하고, 사회적 배제와 불평등이 확산되었다. 2000년 이후 신자유주의 세계화에 반대하고 그 폐해를 극복하기 위한 시도 속에 이른바 '좌파 열풍'이 불었다. 우고 차베스를 필두로 국가와 정치·사회 시스템을 개혁하려는 정권과 다양한 운동이 등장했다. 이 변화 뒤에는 해방신학에 영감을 받은 다양한 라틴아메리카 민중운동과 사회운동이 있었다. 라틴아메리카의 사회운동은 사회적 양극화와 빈곤층의 소외라는 문제 때문에 자본주의 체제 자체를 의문시했다. 해방신학은 일찍이 자본주의 체제의 한계와 문제점을 지적한 라틴아메리카 비판사상의 전통 속에 위치한다. 최근 발생한 세계적 차원의 금융위기나 자본주의 위기는 해방신학을 비롯한 비판사상을 다시 성찰할 수 있는 기회를 제공하고 있다.

이런 맥락에서 볼 때 구스타보 구티에레스Gustavo Gutiérrez(1928~) 신부의 『해방신학: 전망』을 다시 읽고 재평가할 필요성이 대두된다. 이 책은 1971년 처음으로 페루에서 출간되었다. 그러고 미국의 오르비스 출판사에서 영어 번역판이 1973년 출간되면서 세계 학계의 주목을 받았다. 얼마 전 출판 40주년을 기념하는 다양한 행사가 세계 여러 곳에서 개최되었다.

이 글에서는 『해방신학』이 주장하는 핵심 내용이 무엇인지, 그리고 이 책에 대한 주요한 비판은 무엇인지, 이 책이 갖는 의미와 현재성은 어떤 것인지 살펴볼 것이다.

2. 해방신학의 선구자

구스타보 구티에레스는 다채로운 학문적 스펙트럼을 보여 주는 신학자이다. 그는 페루 리마에서 태어나 산마르코스 국립대학에서 5년간 의학을 전공했으나 가톨릭 성직자가 되기 위해 의사가 되는 것을 포기했다. 페루에서 기초적인 철학과 신학을 배운 후 유럽으로 건너가 벨기에 루뱅 가톨릭대학에서 철학과 심리학을 공부했다. 그 후 프랑스의 리옹 신학대학과 로마의 그레고리안 대학에서 신학을 공부했다. 페루로 돌아와 리마에 있는 가톨릭대학에서 신학과 사회과학 교수로 근무했으며, 전국 가톨릭학생연합의 지도신부로도 활동했다. 『해방신학』 출판 이후 국제적 명성을 얻은 구티에레스는 오랫동안 세계적인 신학 학술지 『콘실리움』*Concilium*의 편집위원으로 활동할 만큼 유명해졌다. 네덜란드의 니메가 대학에서 명예 박사학위를 받았고, 1985년에는 당시까지 출판한 저서를 제출하여 리옹 신학대학에서 정식으로 신학박사학위를 취득했다.

구티에레스는 해방신학이란 이름에 처음으로 세례를 베풀었다는 점에서 선구자로 불린다. 이미 그는 1964년부터 '실천에 대한 비판적 성찰로서 신학'이란 주제를 고민했다. 라틴아메리카 민중이 열망하고 또 필요로 하는 것은 발전보다는 해방이라는 것을 깨달았다. 『해방신학』에 실리게 될 핵심 내용과 기본 구조는 1968년 7월 페루 오니스 사제단의 전국 모임에서 처음으로 공개했다.

1971년 리마에서 처음 출판된 『해방신학』은 제3세계에서 출판되었음에도 불구하고 20세기 가장 영향력 있는 신학 저서가 되었다. 해방신학에도 여러 경향과 노선이 있고, 강조점도 다르지만 구티에레스의 『해방신학』은 가장 유명하고, 신학자들 사이에서 뿐 아니라 일반인들 사이에서도 가장 많이 읽히는 책이 되었다. 그 후 이 책은 전 세계 다양한 신학대학과 신학교에서 교재로 사용되었다.

그러나 해방신학이 구스타보 구티에레스라는 한 개인의 천재적 능력에서 하루아침에 탄생한 신학사상이 아니라는 점을 강조할 필요가 있다. 해방신학은 분명히 전통신학이나 유럽의 진보신학과 구분되는 독창적 전망과 내용을 포함하고 있다. 하지만 자세히 살펴보면 해방신학 탄생에 영감을 준 다양한 신학과 사상이 존재했다. 제2차 세계대전 이후 벨기에, 프랑스, 독일, 네델란드 등에서 발전한 유럽 진보신학이 중요한 한 축을 형성했다. 여기에는 정치신학, 세속화신학, 혁명신학, 발전신학, 노동신학, 희망의 신학 그리고 신학자와 사회주의자 간의 진지한 대화 등이 포함된다. 구티에레스 신부는 『해방신학』에서 메츠, 앙리 드 뤼박, 이브 콩가르, 칼 라너, 쉴레벡스, 몰트만 등 당대 유럽 최고의 진보신학자와 저서를 자주 언급하고 있다. 이런 경향은 구티에레스뿐 아니라 대부분의 라틴아메리카 해방신학자들이 보이는 특징이다. 중요한 해방신학자들은 모두 벨기에, 독일, 프랑스 등 자유롭고 진보적인 신학 학풍이 넘쳐나는 유럽의 대학에서 공부했다. 따라서 일부 학자들이 지나치게 해방신학의 라틴아메리카적 독창성만을 강조하면서 유럽의 영향을 인정하지 않는 것은 오만이다.

이와 더불어 1891년 교황 레오 13세가 발표한 회칙 「새로운 사태」 Rerum Novarum 이후에 발전한 가톨릭교회의 사회사상을 강조할 필요가 있겠다. 이것은 '교회의 사회론', 혹은 '사회교리'로도 불리는데, 주로 교황과 주교의 회칙이나 교서를 통해 발표한 사회 현실에 대한 교회의 주장을 말한다. 가장 대표적인 것이 은둔자적 이미지를 탈피하고 교회의 현대화를 추진한 제2차 바티칸공의회의 문헌이다. 이 공의회 문헌의 핵심을 요약한 「사목헌장」 Gaudium et Spes 은 전통 신학이 취했던 신학 성찰의 방식을 뒤집었다. 즉 교회의 전통, 기성 신학, 교회의 교도권에서 출발하지 않고 사회문화적 현실을 먼저 분석했다. 불안과 급격한 변화를 특징으로 한 현대 세계와 그 속에서 살아가는 인간 상황을 묘사하고, 이런 현실 앞에 교회가 무슨 역할을 수행해야 하는지 숙고했다. 이런 방법론적 변화를 수용한 해방신학은 신학적 성찰의 토대로 라틴아메리카 상황을 이해하기 위해 사회과학 방법론을 이용해 보다 엄격하게 현실을 분석했다.

1967년 교황 바오로 6세가 발표한 「민족들의 발전」 Populorum progressio 은 굶주리는 제3세계 민족의 처절한 호소에 응답해 약소민족에 대한 원조를 강조한 문서이다. 이 문서는 국제경제체제의 불공정성에 대해 의문을 제기했을 뿐 아니라 과도한 이윤추구, 사유재산의 남용 등 자본주의 기본원칙이 내포한 문제점을 지적했다는 점에서 중요한 의미가 있다.[1] 이 문서는 제3세계 국가와 민족의 저발전 문제를 날카롭게 비

---

1) 특히 「민족들의 발전」 제26항 참조.

판하면서 해방신학 형성에 중요한 계기를 제공했다.

1968년 콜롬비아 메데인에서 개최된 제2차 라틴아메리카주교회의는 신학적으로 볼 때 해방신학과 같은 전망을 공유한 회의였다. 즉 라틴아메리카는 불의, 불평등, 가난, 억압 등 '구조화된 불의'가 만연한 대륙이고, 이러한 현실이 결국 '제도화된 폭력'을 야기한다고 보았다. 제도화된 폭력이란 "생활에 필요한 것을 빼앗기고, 뜻대로 무슨 일을 시작할수도 없고, 책임 있는 무슨 직업을 택할 수도 없으며, 문화적 현상이나 사회적 내지 정치적 활동에 참여할 가능성마저 거부당하는 현실"[2]을 의미한다. 라틴아메리카 민중의 절규 속에서 해방과 사회변혁에 대한 절실한 요구를 읽어 낸 것이다. 특히 가난하고 억압받는 사람의 시각에서 성서를 새롭게 읽으며 교회가 민중과 가난한 사람을 편드는 것이 복음이 가르치고 예수 그리스도가 요청한 메시지라고 확신한 것이다. 제2차 라틴아메리카주교회의는 구티에레스의 『해방신학』의 탄생과 발전에 결정적인 영향을 끼치기도 했지만, 동시에 구티에레스를 비롯한 해방신학자에게 많은 영향을 받기도 했다. 이런 맥락에서 에드워드 클리어리는 제2차 라틴아메리카주교회의를 해방신학을 위한 새로운 길을 열어준 모임이자, 기초공동체 등 새로운 교회 공동체를 위한 논리적 근거를 제공해 준 회의로 평가했다.

여기에 곁들여 강조해야 할 것은 구티에레스 신학을 형성한 또 다른 축이 라틴아메리카 사상과 연결되어 있다는 점이다. 구티에레스는 라틴아메리카에 실현되어야 할 사회주의를 논하면서 페루 사회주의자 호세 카를로스 마리아테기를 자주 언급했다. 마리아테기는 페루의 현실

---

2) 제2차 라틴아메리카주교회의, 「메데인 문헌」, 1968, 2장 16항.

을 분석한 후 혁명의 주체로 노동자보다는 농민이나 원주민을 강조했다. 그는 마르크스주의가 역사적 상황과 사회적 여건을 떠나 어디에나 그대로 적용되는 원칙의 총체가 아니라는 점을 분명히 하고 상황과 맥락을 강조했다. 구티에레스도 『해방신학』에서 만일 라틴아메리카에 사회주의가 들어선다면 타 지역 사회주의를 그대로 모방한 것이 아니라 자신의 현실에 맞는 '토착 사회주의'여야 한다는 점을 분명히 했다. 그 밖에 원주민의 비참한 삶, 불의, 하느님의 현존과 부재 문제를 잘 묘사한 페루 소설가 호세 마리아 아르게다스도 구티에레스에게 깊은 영향을 끼쳤다. 사실 『해방신학』은 구티에레스가 헌사에서 밝혔듯이 호세 마리아 아르게다스에게 바친 것이다. 라틴아메리카의 가난하고 착취당하는 민중의 삶을 생생히 묘사한 아르게다스의 작품을 다른 저서에서도 반복적으로 인용하는 것은 우연이 아니다. 구티에레스는 가난한 사람들 속에서 고통당하는 예수 그리스도를 만나고 하느님을 만나기 때문이다. 그는 라틴아메리카 대륙의 해방이 단순히 정치·경제·사회적 종속을 극복하는 해방만을 지향하는 것이 아니라 종국에는 '새 인간'의 출현을 지향한다는 점에서 체 게바라의 사상도 중요하게 언급했다. 파울루 프레이리의 '페다고지'와 '의식화' 개념도 해방신학을 풍성하게 하는 데 이용되었다. '억압받는 자들의 교육학'과 의식화 과정은 인간을 새로운 사회 건설에 참여하게 하고 비판적 각성을 촉구시킨다는 점에서 구티에레스의 사상에 그대로 수용되었다.

3. 신학의 해방: 신학하는 새로운 방법

『해방신학』의 도입 부분에 해당하는 1장에서 6장까지는 신학에 대한 전통적 시각과 발전의 문제를 고찰하면서 라틴아메리카의 현실을 다루는데, 이 부분은 구티에레스 신학의 출발점이자 기본적인 토대 역할을 하고 있다. 참신성과 독창성이 두드러진 부분은 7장, 9장, 11장 그리고 13장이다. 7장에서는 신도의 사회참여에 대한 이론적 배경과 문제를 해방운동과 연계해 다루고, 9장에서는 본격적인 해방신학을 전개하면서 구원과 해방의 문제를 성찰했다. 11장에서는 복음과 정치문제를 다루면서 유토피아를 매개로 신앙과 정치를 연결시켰다. 13장은 가난의 문제를 성서적 관점에서 성찰하고, 가난의 극복을 위해 연대와 저항의 필요성을 역설했다.

구티에레스 신학의 독창성은 몇 가지 테마와 핵심 개념을 통해 정리할 수 있을 것이다. 먼저 구티에레스는 해방신학을 통해 무슨 새로운 주제나 내용을 추가하기보다 신학하는 '새로운 길'을 제시하고자 했다. 구티에레스는 전통적 방식에 묶여 있던 신학을 근본적으로 변화시켰다. 어떤 의미에서는 신학 자체의 해방, 즉 '신학의 해방'을 시도한 것이다. 기존 예지叡智로서의 신학과는 다른 전망에서 '신학하기'를 시도함으로써 추상적이고 형이상학적 진술에 의존하던 신학의 모습을 탈피시켰다고 할 수 있다. 『해방신학』이란 저서를 통해 과거를 경유해 변화 가능한 미래를 제시하고자 한 구티에레스는 신학을 "말씀의 빛을 받아서 그리스도교 신앙실천praxis에 가하는 비판적 성찰"[3]이라고 정의했다. 여기서 기존 신학과의 전망의 차이가 드러난다. 기존 '신학하기'는 성서나 그리스도의 가르침에 대한 묵상, 혹은 성찰을 먼저 한 후 실천의 문제를 고민했다. 그러나 해방신학은 다른 길을 택했다. 기존신학이 해왔듯이 계시

---

3) 구티에레스, 『해방신학』, 31쪽.

나 전통에서 출발하는 것이 아니라 세상과 역사에서 도출해 낸 사실과 문제로부터 출발하는 신학을 전개했다. 이런 우선순위와 전망의 변화는 방법론의 변화를 초래했다. 신학의 보조학문으로 절대적 위치를 차지했던 철학 대신 사회과학을 중용했다.

구티에레스는 『해방신학』에서 신학의 핵심 주제인 구원에 대해 다루면서 역사적 해방 과정과의 상호관계를 성찰했다. 그러면서 먼저 가톨릭 문화에 남아 있는 이원론적 시각과 단절할 것을 촉구했다. 희랍 사상의 영향으로 교회에 들어온 이원론은 세속적 현실과 영적 영역을 분리시켰다. 마치 두 개의 세계가 따로 존재하는 것처럼 유도한 것이다. 그러나 구티에레스는 단지 하나의 현실, 하나의 역사만 존재할 뿐이라며 '역사의 단일성'을 강조했다. 유일한 세속의 역사에 하느님 구원의 섭리가 작용한다는 것을 분명히 한 것이다. 이제 이 세상의 역사가 중요하게 부상했고, 그 속에서 움직이시는 하느님을 성찰하는 것이 신학의 핵심 과제가 된 것이다. 이것은 그리스도교 신자로 하여금 하느님이 선물로 주는 구원을 수동적으로 기다리는 것이 아니라 능동적으로 '하느님 나라'의 구현을 위해 어떻게 투신할 수 있는지를 고민하게 만들었다.

역사와 현실에 대한 강조는 성서 해석에 있어서도 변화를 초래했다. 구티에레스는 구체적인 생활 속에서 경험되는 현실을 통해 성서를 읽고 해석했다. 그리고 그렇게 읽은 성서를 다시 현실에 대입시켰다. 성서 본문을 역사적 상황에서 먼저 이해하도록 만들고, 그다음에는 신자가 자신의 역사적 현실에서 성서가 말하고 있는 것을 성찰하도록 자극한 것이다. 이에 따라 성서 본문과 그것을 읽고 성찰하는 사람 사이에 긴장관계와 상호작용이 형성되었다. 성서와 읽는 사람의 삶 사이에 해석학적 순환 고리가 형성될 기회가 만들어진 것이다. 예를 들면, 출애굽의 해방사건과 민주화의 해방사건이 동일한 경험 속에 체험되는 것이다.

구티에레스는 해방실천 과정과 구원의 상관성을 강조하지만 해방이 곧 구원과 동의어라고 말하지 않았다. 먼저 해방이란 출애굽 사건에서도 언급되었듯이 성서의 핵심 주제라고 강조하고, 해방 개념이 갖는 세 가지 차원, 즉 정치적 해방, 역사를 통한 인간의 해방 그리고 종교적 의미의 죄로부터 해방을 구별했다. 그리스도교의 구원 개념에는 정치적·역사적·종교적 구원을 포함하지만 구원과 해방이 동일한 것이 아님을 분명히 했다. 단지 그는 해방이라는 유일한 과정 속에 다양한 차원을 강조했을 뿐이다.

해방신학에서 새로운 것은 죄를 개인적인 문제로만 치부하지 않고, 사회적·집단적 차원에서도 조명했다는 점이다. 한마디로 말하면, 죄는 근본적으로 인간소외이고 하느님과 단절을 야기하는 것이다. 하느님이 주시는 구원은 이 죄로부터의 해방을 포함하며 기아, 비참, 압제와 불의, 증오에서 해방시키는 것이다. 이런 점에서 정치적 해방은 하느님과 친교를 이어 주는 첫 출발점이 될 수 있다. 앞서 언급한 세 가지 해방의 차원은 하느님이 선사하는 총체적 구원의 일부분을 이룬다. 따라서 정의사회를 구현하려는 노력은 곧 해방을 위한 노력이고, 이런 노력은 하느님 나라의 성장을 도울 수 있다는 측면에서 의미가 있는 활동이 된다. 그러나 구티에레스는 오해를 피하기 위해 "역사적·정치적 해방사건이 그리스도 왕국의 성장이며, 구원 사건임에는 분명하지만, 그것이 그리스도 왕국의 도래 '자체'는 아니며 구원의 '전부'도 아니다"[4]라고 분명히 언급했다. 구티에레스는 예수 그리스도가 앞서 언급한 세 가지 해방의

---

4) 구티에레스, 『해방신학』, 229쪽.

차원을 포괄하는 활동을 하였음을 강조하면서 예수 그리스도가 해방자임을 선포한다. 예수의 해방자적 측면은 후일 해방신학의 그리스도론을 전개한 레오나르도 보프와 혼 소브리노에 의해 더욱 발전되고 구체화되었다.

『해방신학』 13장에서 집중적으로 다루어지는 가난은 구티에레스 해방신학의 핵심 주제이다. 구티에레스는 모호한 가난의 개념을 구별하고 분명히 했다. 해방 개념처럼 가난의 세 가지 차원을 구분했다. 인간의 품위를 위협하는 물질적 가난, 하느님 앞에 자기개방을 의미하는 영적 순박함으로서 가난, 저항과 연대의 투신으로서 가난이 그것이다. 물질적 결핍으로서 가난은 인간을 비참하게 만드는 사회악이다. 성서의 예언자들이 고발한 것처럼 인간의 탐욕과 이기심 때문에 발생하는 것이다. 따라서 가난한 사람들은 다른 의미로 하면, 가난해진 사람들이기에 불의한 사회의 희생자가 된다. 이런 가난은 죄의 징표이며, 하느님 나라와 공존할 수 없는 상태를 의미한다. 영적 가난은 하느님 뜻 외에는 그 무엇에도 매이지 않는 영적 상태를 의미하며, 그리스도의 태도에서 볼 수 있는 가난을 의미한다. 가난의 세 번째 의미는 착취당하며 가난해진 사람들로 하여금 자신이 당하는 착취와 빈곤을 의식하고 거기서 탈출할 수 있도록 도울 뿐 아니라 가진 것을 나누는 가난이다. 구티에레스는 가난한 사람들이 자신의 불의한 처지를 의식하고 개선하고자 할 때, 자선이나 동정의 대상이 아닌 해방에 투신하는 세계 변혁의 주체가 될 수 있다고 보았으며, 성서가 가르치는 하느님과 예수는 이런 가난한 사람들은 선택하시는 분들이라는 점을 분명히 했다. 『해방신학』에서 강조한 '가난한 사람들에 대한 우선적 선택'이란 용어는 제3차 라틴아메리카주교회의의 핵심 주제로 부상했다.

4. 논쟁과 비판을 넘어

구티에레스의 『해방신학』이 출판된 이후, 곧이어 라틴아메리카 전 지역에서 다양한 신학적 성찰을 담은 책과 글이 소개되었다. 이 라틴아메리카 신학 모두가 해방신학이란 장르로 분류되었다. 해방신학에도 여러 노선과 경향이 존재하는데, 무차별적으로 비판의 대상이 되었다. 보수 신학자들은 해방신학을 위험한 이념이라고 비판했다. 많은 논란 속에서 몇 가지 쟁점이 부상했다. 먼저 '왜 종교의 영역에 해당되는 해방신학이 왜 폭력을 조장하고 정치에 참여하는가?'라는 비판이 제기되었다. 그러나 구티에레스는 정치가 인간 삶과 현실을 포괄하는 총체적 영역이며 해방의 특권적 장소가 될 수 있다고 보았다. 협의의 의미에서 정치는 권력관계와 그 분배, 권력 추구와 수행과 관계되지만, 광의의 의미에서 정치는 인간의 품위와 사회정의를 촉진할 목적에서 공공선을 증진시키는 인간의 모든 활동을 포괄하는 영역이다. 그리스도교인은 이 영역에서 적극적으로 활동해 하느님 나라를 앞당기는 데에 기여할 사명이 있다는 점에서 정치적 참여는 권장해야 하는 부분이다. 그러나 구티에레스는 성직자가 정치에 직접 참여해 공직을 맡는 것과 같은 정치 참여를 옹호한 것은 아니다. 그는 권력 장악이나 권력 투쟁을 염두에 두고 정치를 언급한 것이 아니라, 어디까지나 광의의 의미의 정치 개념을 염두에 두고 정치참여의 필요성을 강조한 것이다. 또한 폭력을 옹호하지도 않았다. 폭력은 폭력을 낳을 뿐 아니라 그리스도교에 어긋난다는 점을 잘 알고 있었다. 단지 인간의 기본권이 유린되고 국가의 공동선을 극도로 해치는, 명백한 폭군적 압제가 제도화되어 계속되는 경우에는 어쩔 수 없이 정당방위처럼 '대응 폭력'이 정당화될 수 있다고 보았다. 적극적으로 해석하면 제도화된 폭력을 묵과하고 순종하는 것은 양심에 대한 책임회피가 될 수 있다고 본 것이다. 그러나 구티에레스는 카밀로 토레스 신부의 무장투쟁 노선까지 옹호하지는 않았다는 점을 기억할 필요가 있다.

다음은, '왜 계급투쟁과 같은 마르크스주의의 방법론과 개념을 차용하는가?'라는 비판이다. 마르크스 사상이 실재에 대한 전체적인 세계관이어서 관찰과 분석에서 얻은 모든 자료들은 하나의 철학적·이념적 체계 안에 통합되고, 그 체계 자체가 그 자료들에 부여되는 의미와 중요성을 미리 결정해 버리는 특성이 있다는 주장이다. 따라서 계급투쟁과 같은 마르크스주의의 일부 개념만 채택해도 결국 그 이데올로기 전체를 받아들이게 될 위험성이 있다는 것이다. 요약하면, 마르크스주의의 개념을 이용하면 결국 신앙의 진리가 직접적으로 위협받게 되며 무신론에 이르게 된다는 주장이다. 그러나 구티에레스와 다른 해방신학자들은 억압하는 계급과 피억압 계급이 존재하며, 그들 사이 대립과 투쟁이 존재한다는 것을 인정해야 한다고 역설한다. 계급투쟁 자체를 절대화하고 보편화할 필요는 없지만 적어도 라틴아메리카의 특수한 상황에서는 이런 갈등이 명백히 드러난다고 본 것이다. 그리고 구티에레스는 유물론과 무신론에 기초한 철학적 마르크스주의를 자신의 신학에 적용한 것이 아니라는 점을 강조했다. 그는 테오토니우 두스 산투스, 엔소 팔레토^{Enzo} ^{Faletto}, 페르난두 엔히키 카르도주 등이 주장한 종속이론이 근대화 이론과 발전주의의 환상을 깨뜨리는 데 유용하다고 확신했다. 종속이론이 주장하는 핵심 내용은, 먼저 주변국의 저발전은 발전으로 가기 위해 거쳐야만 하는 전 단계가 아니라 종속된 구조적 상황의 결과이며, 저발전은 선진자본주의 국가가 발전함으로서 발생한 역사적 부산물이라는 것이다. 프랑크를 비롯한 종속이론가들은 발전과 저발전이 세계 자본주의 체제의 내부 모순의 필연적 결과이며 동시적 현상임을 강조했다. 구티에레스는 직접적으로 신앙에 위배되지 않는 범위 내에서 마르크스주의의 계급투쟁, 유토피아, 혁명 개념을 신학 분석에 이용했다. 중세신학이 희랍의 플라톤이나 아리스토텔레스 철학을 이용한 것처럼 구티에레스는 사회과학을 신학 성찰의 주요 도구로 이용한 것이다.

앞에서 언급한 쟁점들이 주로 『해방신학』 출판 이후 등장한 초기 비판이라면, 아래 사항은 주로 1980년대 중반 이후 등장한 비판으로 해방신학의 한계를 지적한 것이라고 할 수 있다. 먼저, 『해방신학』은 해방에 대한 주제를 다루면서 백인·유럽 중심주의를 탈피하려 했음에도 불구하고 가부장적이고 남성중심적 모습을 탈피하지 못했다는 지적이다. 특히 평신도 사도직, 가톨릭 액션, 기초공동체의 주요 성원이 여성이었음에도 불구하고 여성해방과 관련된 신학적·성서적 성찰이 없었다는 것이다. 특히 라틴아메리카 여성은 사회적·경제적 억압과 착취뿐 아니라 성적 지배와 억압을 받고 있다는 점에서 타당성 있는 지적이었다. 구티에레스는 당시 여성의 상황이나 요구를 충분히 고려하지 못했다. 게다가 근대적 자유와 관련해 민감한 부분인 성적 윤리, 이혼, 피임과 낙태 등의 문제를 심각하게 다루지 않았다. 따라서 가족과 성, 임신 중절과 산아제한 문제를 회피함으로써 전통주의적 입장을 옹호했다는 비판을 받았다. 또한 구티에레스는 인종적 차원에서 가장 억압받는 이 지역 원주민 문제를 비중 있게 다루지 않았다. 농민과 노동자를 중심으로 계급적 측면을 강조했지, 그 뒤에 숨겨진 인종 차별과 억압에 대한 문제를 집중적으로 분석하지 않았다. 또한 종속이론과 불의한 외채 문제를 언급하기는 했지만 직접적인 경제 문제와 신학을 연결시켜 숙고하지는 않았다. 단지 자본주의 이념에 내포된 비인간적이고 비윤리적인 측면을 비판하고 단죄하는 데 머물렀다. 구티에레스는 오히려 신앙과 정치 문제에 집중했다. 그러나 정치와 함께 인간 삶에 가장 큰 영향을 끼치는 경제를 신앙 차원에서 성찰하지는 못했다. 끝으로, 구티에레스의 『해방신학』은 인간의 착취와 지배, 정복으로 인해 병든 자연에 대한 치유를 주장하고 땅·지구·자연의 해방을 선포하지는 않았다. 생태계·환경·자연의 위기를 해방의 측면에서 성찰할 기회를 놓친 것이다.

5. 사회운동 속에 육화된 고전

불의와 억압이 상존하는 라틴아메리카와 같은 제3세계의 상황을 이해하지 않고는 구티에레스의 『해방신학』을 이해하기 쉽지 않다. 해방신학이 구체적인 현실과 상황에 뿌리를 둔 신학임을 강조하는 이유이다. 『해방신학』은 1960년대 라틴아메리카의 현실을 염두에 둔 신학이며, 그 시대의 절박한 요구가 무엇인지 탐구하고 신학적 성찰을 시도한 사상이다. 앞에서 언급한 해방신학의 한계를 지적한 신학은 1980년대 중반 이후에 등장했으며, 모두 해방신학의 성찰이 멈춘 지점에서 출발한 신학이었다. 생태신학, 여성신학, 인디오신학, 경제신학 등으로 불리고 있으나, 모두 새로운 현실에서 해방신학의 갱신과 변화를 추구했다는 공통점을 가지고 있다. 즉, 『해방신학』이 이룩한 이론적 토대, 방법론, 전망의 틀을 수용해 새롭게 적용한 것이다. 이런 점에서 보면, 후안 호세 타마요 Juan José Tamayo가 인정하듯이 "해방신학이 새 주제와 대상을 찾아 분화해갔다"는 표현은 적절한 것이다. 앞서 언급한 새로운 신학은 근본적으로 구티에레스의 사상에 크게 빚지고 있다는 점을 기억할 필요가 있다.

해방신학은 영구불변하고, 비역사적이며, 위계적인 스콜라 신학을 탈피해서 역사적이며, 참여적인 실존적 신학 탄생에 기여했다는 점에서 중요성을 인정받고 있다. 무엇보다 신학이 비신앙인을 향한 호교론적인 수준에서 벗어나게 되었다. 이것은 구태의연한 틀에서 신학이 해방되어 훨씬 넓은 전망을 갖게 되었다는 의미이다. 신학은 구티에레스로 인해 그 영역이 확장되었다. 즉, 정치, 사회, 문화 주제를 신학 사유의 범주로 끌어들인 공로가 구티에레스에게 있다. 무엇보다도 비인간적인 처지에 놓여있는 주변인들, 즉 가난한 사람들을 재발견하고 그들의 체험과 실천에서 출발하는 신학을 정립함으로써 그리스도교 신앙과 실천의 관계, 즉 신앙과 정의를 위한 투쟁 사이의 관계를 명확히 했다는 점에서 구티에레스는 20세기 최고의 신학자 반열에 오르는 영예를 안았다.

역동적 측면이 드러나는 실천에서 보면 해방신학의 기여가 더욱 명확해진다. 엔리케 두셀은 라틴아메리카의 수많은 사회운동 중 약 80%가 해방신학에 영향을 받고 있다고 주장했다. 대표적인 몇 가지만 언급하자면, 아르헨티나의 피케테로스[piqueteros], 브라질의 무토지농민 운동, 멕시코의 사파티스타민족해방군의 봉기, 볼리비아의 코카재배업자 운동, 에콰도르, 볼리비아, 과테말라 등지의 인디오 권리회복 운동, 노동자·농민 운동, 반신자유주의 운동, 대안세계화 운동 등 대규모 민중운동이나 사회변혁 운동이 해방신학과 깊은 관련이 있다는 것이다. 게다가 에보 모랄레스, 라파엘 코레아, 룰라 다 실바, 우고 차베스, 다니엘 오르테가, 페르난도 루고 등 불의한 사회 구조를 개혁하고자 하는 라틴아메리카 수많은 전·현직 대통령과 좌파 정권이 해방신학 사상에 공감을 표하고 있다는 점에서 해방신학의 영향력은 현재진행형이다. 해방신학이 추상적 영역에 머무는 공허한 사상이 아니라 실천과 운동으로 전환되는 특성을 가진 지상에 뿌리를 둔 '육화[肉化]하는 고전'이라는 표현은 의미심장하다.

끝으로 구티에레스의 『해방신학』은 라틴아메리카 역사 속에서 중요한 계기마다 등장했던 통합과 해방의 유토피아 사상 전통 속에서 이해할 필요가 있다. 베를린장벽의 붕괴나 소련의 해체와 같은 외부 변수로 몰락할 단순한 사상이 아니다. 해방신학은 라틴아메리카의 역사와 현실 그리고 새로운 세계를 건설하고자 하는 라틴아메리카인의 유토피아 안에 뿌리를 두고 있기 때문이다. 20세기 후반 이후 신자유주의 체제 하에서 양극화, 가난, 불의, 사회적 배제가 증가했다. 해방신학이 탄생할 수밖에 없었던 역사적 배경인 가난, 불의, 저발전의 상황이 계속되는 한 해방신학은 아직도 유효하다고 믿는 사람들이 많다. 가난한 사람들의 절규가 계속되고 사회적으로 배제를 경험하는 인간들이 있는 한, 그리고 그들이 사회변혁과 해방을 갈구하고, 희망과 유토피아를 포기하지 않는 한 구티에레스의 『해방신학』은 앞으로도 많은 사람들에게 메마르지 않는 영감의 원천이 될 것이다.

추천문헌

미카엘 뢰비, 『신들의 전쟁: 라틴아메리카의 종교와 정치』, 김항섭 옮김, 그린비, 2012.

Armando Bandera, *La Iglesia ante el proceso de liberación*, Madrid: BAC, 1975.

Christian Smith, *La teología de la liberación: Radicalismo religioso y compromiso social*, Barcelona: Paidós, 1994.

Leonardo Boff, *Jesus Christ Liberator: A Critical Christology for Our Time*, New York: Orbis Books, 1978.

Phillip Berryman, *Teología de la liberación*, Ciudad de México: Siglo XXI, 1987.

경계의식의 탄생과 접경의 정치학

글로리아 안살두아의 『경계지대/국경』

박정원

글로리아 안살두아Gloria Anzaldúa(1942~2004)의 『경계지대/국경: 새로운 혼
혈』은 지난 2012년 발간 25주년을 기념하여 새로운 판본이 출간되었다.
1987년 초판이 나온 이래 이 책은 멕시코계 미국인 연구에 새로운 이
정표를 세운 작품으로 평가받는다. 멕시코계 미국인들은 자신들의 인
종적·문화적 정체성에 긍지를 표현한다는 의미에서 스스로를 치카노
Chicano라고 부르며, 특히 여성의 경우는 치카나Chicana로 명명한다. 소수
인종으로서의 여성의 삶을 선구적으로 다루었다는 점에서 이 저작은 미
국 내의 제3세계 여성주의 논쟁을 촉발하기도 하는 한편, 그 형식과 내
용면에서 당시 시작되던 포스트모던 논쟁과 혼종성을 보여 주는 훌륭한
예로 평가받았다. 이 저작을 통해서 라틴아메리카 문학 진영은 치카노/
치카나 문학을 자신들의 영역 안으로 받아들이기 시작했으며, 특히 문
학을 넘어 다른 학문 분야에서도 커다란 관심과 조명을 기울이는 계기
가 되었다. 안살두아가 전개시킨 '경계'이론의 다층적 함의는 다문화주

---

* Gloria Anzaldúa, *Borderlands/La Frontera: The New Mestiza*, San Francisco: Aunt Lute Books, 1987.

의, 문화이론, 여성주의, 경계 문학, 탈식민주의, 장르 연구 분야에 영감을 주면서 현재 이들 분야에서 이미 중요한 고전의 목록으로 자리 잡고 있다. 이름 없는 출판사에서 나온 한 멕시코계 여성의 책이 이렇게 커다란 반향과 관심을 일으킨 이유는 무엇일까? 왜 현재 이 책이 미국의 많은 대학에서 교양 커리큘럼에 포함되며 필독서로 읽히고 있는가? 안살두아가 주장한 '경계의식'이라는 것은 어떤 방식으로 논의되고 지구화 시대를 살아가는 우리에게 왜 중요한 함의를 가지는가? 이 글은 안살두아의 삶의 궤적과 그녀의 논의를 따라가면서 이 책이 가져온 복합적인 문화적·사회적·정치적 함의를 공유하는 것을 그 목적으로 한다.

1. 안살두아의 삶: 경계에서 살아간다는 것의 의미

글로리아 안살두아는 1942년 미국-멕시코 국경에서 25마일이 채 떨어지지 않는 헤수스 마리아라는 남부 텍사스의 작은 마을에서 태어났다. 멕시코계 미국인 6세대인 그녀의 삶은 미국-멕시코전쟁의 결과물로 나타난 '과달루페이달고 조약'(1848) 이후 미국 남서부에 거주해 온 멕시코계 미국인의 운명을 상징한다. 멕시코가 이 전쟁에서 패배한 후 현재의 캘리포니아를 비롯해 애리조나, 뉴멕시코, 네바다, 유타, 콜로라도와 텍사스가 미국 영토로 편입되었고, 여기에 살던 멕시코인들은 하루아침에 미국인이 되는 운명에 처한다. 다른 문화, 다른 언어, 다른 법체계와 제도에서 살던 이들에게 앵글로색슨 중심의 미국 사회에 적응하는 것은 쉬운 일이 아니었다. 게다가 남서부로 들어온 백인들은 멕시코계가 영어와 미국 법률에 익숙하지 않은 상황을 악용하여, 토지를 신고하지 않는다거나 잘못 기재하였다는 이유로 멕시코인이 조상 대대로 경작해 오던 땅과 일터를 빼앗았다. 오래지 않아 소수 백인이 이곳의 대토지를 소유하게 되었으며, 대다수 멕시코계는 토지를 잃고 소작농과 일용직 노동자의 신세로 전락했다. 이러한 불의와 차별에 저항하는 멕시코인에게는 반란인, 범죄자라는 낙인을 새겨 통제하고 처벌했다. 이렇게 19세기 중반 이후 멕시코계 미국인은 미국 시민임에도 불구하고 국가로부터 보호받지 못하는 이방인으로 살아가야 했다.

안살두아는 작가이자 여성주의 운동가였고, 교육자이자 동성애자임을 공개적으로 선언한 최초의 치카나 중의 한 명이었다. 텍사스와 미국 중서부 지방을 옮겨 다니던 이주노동자였던 부모는 자식 교육을 위해 안살두아가 태어난 곳 주변에 정착을 하게 되었다. 안살두아는 고등학교를 거쳐 현재의 텍사스 대학 판아메리카 캠퍼스에서 영문학, 예술, 중등 교육을 공부하고 교사가 된다. 그녀는 멕시코계 미국인 학생들에 많은 관심을 가지고 이들의 문제를 함께 풀어 가고자 했다. 이후 석사과정과 박사과정을 위해 텍사스 대학 오스틴 캠퍼스에서 수학했지만, 치카노 문학을 인정하지 않고, 이를 연구하려는 자신을 무시하는 학과의 분위기에 좌절감을 느낀다. 1977년 안살두아는 텍사스를 떠나 캘리포니아에 정착하면서 학위를 택하는 대신 저술 활동을 시작하면서 체리에 모라가Cherrie Moraga와 함께 『내 등이라고 불리는 다리: 급진적 유색인종 여성들의 글쓰기』This Bridge Called My Back: Writings by Radical Women of Color라는 중요한 선집을 발표한다. 이는 백인 중심의 페미니즘이 가진 한계에 도전하면서 새로운 관점에서 여성주의적 시선을 제시한 책으로 평가받는다. 이 책은 이후 『경계지대/국경』를 집필하는 데 있어 토대를 제공하는 역할을 한다.

차별과 편견, 불평등과 억압의 경험은 그녀가 항상 시스템의 바깥,

즉 경계지대에서 살아간다는 의식을 제공하였다. 인종차별이 여전히 강하게 존재하는 남부 텍사스에서는 멕시코계가 인구의 다수를 차지하지만 아이러니하게도 열등한 문화로 취급되면서 주류 백인 문화에 동화되기를 요구받아왔다. 또한, 남성중심주의의 멕시코 문화에서 그녀는 다시 한 번 소외되고 차별받음을 인지한다. 이렇게 '인종'과 '젠더'의 문제는 안살두아가 혼란과 모순 속에서 자신의 정체성을 찾고 세계와 대항하는 두 가지의 중심축이었다. 그녀는 치카나 운동의 중심에서 학계와 사회운동을 넘나들며 왕성하게 활동하다 2004년 당뇨병이 악화되어 세상을 떠나게 된다.

2. 나의 조국, 나의 고향은 어디인가?

먼저, 이 책의 제목이 지니고 있는 함의를 살펴볼 필요가 있다. 원제목 『경계지대/국경』에서 경계지대는 영어로, 국경은 에스파냐어를 쓰고 있다. 이는 안살두아의 이중언어주의를 단적으로 보여 주는 동시에, 두 나라 사이의 정치적 국경의 존재를 둘러싸고 문화적·인종적·언어적 경계지대가 형성된다는 점을 암시하고 있다. 그리고 이를 통해 새로운 혼혈이라는 제3의 문화와 정체성이 형성된다고 말한다. 책의 첫 부분은 이를 구체적으로 논증하고 있다. '경계를 넘어서'라는 부제를 통해, 안살두아는 멕시코계 미국인의 역사와 삶을 국경을 통해 설명한다. 널리 인용되는 구절 "미국-멕시코 국경은 제3세계가 제1세계를 만나 충돌하고 피 흘리는 열린 상처다"[1]는 이를 압축적으로 보여 준다. 콜럼버스가

---

1) Anzaldúa, *Borderlands/La Frontera*, p.25.

아메리카 대륙에 오기 전 멕시코 중남부 지역에서 거대한 제국을 형성한 아스테카인의 원래 고향은 현재의 미국-멕시코의 접경 지역으로 아스테카인에게는 아스틀란^{Aztlán}으로 불려 왔다. 이후 에스파냐 정복자들에 의해 17세기와 18세기에 걸쳐 주로 원주민 부족들이 거주하던 이곳에 정착의 역사가 점진적으로 진행되다, 19세기 초 멕시코가 독립하면서 이 지역에 뿌리를 내리게 된 이들은 멕시코인으로서 정체성을 다지게 되었다. 하지만 독립 후 멕시코 중앙정치의 혼란기를 틈타, 그리고 한편으로 서부개척의 이상을 실현시키려는 미국은 조금씩 이 지역으로 들어와 긴장과 갈등을 야기하게 된다. 앞서 언급한 대로, 이 두 나라의 전쟁의 결과로 인해 새로운 국경선이 형성되고, 미국은 이제 그 경계선이 된 강의 이름까지 리오브라보$^{Rio\ Bravo}$에서 리오그란데$^{Rio\ Grande}$로 바꾸면서, 멕시코계를 동화시키고 체제 내로 끌어들이는 정책에 착수한다.

안살두아는 미국의 영토가 된 텍사스 지역에서 '동화'라는 이름으로 멕시코계 미국인들이 겪어온 정치적·경제적 차별과 정체성 말살의 역사를 반추하면서, 한편으로는 단순한 피해의식을 넘어 자신의 기원, 전통, 언어를 지켜 가는 것의 중요성을 역설한다. 여기서 그녀는 '경계지대'를 새롭게 의미화한다. 이곳은 '미국'의 영토이며, 멕시코계는 주변인, 2등 시민이라는 통념을 반박하면서 미국의 서남부, 즉 멕시코와 경계지대는 '또 다른 멕시코'이며, 치카노는 이방인이 아니라 자신들의 조상, 아스테카인이 떠나온 고향인 아스틀란으로 다시 돌아온 것이다. 즉, 미국 서남부는 치카노의 터전^{homeland}인 것이다. 안살두아는 치카노가 미국인이자 동시에 멕시코인임을, 그리고 이 '경계지대'가 자신들의 영토임을 강조하면서 기존의 정치적 국경선을 지우고 두 국가와 문화의 접촉 지도를 표시하는 새로운 형태의 문화지도를 그리고 있다.

따라서 안살두아는 북미자유무역협정과 멕시코의 경제적 위기로 인해 미국으로 들어오는 멕시코 이민자에게 단순한 법적 논리를 적용해 불법체류자로 낙인찍는 현실에 문제를 제기한다. 오히려 이들은 미국, 멕시코 양국의 오랜 역사적·문화적·경제적 관계와 상호작용의 결과로 이해해야 하며 이런 측면에서 치카노들과 마찬가지로 마침내 자신들의 고향으로 돌아온 경계지대의 구성원이라는 것이다. 이렇게 안살두아는 멕시코계 미국인으로만 한정되던 기존의 치카노 연구의 지평을 확장시킨다. 이전까지는 주로 멕시코계 미국인으로서 정체성과 권익 향상을 위한 투쟁에 주력하던 치카노 운동과 문화진영은 1980년대에 들어오면서 대규모로 유입되는 멕시코 이민에 대해 새로운 대답을 내놓기에 이른다. '경계지대'는 지리적으로 미국의 남서부에만 국한되지 않고 미국과 국경을 공유하는 멕시코 북부를 포함하며 치카노와 멕시코인 사이에서 나타나는 역동성과 연대라는 새로운 관계 정립에 기반을 제공한다. 즉, 이 둘이 완전히 구분된다기보다는 권력과 주도권을 가진 문화와 충돌하면서 상처받고 희생되는 역사를 공유하기 때문이다.

3. 멕시코·치카노 문화 내에서의 '여성성' 복원

'경계'와 '경계지대'를 통해 치카노의 지평선을 지리적·인구학적으로 확장시키는 동시에, 안살두아는 '여성주의적 관점'을 통해 치카노 운동의 내부적 문제를 제기하고 이를 함께 풀어갈 것을 제안한다. 그러나 가족사라는 알레고리를 통해 멕시코계 미국인의 역사를 통시적으로 설명한 것과 마찬가지로, 그녀는 이 부분에서 보다 내밀한 개인적인 접근 방식을 택한다. 우선 그녀는 치카나임을 부정하지 않으면서도 어떻게 자신이 가족과 고향을 떠날 수밖에 없었던가를 설명한다. 가톨릭 종교와 멕시코 문화에 깊이 뿌리박은 치카노 사회는 마치스모^{machismo}라는 남성 우월적 세계관과 전통이 사회적 관계를 규정하는 데 있어 여전히 지배적인 위치를 차지하고 있다. 안살두아는 어려서부터 자신이 길들여지기 힘든 성격을 가졌다는 것을 깨달았는데, 여성에게 복종과 침묵을 강요하는 치카노 사회의 분위기는 그녀와는 양립할 수 없는 것이었다. 따라서 남자를 보조하기 위해 교육받고 남자에게 선택받아 결혼하고 아이를 낳아 가정을 지키는 것이 여성의 이상적인 삶이라는 가부장적이고 획일적인 방식에 저항하기 시작한다.

존재하는 그대로의 자신을 받아들이고 남성중심의 문화적 전체주의에 저항하는 방식으로 안살두아는 '경계'를 다시 한 번 이용한다. 그녀는 자신의 몸이 기존의 '남성성'과 '여성성'의 경계선에 존재한다고 주장하면서 이 양자를 동시에 지니고 있는 자신을 긍정하고자 한다. 이러한 반-반^{half and half}의 성정체성은 획일화와 이분법을 강요하는 사회 분위기에서 자신의 정체성을 찾는 동시에 폭력적이고 권위적인 남성 우월주의에 대항하는 방식이다. 이렇게 '경계'라는 단어는 안살두아에게 단순히 지리적인 지시어를 넘어서 자신이 살고 있는 세계에 대한 인식론적 방향타와 같은 역할을 하며 우리에게 강요된 경계를 넘어서야 한다.

그렇다면 멕시코·치카노 전통에 내재된 남성중심주의를 비판하기 위해 이들과 결별해야 하는가? 여기에 멕시코계이자 여성인 안살두아의 고민이 존재한다. 그녀는 이 두 가지 중 어느 하나도 포기하지 않고 불가능할 것 같은 이 둘의 조화로운 결합을 추구한다. 이를 위해 흥미롭게도 그녀는 아스테카의 전통과 신화로 돌아간다. 에스파냐 정복 이전의 아스테카 문명은 멕시코의 국가 정체성을 형성하고 재구성하는 데 핵심적인 역할을 해왔다. 오랜 역사와 거대한 제국의 건설, 놀라운 문명 발달, 풍요로운 문화와 고유의 신화는 후손인 멕시코인의 문화적 자긍심과 함께, 유럽인과 아메리카 대륙의 혼혈 속에서 본인들의 정체성을 확립하는 데 있어 더할 수 없이 좋은 자산이었다. 아스테카인의 직계 후손임을 자처하면서 이들이 가졌던 용맹함과 정복자 의식, 에스파냐인에 맞싸운 기개를 반영하여 멕시코의 국가정체성으로 끌어들이고자 한다. 이를 위해 아스테카의 다양한 신들 중에서도 전쟁의 신 우이칠로포츠틀리^{Huitzilopochtli} 등이 이들의 정신을 대표하게 된다. 그 결과로 용맹, 전사, 정복이라는 남성성이 멕시코의 공식 문화로 자리 잡는다.

안살두아의 전략은 아스테카의 신화 속에서 감춰지고 심지어 무시되어 왔던 '여성성'을 복원하는 것이었다. 이를 위해 멕시코의 성모로 일컬어지는 과달루페 신화의 계보를 추적한다. 에스파냐인의 아스테카 정복 직후인 1531년 원주민 후안 디에고^{Juan Diego}가 자신과 같은 갈색 피부를 가진 성모를 처음 본 것은 아스테카인이 여신인 토난친^{Tonantzin}을 모시던 테페약 언덕이었다. 이 사실은 역사적으로 아스테카 신앙과 유럽 가톨릭의 혼합을 보여 주는 제설혼합주의의 중요한 예로 다루어져 왔다. 이에 안살두아는 토난친의 원류인 코아틀리쿠에^{Coatlicue}를 찾아 여성성이 아스테카인에게 매우 중요한 존재이자 유의미한 가치임을 재확인한다. 코아틀리쿠에는 뱀의 형상을 지니며 하늘에 대비되는 땅과 대지를 의미하면서 생명의 탄생과 재생 그리고 작물과 농사를 주관하는 풍요의 상징이다. 그러나 아스테카 신화가 가진 남성성과 여성성의 공존과 균형은 무시되고 이후 여성성의 가치는 멕시코 역사 속에서 말린체^{Malinche}와 요로나^{Llorona}라는 두 가지 어머니의 형상으로 왜곡되었다는 것이 안살두아의 분석이다. 말린체는 마야 원주민 출신으로 에스파냐 정복자 에르난 코르테스$^{Hernán\ Cortés}$의 통역관이자 정부로서 아스테카 제국의 정복을 도운 인물로 기록된다. 이후 멕시코 민족을 등진 배신자, 심지어는 적에게 자신의 몸을 허락한 창녀로 낙인찍혀 왔다. 한편, 남편의 부정에 절망하여 자신의 아이들을 강에 버린 후 죽은 아이들을 찾아 밤마다 강어귀를 헤매며 눈물을 흘리는 요로나라는 전설 속의 여성은 슬픔의 운명의 굴레에서 벗어나지 못하는 비극적 여성상을 보여 준다.

멕시코 역사와 함께 코아틀리쿠에의 정신과 가치는 사라지고, 여성성은 말린체와 요로나를 통해 부정적이고 수동적으로 고착된다. 안살두아가 아스테카 신화를 다시 읽고 재해석하는 이유는 역사적 반성과 신화적 상상력을 통해 창조와 생성이라는 긍정의 가치가 이미 존재했다는 것을 보여 주고 이를 되살리기 위함이다. 그녀는 여성주의적 관점을 지키기 위해 이와 배치된다고 여겨지던 멕시코·치카노 문화를 포기하는 대신에, 그 안에 잠재되어 있던 그러나 그동안 버려져 왔던 여성성을 재발견해 내고 있다. 그 결과로 치카나라는 정체성 안에서 치카노로서의 인종적 자부심과 여성으로서의 정체성을 담론적으로 결합해 낸다.

4. 경계의식의 탄생

치카노 운동을 미국-멕시코 '국경'과 '경계지대'의 역사를 통해서, 그리고 '여성운동'을 남성성과 여성성의 '경계'라는 관점에서 풀어낸 안살두아는 이 '경계'를 이론적으로 정립하기에 이른다. 20세기 초 멕시코혁명 이후 호세 바스콘셀로스$^{José\ Vasconcelos}$는 유럽인과 아메리카 원주민의 혼혈을 포함하여 흑인과 아시아의 피가 섞여 탄생한 멕시코인을 '우주적 인종'raza cósmica이라 부르며 자신들의 인종적 정체성을 정의한다. 안살두아는 이 혼혈mestizaje이라는 개념을 받아들이고 확장하면서 인종적, 이데올로기적, 문화적인 다양성 속에서 '경계를 넘어' 혼종과 혼합을 만들어 내는 것을 '새로운 혼혈'New Mestiza, 혹은 '경계의식'이라고 설명한다.[2]

경계지대는 두 가지 혹은 그보다 많은 요소가 만나는 공간을 의미하기에, 그곳에 사는 이들은 어느 한쪽에도 분명하게 속하지 않음으로써 발생하는 불안한 감정을 지닐 수 있다. 초기 치카노 문학에서 반복되는 자기 정체성에 관한 질문, 즉 '멕시코인도 아니고, 미국인도 아닌' 삶의 조건에서 오는 정체성 혼란의 문제는 멕시코계 미국인들이 바로 이 문화적 경계지대에 살아왔기 때문이다. 하지만, 안살두아에게 이 혼란은 치카노를 묶는 족쇄가 아니라, 반대로 '미국인이기도 하고 멕시코인이기도 한' 장점을 바탕으로 새로운 가능성을 형성할 수 있는 특권을 의미한다. 경계지대에 살면서 경계의식을 몸으로 체화한다는 것은 기존에 존재하던 혹은 체제가 강제하던 공간, 가치, 삶의 방식을 넘어서는 제3의 정체성이 생성되고 있음을 암시한다. 제3의 공간, 제3의 문화, 제3의 언어, 그리고 더 나아가서는 제3의 국가를 의미한다. 다양한 문화와 언어를 경험하는 것이 최초에는 혼동과 갈등을 야기하나 결국에는 창조성을 발휘할 수 있는 원동력이 된다. 경계지대의 갈등과 애매함은 축복으로 변한다. 안살두아는 자신에게는 조국이 없다고 말한다. 그러면서 동시에 모든 나라가 조국이 될 수 있다고 주장한다.

그러나 안살두아는 서로 다른 두 문화가 만나서 교류하는 지점을

---

2) Anzaldúa, *Borderlands/La Frontera*, p.99.

단순히 조화롭고 낙관적인 과정으로 보지는 않는다. 여기에는 강한 자와 약한 자, 지배와 통제를 가진 쪽과 그렇지 못한 이들 간의 권력의 문제가 반드시 개입되기 때문이다. 그렇다면 이에 대한 안살두아의 입장은 무엇일까? 그녀는 이 경계의 지점에서 약자(예를 들어, 멕시코, 유색인, 여성, 동성애자)의 입장에 발 딛고 있으면서 다른 쪽을 바라본다. 경계지대의 양쪽 편을 포괄하면서 결국에는 이 둘을 넘어서는 새로운 시각과 가치를 획득하는 것이다. 이 새로운 변증법적 태도를 안살두아는 '영혼의 혼혈'spiritual mestizaje이라고 부른다.

5. 혼종의 세계

혼혈의 의미를 확장하면서 '경계'는 안살두아에게 보다 상징적이고 은유적인 국면으로 들어선다. 모든 삶의 현장은 '경계지대'로 이해될 수 있다. 그리고 개개인은 각각 다른 경계지대에 살면서 다양한 경계의식을 갖게 된다. 특히, 지구화 시대를 살아가는 우리들에게 다른 문화와의 교류와 접촉은 존재의 기반이라고도 할 수 있다. 안살두아의 논의는 이 혼종의 세계에 대한 지침서의 역할을 한다고 하겠다. 마찬가지로 그의 이론은 실제 세계에서 다양한 층위에서 반영되고 적용된다. 이 책 역시 혼종의 결과물로 읽을 수 있다. 자전적 이야기로 시작하는 이 책은 역사, 정치, 에세이, 시 등이 인위적인 구분 없이 뒤섞여서 나타난다. 전통적인 문학 독자들은 이런 형식에 당황할 것이고, 종래의 비평가들은 하나의 장르로 범주화하는 데 어려움을 겪는다. 안살두아는 기존의 장르들을 혼합하는 방식으로 장르의 경계를 무너뜨리면서 자신만의 새로운 장르를 개척하는 실험을 이 책을 통해서 구현한다. 언어의 사용 측면에서는 이 혼종성이 더욱 명백하게 드러난다. 영어를 주된 언어로 사용하면서도 에스파냐어 단어와 표현이 삽입되기도 하며, 상당 부분에서 한 단락씩 영어와 에스파냐어가 번갈아 사용된다. 이는 본인 자신의 이중언어주의가 자연스럽게 투영된 것으로 영어와 에스파냐어 사이의 차이가 드러나는 동시에 이 둘의 공존은 두 가지 정체성의 혼합이 가능하다는 것을 또한 암시한다. 이렇게 안살두아에게 '혼종'과 '경계의식'은 이론적 선언이라거나 일회성의 퍼포먼스가 아니다. 그것은 삶의 양식이고, 존재의 조건이며 생존을 위한 치카나 여성의 방식인 것이다.

6. 안살두아와 '경계의식'의 유산

미국인에 속하면서도 그 안에서 명백히 아웃사이더로 살아온 치카노들에게 '경계의식'을 통해 정체성을 재구성하고 주류 질서에 도전할 것을 제안하는 안살두아의 사상은 인종, 성적 정체성, 계급, 지역, 출신 등에 의해 사회적으로 소외된 모든 이들에게 영감을 주었다. 자신에게 부과된 억압과 모순은 경계의식을 통해 넘어서고 극복하려 할 때 우리에게 변화를 가져다준다. 아나루이스 키팅^AnaLouise Keating^은 이런 측면에서 경계의식을 자신을 변화시키는 동시에 모순에 대한 저항을 통해 급진적 사회의 변화를 모색하는 '영혼의 행동주의'로 평가한다. 우선 '경계'는 권력을 가진 자와 그렇지 못한 자, 억압하는 이들과 억압받는 이들 사이에 놓인 구분과 갈등을 이해하게 한다. 그리고 마침내 그것을 넘어설 것을 요구한다. 이렇게 안살두아는 치카노로서 혹은 여성으로 자신의 경계를 넘어서려는 노력을 보여 주지만, 한편으로 억압과 차별의 현실을 극복하려는 모든 저항과 사회운동의 새로운 틀을 제공한 것이다.

안살두아의 경계의식은 구체적으로 탈식민주의와 세계화 이론에도 깊은 영향을 주었다. 라틴아메리카 이론가이자 근대 세계의 식민성과 유럽중심주의를 탐구해 온 월터 미뇰로는 현재의 세계화를 자본의 논리와 획일적인 가치와 문화를 강제하는 새로운 식민주의의 형태로 규정하면서, 지구촌 각각의 지역에서는 이 세계화 논리와 지역 내부의 논리가 충돌하여 새로운 경계가 형성된다고 주장한다. 그는 멕시코의 사파티스타 운동의 예를 들면서 원주민이 언어와 문화유산, 정체성을 지켜내려는 투쟁이야말로 신자유주의와 지역의 가치가 충돌하여 발생한 '아래로부터의 세계화'라고 분석한다. 이를 위해 미뇰로가 중요하게 생각하는 것이 경계적 사고^{border thinking}이다. 안살두아를 직접 인용하지는 않지만 이는 그녀가 제안해 온 '경계의식'과 맞닿아 있음을 알 수 있다. 여기서도 마찬가지로 '경계의식'은 현실을 변화시키기 위한 원동력이자 기회로 읽힌다.

또한 서로 다른 언어와 문화의 만남을 두려워하고 반대하기보다는 새로운 정체성이 형성될 수 있다는 점에서 이 책은 1980년대 당시 막 논쟁이 되기 시작한 다문화주의를 포용하며 그 장점을 이론화시킨 것으로 평가받는다. 이민과 이주, 여행과 이동으로 인해 세계는 점점 더 가까워지고, 만남과 상호 교류의 가능성이 점점 더 커지고 있는 현실에서 안살두아의 경험과 이론은 교육학적으로도 매우 유용한 도구가 되어 오늘날 미국의 많은 대학에서 다문화주의의 이해를 위한 핵심적 교재가 되고 있다.

마지막으로, 25주년 기념 판본의 서문에서 노르마 칸투^{Norma Cantú}는 이 책이 치카노와 미국, 멕시코뿐 아니라 세계 여러 지역에서 읽히고 있음을 상기시킨다. '경계의식'이라는 은유는 미국-멕시코 국경지대를 넘어서 다양한 지역과 사람들에게 반향을 일으켰고 자신들의 현실에 적용시키는 영감이 되어 왔다. 이런 측면에서 이 책은 치카노 문학이 이룩한 기념비적인 작품일 뿐 아니라, 치카노 문학의 범주를 넘어서 지구화 시대의 다문화적 환경과 여전히 많은 사회적 적대 속에서 살아가는 우리들에게 존재론적 통찰과 실천적 윤리를 제시하고 있다고 할 수 있다.

추천문헌

월터 미뇰로, 『로컬 히스토리/글로벌 디자인: 식민주의성, 서발턴 지식, 그리고 경계사유』, 이성훈 옮김, 에코리브르, 2013.

후안 곤살레스, 『미국 라티노의 역사』, 이은아·최해성·서은희 옮김, 그린비, 2014.

AnaLouise Keating, "From Borderlands and New Mestizas to Nepantlas and Nepantleras: Anzaldúan Theories for Social Change", *Human Architecture: Journal of the Sociology of Self-Knowledge*, vol.4, no.3, 2006, pp.5~16.

Chela Sandoval, "U.S. Third World Feminism: The Theory and Method of Oppositional Consciousness in the Postmodern World", *Genders*, vol.10, Spring 1991, pp.1~24.

Yvonne Yarbro-Bejarano, "Gloria Anzaldua's Borderlands/La Frontera: Cultural Studies, "Difference," and the Non-Unitary Subject", *Cultural Critique*, no.28, 1994, pp.5~28.

정체성은 있으나 정치성은 없는 흑인 문화

리비오 산소네의 『종족성을 상실한 흑인성: 브라질의 인종 구성하기』

최진숙

1. 들어가며: 종족·인종 집단적 정체성이 인종 차별에 저항하는 권력이 될 수 없다면?

'종족성 없는 흑인됨'[Blackness without ethnicity]은 아마도 리비오 산소네[Livio Sansone(1956~)]의 『종족성을 상실한 흑인성: 브라질의 인종 구성하기』에서 제공하는 논의의 핵심을 가장 적절히 표현한 문구일 것이다. 브라질에서는 흑인 상징 및 정체성이 종족·인종 집단적 결집력 없이 존재한다는 것이다. 이러한 주장은 미국 흑인을 연구한 학자들에게는 큰 충격으로 다가올 것이다. 과연 브라질의 흑인 문화는 문화적 정체성을 넘어서는 그 이상의 결집력을 가지지 않는 것일까? 그리고 이것이 현재 브라질 사회 현상을 이해하는 데 어떤 의미가 있는가?

이 책은 이탈리아 출신 인류학자가 브라질에 10여 년에 걸쳐 체류하면서 축적한 자료를 기반으로 쓴 민족지이다. 모든 장에서 일관성 있

---

* Livio Sansone, *Blackness without Ethnicity: Constructing Race in Brazil*, New York: Palgrave Macmillan, 2003.

게 관통하고 있는 핵심적 주제는 바로 '브라질에서 흑인이란 어떤 의미가 있는가'라는 질문으로 요약된다. 저자는 브라질에서 '흑인됨'blackness의 의미를 서구처럼 단일한 집단성을 가지는 '인종'이 아니라 문화적 정체성으로 규정한다. 저자는 일상생활에서 인종 구분의 양상, 아프리카 문화의 특질이 이용되고 상품화되는 현상, 브라질 바이아 지방의 흑인 문화에 전 지구화가 미치는 영향 그리고 그밖에 리우데자네이루와 바이아의 펑크 음악 및 춤과 같은 대중문화를 비교하였고, 더 나아가 바이아만이 아니라 네덜란드 암스테르담의 하위 계층 흑인 청년들의 경험을 비교하였다. 본 서평을 통해서 이 책의 핵심적 내용을 두 가지 소주제로 나누어 요약·검토해 본 후, 이 책에서 아쉬운 점 및 강점 그리고 리비오 산소네의 연구와 여타 연구와의 연관성을 논의할 것이다.

2. 인종과 종족성의 구분 그리고 브라질의 인종

1장 「아프리카-라틴 패러독스?: 모호한 종족 경계, 첨예한 계급의 구분 그리고 살아 있는 흑인 문화」An Afro-Latin Paradox?: Ambiguous Ethnic Lines, Sharp Class Divisions, and Vital Black Culture의 제목에서 볼 수 있듯이 흑인의 정체성은 종족성ethnicity으로서는 불명확한 경계지만, 계급으로서는 명확히 구분되는 집단으로 다루어진다. 그리고 다시 2장 「흑인 부모, 흑인 아이들: 변화하는 브라질 사회의 인종 분류」Negro Parents, Black Children: Racial Classification in a Changing Brazil에서 더 자세히 브라질의 인종race을 지칭하는 다양한 범주 및 세대 간 인종을 인식하는 방식의 차이를 기술하고 있다.

저자에 의하면, 브라질의 경우 흑인을 지칭하는 여러 가지 용어로 네그루negro, 프레투preto, 파르두pardo, 모레누moreno, 에스쿠루escuro 등이 있으며 이들의 구분은 인종 관계 그리고 역사적 맥락, 사회적 상황에 따라서 결정된다고 한다. 중요한 것은 학자들은 물론 일반인의 예상과는 달리 브라질에서 인종 범주가 사회적 구별에서 가장 큰 변수가 되지는 않는다는 점이다. 우리가 흔히 알고 있는 흑인을 지칭하는 용어로서 네그루는 대중문화에서는 물론 정치적인 의미로도 사용된다. 미국의 경우, 피부 색깔로 자신의 정체성을 표현하고자 하는 것은 지극히 정치적인 성격을 지닌다. 그리고 미국에서 흑인이란 백인에 반대되는 범주로서 단일한 인종 집단으로 간주된다. 그러나 브라질의 바이아와 같이 다양한 흑인 정체성을 가진 곳에서는 흑인이 굳이 백인과 반대되는 정체성을 형성하지 않으며, 하나의 인종으로 단결하지 않는다고 한다.

　이는 브라질에는 인종 차별이 없다는 의미인가? 브라질에 흑인, 원주민 및 이주민(특히 유럽 출신이 아닌 이주민)에 대하여 전통적으로 인종 차별이 존재해 왔다. 또한 브라질 사회에서는 메스티사젬 mestiçagem(혼종)의 영향으로 인하여 다양한 인종 집단이 존재해 왔다. 저자에 의하면, 브라질의 경우 흑인이 백인에 비하여 사회적 불평등을 경험하고 있지만, 이는 흑인 중 특히 하층 계급이 많기 때문이지, 단지 '흑인이기 때문에'라고 단정 짓기는 어렵다는 것이다. 그러므로 브라질에서는 인종 개념이 사회적 부당함, 불평등을 개선하는 데 주요한 역할을 하지 않는다.

　구체적으로 저자가 중점적으로 현지 연구를 수행한 바이아 지역에서는 인종 구분이 영역areas에 따라서 권력 관계가 달라진다고 한다. 저자는 영역을 '부드러운 곳'과 '딱딱한 곳'으로 구분하는데, 가령 이웃 간의 관계를 맺는 곳은 '부드러운 곳'인 반면, 직장은 인종 차별이 가장 극명하게 표출되는 '딱딱한 곳'으로 인식된다고 한다. 즉, 이웃과 살고 있는 부드러운 곳에서는 흑인과 백인이 사회적으로 중요한 분류가 되지 않는 반면, 직장에서 만나는 흑인과 백인 간에는 위계적 관계가 성립될 수 있다. 이와 같이 인종 분류와 위계 관계는 상황과 맥락에 따르는 것이지 고정된 것이 아니라는 것이다.

무엇보다도 저자는 브라질의 인종 연구에서 미국의 인종 연구의 영향이 매우 크다고 지적한다. 미국의 인종을 연구하는 학자들은 주로 인종 차별 문제에 천착하며, 인종이 단일한 집단으로서 정치적으로 결집력을 지닌다고 간주한다. 그러나 저자가 바라보는 브라질의 인종 문제는 이와는 다르다. 물론 저자가 브라질의 인종에 대하여 흔히 말하는 인종 민주주의^{racial democracy}에 적극 동의하는 것은 아니다. 브라질에도 인종 차별 및 불평등한 사회 구조가 분명히 존재한다고 인정한다. 그러나 미국에서 인종을 연구하고, 이를 바탕으로 정책을 수립할 때 드러나는 문제점은 한 인종 내의 모든 계층을 뭉뚱그려 단일한 집단으로 간주한다는 점이다. 이러한 것이 소수집단우대 정책^{Affirmative Action}과 같은 정책으로 현실화되었을 때, 자원 배분의 정치에서 인종의 단일성이 매우 중요하기 때문일 것이다. 관련하여 미국과 브라질 간의 또 다른 점이 있다면 미국에서는 소수우대 정책이 사회적으로 역차별이라는 비난을 감수하고 시행되는 데 반해, 브라질의 경우 미국의 쿼터 시스템과 유사한 정책 시행에서 백인이 흑인에 대해 적대감을 크게 갖지 않는다는 점이다.

3. 인종, 전 지구화, 초국가주의 그리고 계급 문화로서 흑인 문화

3장 「오늘날 바이아 지역의 로컬과 글로벌」^{The Local and the Global in Today's Afro-Bahia}, 4장 「바이아와 리우의 '글로컬' 펑크 문화: 흑인 문화의 전 지

구화에 대한 로컬의 해석」^{Glocal Funk in Bahia and in Rio: Local Interpretations of} Black Globalization에서는 글로벌화된 흑인 문화를 다룬다. 저자는 브라질의 흑인 문화는 단순히 이주민 문화로서 아프리카의 전통의 부활을 표현하는 게 아니라, 국제적으로 형성되어 온 흑인 대중문화로 정의될 수 있다고 한다. 가령, 흔히 펑크라고 부르는 음악, 춤 장르는 이제 글로벌한 상품이 되었다. 소비문화로서 흑인 문화가 발달할 수 있는 것은 바로 최근 전 지구화와 더불어 등장한 '새로운 흑인'과 결코 별개로 생각할 수 없다. 새로운 흑인이라는 개념에는 흑인 인구 중 특히 젊은 세대가 흑인됨이 가지는 부정적 이미지를 지워 버리고 스스로를 새롭게 재정의하려는 노력이 반영되었다. 그러나 이 새로운 흑인 정체성은 결코 모든 흑인을 대표하는 것은 아니며, '흑인됨'의 여러 가지 표현 중 하나로 간주할 수 있다. 이들의 특징이라면 젊은 세대라는 것 외에도 빈민층이며, 국제적이고, 개방적이라는 점이다. 즉, '새로운 흑인'의 문화는 단지 흑인만이 아니라 백인, 여타 인종에게 소비문화로서 개방된다. 이들은 전 세계적으로 확대된 흑인 대중문화로서 라스타파리언^{Rastafarian} 및 펑크와 같은 음악, 특유의 헤어스타일과 패션 등을 표현하고 소비한다. 이러한 대중문화는 전 세계로 급속히 전파되어 젊은 세대를 주축으로 한 초국가주의적 정체성을 형성하는 문화적 자원이 되었다.

브라질의 살바도르와 네덜란드의 암스테르담 흑인 문화를 비교한 5장「두 도시의 흑인: 살바도르와 암스테르담의 흑인 청소년에 대한 비교연구」^{Being Black in Two Cities: Comparing Lower-Class Black Youth in Salvador and Amsterdam}에서는 계급으로서의 흑인 집단을 기술하고 있다. 두 도시의 사례에서 본 흑인은 소비문화로서는 공통점을 지니지만, "전형적으로 흑인적인 생존 전략"[2]을 보이지는 않는다고 주장한다. 그러나 이 두 도시의 흑인에게서 발견되는 공통점이 물론 전통에 의한 것일 수도 있고 국제화의 영향일 수도 있겠지만, 저자는 이를 보편적 흑인 문화로 보기보다는 하층 계급 문화로 간주한다.

그런데 이 노동 계급 혹은 하층 계급으로서 형성하는 하위문화가 저항의 의미를 지니지는 않는 것일까? 이러한 질문은 일찍이 영국의 노동 계급을 연구했던 폴 윌리스, 미국 흑인 청소년을 연구한 존 오그부 그리고 미국 히스패닉의 청소년 문화를 연구한 테리 윌리엄스 등이 심도 깊게 다루었던 것이다.[2] 저자는 자신이 연구한 흑인 청년의 노동 계급 문화가 반드시 저항을 표현하는 것은 아니라고 주장한다. 저항보다는 기성 세대, 백인 중산층의 가치와는 다른 대안적 가치를 추구한다고 보는 편이 적합할 것이다. 이 대안적 가치는 그들이 어차피 진입할 수 없는 노동시장에 대한 거부 그리고 과시적 소비라는 형태로 표출된다.

이들 두 도시에 거주하는 흑인에 대한 연구를 통하여 저자는 유사점과 차이점을 발견했는데, 그 핵심 내용은 다음과 같다. 브라질과 네덜란드 간의 경제 수준과 노동시장의 차이가 흑인의 삶에서 차이를 결정한다. 예컨대, 암스테르담의 노동시장은 살바도르의 노동시장에 비하여 더 유연하며, 네덜란드의 사회복지 시스템도 브라질보다 잘 되어 있는 편이다. 그러므로 네덜란드의 노동시장에서는 흑인이 파트타임이라도 일자리를 구할 수 있으며, 실업 상태에서도 정부로부터 복지 혜택을 받

---

1) Sansone, *Blackness without Ethnicity*, p.159.
2) Paul Willis, *Learning to Labour: Why Working-Class Kids Get Working-Class Jobs*, London: Saxon House, 1977; John Ogbu, *Minority Education and Caste*, New York: Academic Press, 1978; Terry Williams, *The Cocaine Kids: The Inside Story of a Teenage Drug Ring*, Reading: Addison-Wesley, 1989.

을 수 있는 것이다. 그런 반면, 브라질의 흑인은 노동시장에서 상대적으로 선택의 여지가 지극히 제한되어 있다. 그러므로 네덜란드의 흑인들에게는 사회보장제도가 지불하는 임금과 직장 임금의 비교 결과가 중요할 것이고, 브라질의 흑인에게는 한 번 구한 직장을 어떻게 하면 유지할 것인가가 관건이 되는 것이다. 그런데 흥미롭게도 이러한 차이는 오히려 유사한 결과를 초래했다. 그것은 바로 부모 세대의 사회적 지위가 청년 세대에 계승되지 않는다는 점이다. 이러한 점에서 두 도시의 청년이 공통적으로 불안과 불만을 경험할 수밖에 없는 것이다.

이 밖에도 공통적으로 나타나는 결과라면, 두 도시의 흑인이 이러한 불안한 노동시장에서 자신이 처한 현실 때문에 패배주의에 사로잡혀 아예 직업을 구할 시도조차 하지 않는다는 것이다. 또한 직업을 갖기 위한 수단으로서 교육에 대해서도 그리 적극적인 태도를 취하지 않는다. 그렇다면 직업을 구하지 못할 것이라는 불안감과 공포 때문에 일찍 포기하고 마는 두 도시의 흑인은 정작 이러한 현상을 어떻게 보고 있는가? 저자에 의하면 적어도 브라질의 도시 빈민 흑인은 '내가 흑인이라서'라는 식으로 자신의 불행의 원인을 인종 문제로 돌리지 않는다고 한다. 결국 그들이 경험하는 차별, 배제 등과 같은 불평등을 인종적 정체성을 기반으로 둔 저항으로 승화하지 않는 것이다. 이들은 자신이 사회적으로 약하고 배제된 집단으로 인식하고 있기는 하지만, 이를 반드시 '인종 차별'로서 인식하고 있는 것은 아니다.

4. 결론: 비판적 시각, 강점 그리고 여타 연구와의 관련성

저자 산소네는 이탈리아 시실리 출신이며, 네덜란드에서 인류학을 공부하였다. 박사논문은 네덜란드 암스테르담의 크레올 청소년의 하위문화, 정체성을 다루었다. 산소네가 브라질을 처음 접하게 되고 브라질의 인종 문제에 관심을 갖게 된 때는 1996년 리우데자네이루의 칸지두 멘지스 대학의 아프리카·아시아 연구 센터에서 부센터장으로 일하게 된 1996년부터이다. 리우데자네이루의 흑인 문화 연구에서 출발한 산소네는 브라질과 네덜란드의 흑인 문화로 연구 영역을 넓혀갔고, 나아가 영국과 수리남의 흑인 문화를 연구함으로써 흑인 이산[diaspora] 현상을 비교 연구 할 수 있었다. 현재는 브라질 바이아 대학의 인류학자이며, 아이디어 프로젝트 공장[Factory of Ideas Project]이라는 연구소를 운영하고 있다. 이 연구소에서 산소네는 관심사인 인종, 전 지구화, 다문화주의 등의 주제와 관련한 강연, 세미나를 개최하고, 박사과정 학생을 교육시키는 등 활발한 연구 활동으로 브라질의 학계에 공헌하고 있다.

장기간에 걸친 브라질 체류와 박사논문부터 시작된 관심에서 알 수 있듯이, 산소네는 10여 년에 걸쳐 흑인 이산 현상의 지역별 다양한 양상은 물론 각 지역의 변화 과정도 목격할 수 있었다. 이 책은 10여 년 동안 살았던 브라질의 경험과 함께 살바도르는 물론 암스테르담의 흑인들을 대상으로 수행한 현지조사 자료를 기반으로 한 민족지이다. 전반적으로 민족지적 자료를 엄밀하게 분석했다기보다는 자신의 경험 및 성찰이 많이 포함된 글이라고 보는 편이 좋다.

이 책이 제공하는 풍부하고 살아 있는 사례 그리고 저자의 통찰력이 돋보이는 해석에도 불구하고 민족지 기술 방식은 객관성이 미흡하다고 지적할 수 있겠다. 저자가 즐겨 쓰는 기술 방식이 '(제보자가) 느꼈다'와 같은 주관적 기술에 의존하고 있다는 점이 그 큰 이유일 것이다. 그리고 인종 민주주의를 옹호하지도 않고, 그렇다고 인종 차별을 심도 있게 논의하지도 않는다는 점에서 다소 모호한 입장을 보이기도 한다.

산소네는 구미 사회와 구별되는 브라질의 흑인 문화를 기술하고
자 했으며, 무엇보다도 인종의 계급적 성격에 주목하였다. 그러나 이러
한 분석 과정에서 미국과의 차별성을 지나치게 강조한 나머지, 브라질
흑인들의 종족성이 부재하다는 결론을 내린다. 저자는 출신 및 소속감
이 종족성을 결정하는 매우 중요한 성분으로 간주한다. 그리고 이와 같
이 고정된 출신과 소속감 등이 종족성을 공통된 정치적 목표를 지향하
는 집단으로 규정한다. 이와 같이 산소네가 사용하는 종족성은 일반적
인 개념과 상이하다. 이미 많은 학자는 종족성을 집단 구성원의 삶 속에
서 지속적인 재해석 과정을 거치고 역사적으로 변화해 왔다고 주장해
왔다.[3] 산소네는 종족성을 인종과 구분되는 개념으로 사용하고자, 다소
정태적인 의미에서 사용한 것이 아닐까?

이상과 같은 이유에서 이 책을 다 읽고 나서도 독자는 아마 계급과
인종 간의 관계가 명확히 분석되어 있지 않다는 인상을 받을 것이다. 그
러나 이 문제는 그 어떤 사회과학자일지라도 완벽하게 해명할 수는 없
을 것으로 보인다. 각 사회의 역사적 특수성 때문에도 그렇겠지만, 정치
와 정책에 적용되는 계급 및 인종 개념에 대하여 학자마다 의견이 분분
하기 때문이다. 독자가 이 두 범주 간의 관계를 깔끔하게 정리해 주길 바
라지만 않는다면, 이 책은 브라질의 인종에 대한 완벽한 민족지적 기술

---

3) Michael M. J. Fischer, "Ethnicity and the Post-Modern Arts of Memory", eds. J. Clifford
and G. E. Marcus, *Writing Culture: The Poetics and Politics of Ethnography*, Berkely:
University of California Press, 1986, pp.194~233; Stuart Hall, "The Question of Cultural
Identity", eds. S. Hall, D. Held, D. Hubert, and K. Thompson, *Handbook of Modernity:
An Introduction to Modern Societies*, Oxford: Blackwell Publishers, 1996, pp. 595~643.

로 인정할 수 있을 것이다.

위에서 언급한 몇몇 약점에도 불구하고 이 책은 인종 관계의 특수성에 주목하고, 인종에 대한 비교 연구를 시도하는 사회과학자에게 많은 영감을 줄 것으로 보인다. 특히 저자가 전통적으로 진행되어 왔던 인종에 대한 논쟁을 초월하고자 했다는 점을 높이 살 수 있다. 전 지구화 현상과 이주 현상 등과 관련된 많은 연구가 한 지역에 지속적으로 거주하지 않았던 집단이 어떻게 집단 정체성을 가지고, 공통점을 찾는가에 대해서 주로 초점을 맞춘다. 이민자의 정체성은 고정된 실체라기보다는 역사적 특수성을 가지며, 변화에 열려 있는 사회적 구성물이라는 점은 일찍이 인류학자 프레드릭 바스Fredrik Barth와 같이 민족 정체성의 주관적 측면을 강조한 학자들에 의해서 논의된 바 있다. 다만 전 지구화라는 급변하는 상황이 이민자들의 새로운 정체성 구성을 결과한다는 점에 저자와 같은 학자들이 주목하는 것이다. 특히 청년 세대를 연구한 것에 주목하자면, 구미의 경우 흑인 특유의 음악 및 언어 사용 등을 중심으로 사회언어학, 인류학에서도 흑인 대중문화의 전용 등에 대한 연구가 행해져 왔다.[4] 저자가 지난 10여 년간 연구를 통해 축적해 왔던 흑인 대중문화, 브라질의 인종 구성 현상에 대한 통찰력이 여타 연구에 많은 기여했던 것으로 보인다.

더 나아가 청년 세대가 노동시장에서 사회적 약자로 자리 잡은 것

---

4) 가령, 벤 램튼은 영국의 소수 민족 청소년들이 자메이카 영어를 사용함으로써 '남성적' 이미지를 표현하고자 하는 양상을 연구하였고, 메리 뷰콜츠는 미국의 백인 청소년들이 흑인 영어를 사용함으로써 남성성을 재현하고자 하는 양상을 연구한 바 있다. Ben Rampton, *Crossing: Language and Ethnicity among Adolescents*, Manchester: St. Jerome Publisher, 2005; Mary Bucholtz, "Introduction: Youth Language at the Intersection: From Migration to Globalization", *Pragmatics*, vol.19, no.1, 2009.

은 브라질뿐만 아니라 전 세계적으로 보편화되어 가는 현상이다. 이들은 자신의 노동시장 내 위치 때문에 자원 분배의 불평등과 같은 사회 구조적 문제에 대하여 불만을 가지고 있다. 그러나 최근 한국 사회의 정치에서도 보듯이, 불만을 가지는 젊은 세대 인구가 모두 정치적 세력이 되는 것은 아니다. 아프리카의 재발견, 흑인 문화의 발전과 같이 젊은 세대가 형성하는 '강한 문화'가 과연 브라질에 국한될 것인가 그리고 전 지구화와 함께 타 사회의 인종 집단에서도 청년들이 단지 소비자로 머물 것인가와 같은 질문은 인종, 세대, 사회계층화 현상을 연구하는 학자들이 지속적으로 탐구해야 하며, 향후 비교 연구를 통하여 깊이 다루어져야 할 것이다.

추천문헌

Fredrik Barth, "Introduction", ed. Fredrick Barth, *Handbook of Ethnic Groups and Boudaries: The Social Organization of Culture Difference*, Boston: Little, Brown & Company, 1969.

John Ogbu, *Minority Education and Caste*, New York: Academic Press, 1978.

Paul Willis, *Learning to Labour: Why Working-Class Kids Get Working-Class Jobs*, London: Saxon House 1977.

Terry Williams, *The Cocaine Kids:. The Inside Story of a Teenage Drug Ring*, Reading: Addison-Wesley, 1989.

추천문헌 모음

갈레아노, 에두아르도, 『수탈된 대지: 라틴아메리카 5백년사』, 박광순 옮김, 까치, 1988.

곤살레스, 후안, 『미국 라티노의 역사』, 이은아·최해성·서은희 옮김, 그린비, 2014.

까이, 끄리스또발·로버트 N. 그윈, 『변화하는 라틴아메리카: 세계화와 근대성』, 박구병
옮김, 창비, 2012.

데이비스, 마이크, 『슬럼, 지구를 뒤덮다』, 김정아 옮김, 돌베개, 2007.

두셀, 엔리케, 『1492년, 타자의 은폐』, 박병규 옮김, 그린비, 2011.

듀보이스, W. E. B., 『니그로: 아프리카와 흑인에 관한 짧은 이야기』, 황혜성 옮김, 삼천
리, 2013.

뢰비, 미카엘, 『신들의 전쟁: 라틴아메리카의 종교와 정치』, 김항섭 옮김, 그린비, 2012.

멕시코대학원(COLMEX) 엮음, 『멕시코의 역사』, 김창민 옮김, 그린비, 2011.

미뇰로, 월터, 『라틴아메리카, 만들어진 대륙』, 김은중 옮김, 그린비, 2010.

_____, 『로컬 히스토리/글로벌 디자인: 식민주의성, 서발턴 지식, 그리고 경계사유』,
이성훈 옮김, 에코리브르, 2013.

민츠, 시드니, 『설탕과 권력』, 김문호 옮김, 지호, 1998.

밀러, 니콜라·스티븐 하트, 『라틴아메리카의 근대를 말하다』, 서울대 라틴아메리카연
구소 옮김, 그린비, 2008.

바바, 호미, 『문화의 위치』, 나병철 옮김, 소명출판, 2012.

백종국, 『멕시코혁명사』, 한길사, 2000.

부르크하르트, 야콥, 『이탈리아 르네상스의 문화』, 이기숙 옮김, 한길사, 2000.

사이드, 에드워드, 『오리엔탈리즘』, 박홍규 옮김, 교보문고, 2007.

소렐, 조르주, 『폭력에 대한 성찰』, 이용재 옮김, 나남, 2012.

송상기, 「중남미에서 나타나는 근대성의 대안으로서의 바로크적 에토스 연구」, 『스페

인어문학』, 36권, 2005, 447~463쪽.

스피박, 가야트리, 『포스트식민 이성비판』, 태혜숙·박미선 옮김, 갈무리, 2005.

이수엘라, 마리아노, 『천민들』, 민용태 옮김, 홍영사, 2005.

엘리엇, 존 H., 『대서양의 두 제국: 영국령 아메리카와 에스파냐령 아메리카 1492~
1830』, 김원중 옮김, 그린비, 2017.

영, 로버트, 『포스트식민주의 또는 트리컨티넨탈리즘』, 김택현 옮김, 박종철출판사,
2005.

윌리엄스, 에릭, 『자본주의와 노예제도』, 김성균 옮김, 우물이있는집, 2014.

일리, 제프, 『The Left 1848~2000: 미완의 기획, 유럽 좌파의 역사』, 유강은 옮김, 뿌리
와이파리, 2008.

제임스, C. L. R., 『블랙 자코뱅』, 우태정 옮김, 필맥, 2007.

칠코트, 로널드 H., 『발전과 저발전의 이론』, 백광일 옮김, 학문과사상사, 1986.

카멕, 로버트 M.·제닌 L. 가스코·게리 H. 고센 엮음, 『메소아메리카의 유산: 아메리카
토착 문명의 역사와 문화』, 강정원 옮김, 그린비, 2014.

크라우세, 엔리케, 『멕시코혁명과 영웅들』, 이성형 옮김, 까치, 2005.

킨, 벤자민·키스 헤인즈, 『라틴아메리카의 역사 상·하』, 김원중·이성훈 옮김, 그린비,
2014.

투렌, 알랭, 『현대성 비판』, 정수복·이기현 옮김, 문예출판사, 1995.

파농, 프란츠, 『대지의 저주받은 사람들』, 남경태 옮김, 그린비, 2010.

포메란츠, 케네스·스피븐 토픽, 『설탕, 커피 그리고 폭력』, 박광식 옮김, 심산, 2009.

폴라니, 칼, 『다호메이 왕국과 노예무역』, 홍기빈 옮김, 길, 2015.

호이징가, 요한, 『중세의 가을』, 최홍숙 옮김, 문학과지성사, 1997.

Alejo, Esteban Ticona, *Saberes, conocimientos y prácticas anticoloniales del
pueblo aymara-quechua en Bolivia*, La Paz: AGRUCO, 2010.

Bambirra, Vânia, *Capitalismo dependiente latinoamericano*, Ciudad de México:
Siglo XXI, 1974.

Bandera, Armando, *La Iglesia ante el proceso de liberación*, Madrid: BAC, 1975.

Barth, Fredrik, "Introduction", ed. Fredrick Barth, *Handbook of Ethnic Groups
and Boudaries: The Social Organization of Culture Difference*, Boston:

Little, Brown & Company, 1969.

Berryman, Phillip, *Teología de la liberación*, Ciudad de México: Siglo XXI, 1987.

Boff, Leonardo, *Jesus Christ Liberator: A Critical Christology for Our Time*, New York: Orbis Books, 1978.

Borges, Pedro, *Métodos misionales en la cristianización de América: siglo XVI*, Madrid: Biblioteca Mionalia Hispanica, 1960.

Burga, Manuel, *Nacimiento de una utopía: muerte y resurrección de los incas*, Lima: Instituto de Apoyo Agrario, 1988.

Cevallos, Santiago, "La crítica de Bolívar Echeverría del barroco y la modernidad capitalista", *Iconos: Revista de Ciencias Sociales*, no.44, 2012, pp.119~124.

Collier, David, ed., *The New Authoritarianism in Latin America*, Princeton: Princeton University Press, 1979.

Collier, David, and Henry E. Brady eds., *Rethinking Social Inquiry: Diverse Tools, Shared Standards*, Lanham: Rowman & Littlefield, 2010.

Collier, David, and John Gerring eds., *Concepts and Method in Social Science: The Tradition of Giovanni Sartori*, New York: Routledge, 2009.

Cotler, Julio, *Política y sociedad en el Perú: cambios y continuidades*, Lima: IEP, 1994.

Crabtree, John, ed., *Fractured Politics: Peruvian Democracy Past and Present*, London: Institute for the Study of the Americas, 2011.

_____, *Making Institutions Work in Peru: Democracy, Development and Inequality since 1980*, London: Institute for the Study of the Americas, 2006.

Cuevas, Mariano, *Historia de la Iglesia en México: tomo I*, Ciudad de México: Porrúa, 1992.

Degregori, Carlos Iván, ed., *No hay país más diverso: compedio de antropología peruana*, Lima: IEP, 2000.

de la Rocha, Mercedes González, *The Resource of Poverty: Women and Survival in a Mexican City*, Oxford: Basil Blackwell, 1994.

De Soto, Hernando, *El otro sendero: una respuesta económica a la violencia*, Lima: Grupo Editorial Norma, 2009.

Dos Santos, Theotonio, *Imperialismo y dependencia*, Ciudad de México: Era, 1978.

_____, *La teoría de la dependencia: balance y perspectiva*, Madrid: Plaza & Janés, 2002.

Duverger, Christian, *La conversión de los indios de Nueva España*, Ciudad de México: FCE, 1996.

Echeverría, Bolívar, *Modernidad, mestizaje cultural, Ethos Barroco*, México D.F.: UNAM / El Equilibrista, 1994.

Echeverría, Bolívar, and Horst Kurnitzky, *Conversaciones sobre lo Barroco*, México D. F.: UNAM, 1993.

Espinosa, Carlos, "El barroco y Bolívar Echeverría: encuentros y desencuentros", *Iconos: Revista de Ciencias Sociales*, no.44, 2012, pp.65~80.

Galindo, Alberto Flores, *La agonía de Mariátegui: la polémica con la Komintern*, Lima: Instituto de Apoyo Agrario, 1980.

Grohmann, Peter, *Macarao y su gente: movimiento popular y autogestión en los barrios de Caracas*, Caracas: UNESCO, 1996.

Kay, Cristóbal, "Why East Asia Overtook Latin America: Agrarian Reform, Industrialization and Development", *Third World Quarterly*, vol.23, no.6, 2002.

Keating, AnaLouise, "From Borderlands and New Mestizas to Nepantlas and Nepantleras: Anzaldúan Theories for Social Change", *Human Architecture: Journal of the Sociology of Self-Knowledge*, vol.4, no.3, 2006, pp.5~16.

Knight, Alan, *Mexico, Vol.1: From the Beginning to the Spanish Conquest*, Cambridge: Cambridge University Press, 2000.

_____, *Mexico, Vol.2: The Colonial Era*, Cambridge: Cambridge University Press, 2002.

_____, *Mexico, Vol.3: The Nineteenth and Twentieth Centuries*, Cambridge: Cambridge University Press (forthcoming).

Kobayasi, José María, *La educación como conquista*, Ciudad de México: El Colegio de México, 1997.

Kubler, George, *Arquitectura mexicana del siglo XVI*, Ciudad de México: FCE, 1982.

León-Portilla, Miguel, *Visión de los vencidos: relaciones indígenas de la conquista*, Ciudad de México: UNAM, 1959.

Madrid, Raúl L., *Retiring the State: The Politics of Pension Privatization in Latin America and Beyond*, Stanford: Stanford University Press, 2003.

Marini, Ruy Mauro, *América Latina: democracia e integración*, Caracas: Nueva Sociedad, 1993.

Mauro, Cerbino, and José Antonio Figueroa, "Barroco y modernidad alternativa: diálogo con Bolivar Echeverría", *Iconos: Revista de Ciencias Sociales*, no.17, 2003, pp.102~113.

Moser, Walter, "Eulogy for Bolívar Echeverría", *Anales del Instituto de Investigaciones Estéticas*, vol.32, no.97, 2010, pp.195~203.

Nash, June, and Helen Safa eds., *Sex and Class in Latin America*, New York: Praeger Publishers, 1976.

Nash, June, and María P. Fernández-Kelly eds., *Women, Men, and the International Division of Labor*, New York: SUNY Press, 1983.

O'Donnell, Guillermo, "Delegative Democracy?" Working Paper no.172, Helen Kellogg Institute for International Studies, University of Notre Dame, Notre Dame, Indiana, 1992.

_____, *Modernization and Bureaucratic-Authoritarianism: Studies in South American Politics*, Berkely: University of California, 1973.

Ogbu, John, *Minority Education and Caste*, New York: Academic Press, 1978.

Ossio, Juan M., ed., *Ideología mesiánica del mundo andino*, Lima: Ignacio Prado Pastor, 1973.

Pukara, Periódico, ed., *Historia, coyuntura y descolonización: katarismo e indianismo en el proceso político del MAS en Bolivia*, La Paz: Fondo Editorial Pukara, 2010.

Roberts, Bryan R., Eduardo Archetti and Paul Cammack, *The Sociology of Development in Latin America*, London: Macmillan, 1987.

Roberts, Bryan R., and Norman Long, *Miners, Peasants and Entrepreneurs: Regional Development in Central Peru*, Cambridge and London: University of Cambridge Press, 1984.

Roberts, Bryan R., Robert Cushing and Charles Wood, *The Sociology of Development*, 2 vols., Cheltenham: Edward Elgar, 1995.

Sandoval, Chela, "U.S. Third World Feminism: The Theory and Method of Oppositional Consciousness in the Postmodern World", *Genders*, vol.10, Spring 1991, pp.1~24.

Serra, José, and Fernando Enrique Cardoso, "Las desventuras de la dialéctica de la dependencia", *Revista Mexicana de Socilogia*, vol.40, 1978, pp.9~55.

Smith, Christian, *La teología de la liberación: Radicalismo religioso y compromiso social*, Barcelona: Paidós, 1994.

Stein, Stanley J., and Barbara H. Stein, *La herencia colonial de América Latina*, Ciudad de México: Siglo XXI, 1970.

Vargas Llosa, Mario, *La utopía arcaica: José María Arguedas y las ficciones del indigenismo*, Ciudad de México: Fondo de Cultura Económica, 1996.

Williams, Terry, *The Cocaine Kids: The Inside Story of a Teenage Drug Ring*, Reading: Addison-Wesley, 1989.

Willis, Paul, *Learning to Labour: Why Working-Class Kids Get Working-Class Jobs*, London: Saxon House 1977.

Yarbro-Bejarano, Yvonne, "Gloria Anzaldua's Borderlands/La Frontera: Cultural Studies, 'Difference,' and the Non-Unitary Subject", *Cultural Critique*, no.28, 1994, pp.5~28.

인명 찾아보기

* 이 책에 소개된 '명저' 저자들은 다른 명저 소개글에 등장할 때에만 항목에 추가했다.

도서/논문 찾아보기

* 이 책에 소개된 '명저'들은 제외했다.